中国经济服务化
发展悖论的动态测度和
演化机理研究

——基于中间需求视角

Dynamic Measurement and Evolution Mechanism
of China's Economic Servitization Paradox
——From the Perspective of Intermediate Demand

樊文静 著

人民出版社

责任编辑:陈 登
封面设计:毛 淳 汪 阳

图书在版编目(CIP)数据

中国经济服务化发展悖论的动态测度和演化机理研究:基于中间需求视角/
 樊文静 著. —北京:人民出版社,2019.5
(国家社科基金后期资助项目)
ISBN 978-7-01-020780-3

Ⅰ.①中⋯ Ⅱ.①樊⋯ Ⅲ.①服务业-经济发展-研究-中国 Ⅳ.①F719

中国版本图书馆 CIP 数据核字(2019)第 084095 号

中国经济服务化发展悖论的动态测度和演化机理研究
ZHONGGUO JINGJI FUWU HUA FAZHAN BEILUN DE DONGTAI CEDU HE YANHUA JILI YANJIU
——基于中间需求视角

樊文静 著

人民出版社 出版发行
(100706 北京市东城区隆福寺街 99 号)

环球东方(北京)印务有限公司印刷 新华书店经销

2019 年 5 月第 1 版 2019 年 5 月北京第 1 次印刷
开本:710 毫米×1000 毫米 1/16 印张:16.75
字数:200 千字

ISBN 978-7-01-020780-3 定价:54.00 元

邮购地址 100706 北京市东城区隆福寺街 99 号
人民东方图书销售中心 电话 (010)65250042 65289539

国家社科基金后期资助项目
出版说明

后期资助项目是国家社科基金项目主要类别之一，旨在鼓励广大人文社会科学工作者潜心治学，扎实研究，多出优秀成果，进一步发挥国家社科基金在繁荣发展哲学社会科学中的示范引导作用。后期资助项目主要资助已基本完成且尚未出版的人文社会科学基础研究的优秀学术成果，以资助学术专著为主，也资助少量学术价值较高的资料汇编和学术含量较高的工具书。为扩大后期资助项目的学术影响，促进成果转化，全国哲学社会科学规划办公室按照"统一设计、统一标识、统一版式、形成系列"的总体要求，组织出版国家社科基金后期资助项目成果。

全国哲学社会科学规划办公室

2014 年 7 月

前　言

　　经济服务化是世界经济现代化发展的一般趋势，服务业尤其是满足中间需求的生产性服务业已成为西方发达国家经济结构中增长最快的部门。世界银行2017年的统计数据表明：2016年，以增加值计算的全世界平均的服务业产出占GDP比重为66%，高收入国家服务业平均比重已达到74%，中等偏上收入水平国家的服务业比重为58%，中等偏下收入国家的服务业平均比重为54%，产业结构服务化和服务业比重随经济发展水平不断上升已经成为普遍认可的产业演进规律。同时，对OECD国家服务业内部结构的分析发现，金融保险、计算机和信息服务、租赁和商务服务、研究与开发等生产性服务业增长迅速，并已成为发达国家经济增长的主要动力和创新源泉。

　　与世界经济整体服务化的趋势不同，在国民经济高速增长的中国，出现了服务业低水平稳态发展的"逆服务化"趋势，这被学者称为经济服务化的"中国悖论"。相关研究对中国经济服务化发展悖论的判断大部分都来自于对我国服务业比重整体趋势的简单判断或中国服务业比重与同等收入水平国家的比较，并没有对我国服务业的长期演进规律进行严谨的测度，对不同阶段的发展趋势和服务业内部结构的变化规律也缺乏统一的认识。

　　本书通过运用最新研究中对世界各国服务业比重变化规律的测度方法，用中国1952—2015年的地区面板数据对我国服务业比重变化的长期规律和阶段性特征进行了测度，并对"中国经济服务化发展悖论"进行了新的解读。在将"中国经济服务化发展悖论"正式解读为"中国生产性服务业发展悖论"的基础上，借鉴马库森（Markusen，1989）、弗朗索瓦（Francois，1990a）、马瑞威耶克（Marrewijk，1997）、黄（Huang，2012）等人的理论模型，分别从规模报酬递增和专业化报酬递增两个角度构建制造业与生产性服务业互动的分析框架，并从产业互动中解析出了影响生产性服务业增长的需求因素及其作用机制。结合理论模型得出的结论和中国经济发展的特征，我们分别从宏观（产业结构、贸易结构）和微观（企业异质性）两个层面对中国生产性服务业发展落后的各种需求因素进行了实证检验，从而对中国经济服务化发展悖论做出了合理解释。

从宏观国家层面考察，我国服务业产出比重变化与收入水平的关系确实有悖于世界经济整体服务化的趋势；但在地区层面上，我国服务业比重与人均GDP的关系基本符合"服务业比重随经济发展不断上升"的普遍规律；我国大部分地区仍然处于以传统消费性服务业为主的第一波发展阶段，只有少数地区进入了以生产性服务业发展为主导的第二波。上述结论表明，所谓的"中国经济服务化发展悖论"实质上是"中国生产性服务业发展悖论"，即在国民经济高速增长、工业化快速发展的同时，生产性服务业比重不但没有上升，反而停滞甚至呈下降趋势，这与西方发达国家工业化时期中间需求型服务拉动为主的服务业增长规律相悖。

基于规模报酬递增和专业化报酬递增两个角度构建的产业互动模型发现，产业互动中影响生产性服务业发展的需求因素包括制造业生产中的服务投入份额、制造业企业规模、制造业对生产性服务的多样化需求、国民收入水平、直接劳动和间接劳动的工资差异等。其中，制造业生产中的服务投入份额是最直接和关键的影响因素，不同规模的制造业企业因组织结构和经营目标的差异而选择不同比例的中间服务投入，国民收入水平则通过影响消费者多样性偏好、制造业生产方式变化等影响各产业对生产性服务的中间需求。

对中国来讲，产业互动中影响生产性服务业发展的内生需求因素主要在于以低端制造业为主的产业结构、以加工贸易为主的贸易结构和以所有制差异为代表的企业异质性三个方面，因此，结合理论模型结论和中国经济发展的特征，我们从宏观和微观两个角度，从产业结构、贸易结构、企业异质性三个视角对中国生产性服务业发展悖论的成因进行了实证检验。

不同产业的中间服务投入份额存在较大差异，国民经济整体所产生的服务中间需求是影响生产性服务业规模化、市场化发展的本质因素。产业结构对生产性服务业发展影响的实证结果表明：制造业发展落后和制造业企业传统的组织结构阻碍了其对生产性服务的需求，而我国服务业发展对生产性服务业的促进作用远远大于制造业，服务业的"自我增强"效应确实存在；企业的产权结构、经营目标以及是否进行规模扩张的动机影响了企业规模与生产性服务业发展之间的关系；以代工生产和加工贸易为主要特征的中国外向型经济的发展阻碍了制造业和生产性服务业的产业关联，使得国内生产性服务业因缺乏有效市场需求而发展滞后；另外，生产性服务业发展也同样具有明显的"收入效应"。

以加工贸易为主的对外贸易结构对我国生产性服务业发展的影响主要体现在间接效应方面，即通过进口大量资本密集型设备间接地阻碍了资本密集型制造业对本土生产性服务业的需求，一般贸易出口和加工贸易出口都因扩大了最终产品市场范围而正向促进了生产性服务业发展；加工贸易出口虽然促进了生产性服务业整体的发展水平，却阻碍了流通服务业的发展；与中西部地区相比，我国以加工贸易为主的贸易结构对东部地区生产性服务业发展的影响较为显著，这与我们的理论分析一致。

中国工业企业规模与其生产性服务投入、服务外部化都呈倒"U"型关系，但目前二者的关系都处于正相关阶段；与私营、外资企业相比，国有企业的生产性服务投入水平更高，但服务外部化水平偏低；工业企业的劳动生产率与其高端生产性服务投入呈反比，这可能主要是国有企业服务投入较高而劳动生产率较低造成的；另外，企业成立年限和地区市场化水平也对企业的生产性服务投入和服务外部化有显著的正向影响。

为了提出适应中国经济发展的服务化路径，我们对发达国家经济服务化的演进过程进行了归纳和总结。发达国家产业发展的规律表明，经济服务化是产业结构自然演化的结果。产业更迭的过程中，新兴服务业依靠自身对新时代的适应性和竞争优势，在与其他产业的生存竞争中获取必要的生产要素、经济资源和市场份额，并逐步形成、生长和壮大，其演化过程具有自发性、内生性和客观性，是经济系统组织自我平衡和客观选择的结果。在经济服务化过程中，政府对不同产业的倾斜式政策和支持也起到了推波助澜的作用，具体的政策包括鼓励服务创新、推动服务外包业务扩张、完善行业标准和制度、构建合作交流平台、支持新兴服务行业发展等。

对我国来说，从中间需求角度出发，经济服务化的可行路径主要有三个：制造业各行业领军企业的服务化、中小制造业企业的服务外部化和加工贸易企业的转型升级。通过制造业领军企业的服务化转型向高端服务业延伸，逐渐掌握产业价值链的高端环节；中小制造业企业通过服务外部化降低经营成本，将资源集中于自身产品的核心环节；加工贸易企业的转型升级将有助于扩大国内制造业企业对本土生产性服务业的需求，进而向价值链高端环节延伸。通过领军企业的服务化、行业内中小企业的服务外部化以及加工贸易企业的转型形成国内相对完整的产业价值链，减少对国外高端服务业的依赖，保证产业演进朝着更为健康和良性循环的路径发展。同时，我们还借助海尔集团、萧山开发区服务外包产业园、东莞加工贸易企业的案例对上述三种路径的具体实践进行了分析，为其他制造业企业转型升级提供借鉴。

基于上述研究结果，本书从充分认识生产性服务业在构建服务经济社会中的重要地位、促进制造业与生产性服务业的良性互动和服务业的"自我增强机制"、扩大生产性服务业的中间需求、改善贸易结构和合理引导外商投资、进一步改变企业组织结构和完善服务外部化的市场环境等方面提出了促进我国经济服务化特别是生产性服务业发展的政策建议。

目　录

第一章　导　论

一、研究背景和意义

1. 研究背景

服务化是当今世界经济发展的主要特征之一，服务业尤其是满足中间需求的生产性服务业已成为西方发达国家经济结构中增长最快的部门。世界银行 2017 年的统计数据表明①：2016 年，以增加值计算的全世界平均的服务业产出占 GDP 比重为 66%，高收入国家服务业平均比重已达到 74%，中等偏上收入水平国家的服务业比重为 58%，中等偏下收入国家的服务业平均比重为 54%，产业结构服务化和服务业比重随经济发展水平不断上升已经成为普遍认可的产业演进规律。同时，对 OECD 国家服务业内部结构的分析发现，金融保险、计算机和信息服务、租赁和商务服务、研究与开发等生产性服务业增长迅速②，并成为发达国家经济增长的主要动力和创新源泉。

与世界经济整体服务化的趋势不同，在国民经济高速增长的中国，出现了服务业低水平稳态发展的"逆服务化"趋势，这被学者称

---

① 世界银行最新发布的 WDI 数据根据价格指数等因素对之前部分年份的数据进行了微调，但主要指标的整体趋势和方向是不变的。

② OECD 国家 1995 年、2000 年、2005 年和 2011 年投入产出表。

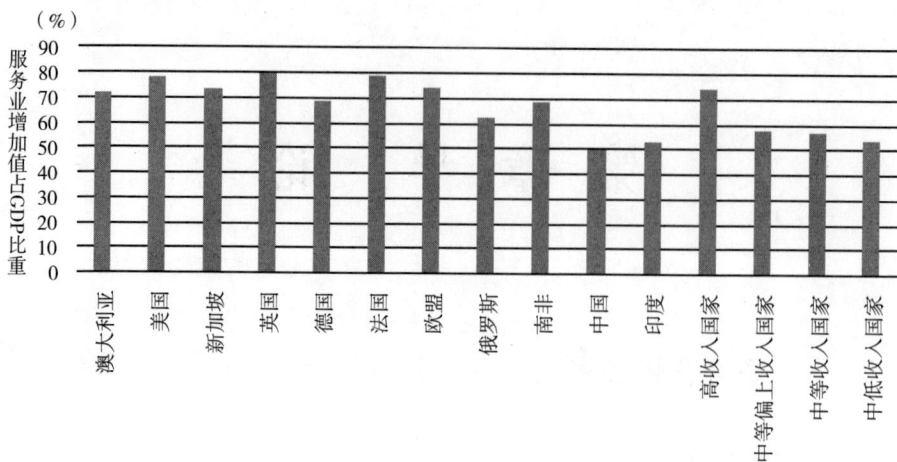

图1.1 2016年世界主要国家服务业增加值占GDP比重

资料来源：世界银行《世界发展指标（WDI）2017》。

为经济服务化的"中国悖论"①。作为一个中等偏上收入水平的国家，2016年，中国的服务业占GDP的比重仅为51.6%，这不但低于同处于转型阶段的巴西、俄罗斯、印度等国，也低于大多数中低收入国家的平均水平②。实际上，改革开放以来，随着国民经济的起飞和市场化程度的提高，我国服务经济也取得了很大进展。1978年，我国服务业增加值为860.5亿元，2010年，该数值上升到173087亿元，增长了近200倍；即使按照不变价格计算，30多年间，我国服务业增加值也增长了22.5倍。但是，服务业增加值占GDP的比重增长却非常缓慢，甚至在某些阶段处于下降趋势。1992年，我国服务业名义增加值占GDP的比重为34.3%，此后便一直下降，直到2002年才恢复到原有水平，并于2010年达到43%的水平，这远远低于当年同等收

---

① 见江小涓、李辉（2004）；高传胜、李善同、汪德华（2008）；李勇坚、夏杰长（2009）；Zheng等（2011）；等等。

② 2016年，巴西、俄罗斯和印度的服务业增加值占GDP比重分别是73%、63%和54%，中低收入国家的服务业平均比重为54%。参见《世界发展指标（WDI）2017》。

入国家 55% 的平均水平。从服务业的内部结构看①，传统的运输仓储业、批发零售业、住宿餐饮业等劳动密集型服务仍然是我国服务业的主要组成部分，占了服务业总产出的 40% 左右，而信息传输和计算机服务、商务服务、研发和技术服务等知识密集型生产性服务业发展不足，只占服务业总产出的 15% 左右，这与西方发达国家以知识密集型生产性服务业为经济增长动力和创新源泉的状况背道而驰。

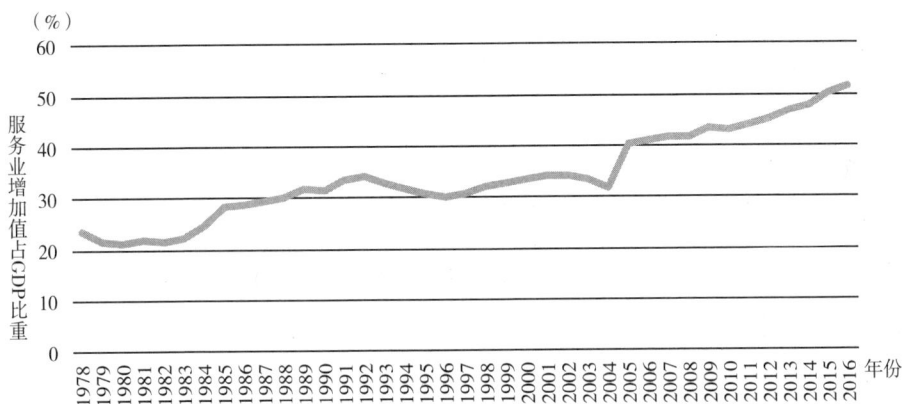

图 1.2　1978—2016 年中国服务业增加值占 GDP 比重趋势图
资料来源：历年《中国统计年鉴》。

中国服务业发展落后的另一个表现是生产性服务业与制造业的产业关联性弱，生产性服务业嵌入制造业程度较低，且对制造业的促进作用不明显。对比 2007 年中、美两国制造业对各产业的中间需求比重发现，我国制造业企业的中间投入中，制造业本身占 68.9%，而对生产性服务业的中间需求仅为 9.7%，远远低于同一时期美国制造业对生产性服务业的需求比重（29.5%）②。2011 年，这一状况有所改善，中国制造业企业的平均生产性服务投入比重上升为 16.11%，但

---

①　参见 2002 年、2005 年、2007 年、2012 年中国投入产出表。
②　数据来源：作者根据 OECD 数据库中的 2007 年、2011 年各国投入产出表整理。

仍然远远低于同一时期印度和美国制造业的生产性服务投入比重，后两者分别为 27.59% 和 33.62%。

服务业发展滞后特别是生产性服务业发展不足问题引起了政府和学界的高度重视。国务院出台的"十三五"规划（2016—2020 年）提出，要"开展加快发展现代服务业行动，放宽市场准入，促进服务业优质高效发展；推动生产性服务业向专业化和价值链高端延伸，推动制造业由生产型向生产服务型转变"。党的十九大报告（2017）也明确指出，要加快经济发展方式的转变，产业发展的重点是"加快发展现代服务业，瞄准国际标准提高水平""促进我国产业迈向全球价值链中高端"；强调发展制造业的《中国制造 2025》也把现代服务业创新作为重要的战略任务，提出要"积极发展服务型制造和生产性服务业"。同时，国内学者（江小涓、李辉，2004；吕政、刘勇等，2006；高传胜、李善同，2007；江静、刘志彪，2010；张月友，2014；宋建、郑江淮，2017）① 等也就我国经济服务化发展悖论、生产性服务业发展不足、产业互动效应弱等问题进行了大量的分析和探讨，但相关研究对中国经济服务化发展悖论的判断大都来自于中国服务业比重与同等收入水平国家的比较，并没有对我国服务业的长期发展规律进行严谨的测度，对不同阶段的发展趋势和服务业内部结构的变化规律也缺乏统一的认识；同时，国内外理论界对中间投入型服务

---

① 参见江小涓、李辉：《服务业与中国经济：相关性和加快增长的潜力》，《经济研究》2004 年第 10 期，第 65—71 页；吕政、刘勇、王钦：《中国生产性服务业发展的战略选择——基于产业互动的研究视角》，《中国工业经济》2006 年第 8 期，第 5—12 页；高传胜、李善同：《经济服务化的中国悖论与中国推进经济服务化的战略选择》，《经济经纬》2007 年第 4 期，第 15—19 页；江静、刘志彪：《世界工厂的定位能促进中国生产性服务业发展吗》，《经济理论与经济管理》2010 年第 3 期，第 62—68 页；张月友：《中国的"产业互促悖论"——基于国内关联与总关联分离视角》，《中国工业经济》2014 年第 10 期，第 46—58 页；宋建、郑江淮：《产业结构、经济增长与服务业成本病——来自中国的经验证据》，《产业经济研究》2017 年第 2 期，第 1—13 页。

业—生产性服务业的研究偏重于分析其对制造业效率提升或国民经济增长的促进作用，较少从产业互动的需求角度研究生产性服务业的发展机制。

2. 研究意义

理论价值：第一，针对学界关于中国经济服务化发展悖论认识上的模糊性，利用非参数回归（Lowess）方法对中国服务业发展的阶段性特征进行了动态测度，并正式将中国经济服务化发展悖论解读为中国生产性服务业发展悖论。第二，突破产业互动模型构建中对服务业作用的宽泛理解，在考虑服务业对制造业作用途径异质性条件下构建二者的产业互动模型，并以该模型为基础分析影响中间投入型服务——生产性服务业发展的需求因素及其作用机制，弥补了相关模型主要考虑生产性服务业对经济增长和制造业效率提升单方面作用的不足。第三，在全球化分工背景下，发展中国家处于全球价值链的底端，其服务业特别是生产性服务业所面临的需求问题是以往发达国家所不曾有过的。因此，本研究另一理论意义在于，以中国为样本，探讨转型期国家服务业发展中面临的各种实际问题，丰富服务业发展阶段理论的内容，为同类型国家的服务业发展研究提供参考。

实践价值：新常态下，促进服务业特别是生产性服务业发展已经成为我国发展方式转变和产业结构转型升级的主要路径。首先，相对于工业而言，服务业的特点是资源消耗低、环境污染小，且规模经济、范围经济、长尾效应极为显著（江小涓，2017）[①]，大力发展现代服务业符合党的十八届五中全会提出的创新、协调、绿色、开放、

[①] 江小涓：《高度联通社会中的资源重组与服务业增长》，《经济研究》2017 年第 3 期，第 4—17 页。

共享的发展理念。其次，按照格鲁伯和沃克（Grubel 和 Walker，1989）[1] 的理解，生产性服务部门乃是把日益专业化的人力资本和知识资本引进商品生产的传送器，是各种形式的资本进入生产过程的渠道，大力发展生产性服务业，将有利于提高我国制造业企业生产效率和增加制造业产品的技术含量，从而提升我国制造业在全球价值链分工中的地位，并最终实现产业结构的转型升级。因此，对于"错过了经济工业化的历史机遇，也未能跟上 20 世纪中叶开始的服务业革命步伐"[2] 的中国来说，研究其服务业发展的内在规律和成因，对于未来产业发展战略仍具有重要的现实意义。另外，从国民经济整体看，服务业中劳动报酬的增长快于其他生产要素报酬的增长，服务业发展水平的提高表明劳动者在收入分配中份额的增加。因此，服务业发展的一个重要意义在于增加劳动报酬和改善收入分配不均现象，改善新常态下的利益结构和社会结构。

二、研究内容和方法

1. 研究内容

基于国内学界对经济服务化"中国悖论"现象认识上的不足和对中国服务业、生产性服务业发展滞后成因的解释以外生因素为主的现状，本研究从对中国服务业发展规律和内部结构的动态测度出发，在发现经济服务化"中国悖论"主要体现为"中国生产性服务业发展悖论"这一事实的基础上，从产业互动的中间需求角度研究和探索中

---

[1] Grubel, H. G. and Walker, M. A., *Modern Service Sector Growth*：*Causes and Effects*，Fraser Institute，1989.

[2] 程大中：《服务经济的兴起与中国的战略选择》，经济管理出版社 2010 年版，第 177 页。

国经济服务化发展悖论的演化机制，并通过实证检验对中国经济服务化发展悖论进行合理解释。另外，以理论和实证研究结果为依据，结合西方发达国家经济服务化发展的经验，我们将从制造业领军服务化、中小制造业企业服务外部化、加工贸易企业转型三个视角构建促进我国经济服务化发展的最优路径，并通过案例分析为同类型企业的转型和服务化提供了借鉴。

主要研究内容如下：

（1）中国经济服务化发展悖论的动态测度。基于相关研究对经济服务化"中国悖论"认识上的模糊性，从地区层面出发，参考最新文献对世界各国服务业比重变化规律的测度模式，运用局部加权回归分析法（Lowess）和中国地区面板数据对我国服务业比重变化的长期规律和动态演化特征进行测度，并以此为基础，判断我国地区层面经济服务化的发展程度和所处阶段。同时，运用地区层面的投入产出表对测度结果进行进一步的验证和分析。

（2）产业互动对经济服务化演化进程的影响机理。从产业互动的中间需求角度建立模型，找出影响经济服务化演化进程的各种中间需求变量，以及这些变量对经济服务化进程的作用渠道和机制。在建立产业互动模型时，考虑中间服务投入对制造业作用途径的异质性，以更全面深入地考察影响经济服务化演进的各种中间需求因素。

（3）中间需求与中国经济服务化发展悖论关系的实证检验。结合理论模型结论和我国服务经济发展的特征，我们从宏观和微观两个角度、产业结构、贸易结构、企业异质性三个层面对中国经济服务化悖论的形成原因进行检验和解释。本部分的具体内容为：产业中间需求与中国经济服务化发展悖论关系的实证检验；贸易结构与中国经济服务化发展悖论关系的实证检验；企业异质性与中国经济服务化发展悖论关系的实证检验。

（4）我国经济服务化的可行路径和案例分析。结合对中国经济服务化发展阶段的动态测度、产业互动对经济服务化影响路径的推导、中间需求结构性因素对我国经济服务化演化进程影响的实证检验，参考发达国家产业演进和政策制定的经验，本部分分别从制造业领军企业服务化、中小企业服务外部化、加工贸易企业转型升级三个视角，提出了我国经济服务化的可行路径，并运用家电行业领军企业海尔集团的服务化、萧山经济技术开发区服务外包产业园建设、东莞加工贸易企业转型三个案例对具体战略的实施进行了进一步阐释和分析。

2. 研究方法

研究方法对研究结果有着决定性的作用，由于本书主要研究中国经济服务化发展悖论问题，具有较强的实证特征，因此，研究方法也以实证分析为主，如各种计量分析方法和国内外对比分析等；同时，对于内生机理的探讨运用了数学推导和逻辑演绎相结合的规范分析方法。具体采用的分析方法有：

一是数学推导和逻辑演绎相结合的规范分析方法。在分析生产性服务业的形成机理时，本研究借鉴了马库森（Markusen，1989）、弗朗索瓦（Francois，1990a）、马瑞威耶克（Marrewijk，1997）、黄（Huang，2012）等人的模型，从产业互动的中间需求角度对影响生产性服务业内生增长的具体因素进行了理论推导，并将这些因素对生产性服务业的影响机制进行了逻辑分析，为后文的实证分析提供了理论支撑。

二是实证分析方法。本研究的实证分析主要运用了三种计量方法：（1）非参数回归方法——局部加权回归（Lowess）法，该方法在未对服务业比重与人均 GDP 关系进行假设的条件下模拟了二者之间关系的走势，很好地描述了二者之间关系的微妙变化；（2）面板数据的 OLS 回归，在分析影响生产性服务业发展的各种需求因素时，我们都采用面板数据的 OLS 模型进行固定效应和随机效应的回归，包括影响生产性服务业发展的产业关联因素、贸易结构因素、企业异质性因素等；（3）Probit 模型，在企业微观数据中，50%以上企业的高端生产性服务投入为 0，因此，我们将被解释变量转换成 0—1 变量，运用 Probit 模型进行了回归。

三是对比分析方法。产业发展规律主要是经验研究结果，因此，在分析我国生产性服务业发展的规律和需求因素时，本研究采用了对比分析方法，如参考艾肯格林和古普塔（Eichengreen 和 Gupta，2013）对世界各国服务业发展规律的测度结果分析中国地区层面服务业发展的走势和规律，运用投入产出表比较中美两国各产业的生产性服务投入率、中国与 OECD 国家生产性服务业比重等。同时，本研究还运用对比分析比较了中国东部和中西部地区贸易结构对生产性服务业发展影响程度的差异。

四是案例分析方法。不同国家在不同的经济发展阶段具有不同的产业演进特征，其经济服务化路径也存在巨大差异。我国是一个处于转型期的发展中国家，制造业服务化的具体战略要根据产业发展特征和企业发展现状制定。运用海尔集团、萧山某服务外包产业园、东莞加工贸易企业等案例，我们对制造业领军企业服务化、中小制造业企业服务化外部化、加工贸易企业转型升级的具体实施策略进行了具体分析和阐释，为其他制造业企业的服务化实践提供了经验借鉴。

三、研究思路与框架

在对已有相关文献进行梳理的基础上，本书通过借鉴艾肯林和古普塔（Eichengreen 和 Gupta，2013）对世界各国服务业比重变化规律的测度方法，结合中国产业发展的现状，用 1952—2015 年的地区面板数据对中国服务业比重变化的长期规律和阶段性特征进行测度，并对"中国经济服务化发展悖论"进行了新的解读。

在将"中国经济服务化发展悖论"正式解读为"中国生产性服务业发展悖论"的基础上，借鉴马库森（Markusen，1989）、弗朗索瓦（Francois，1990a）、马瑞威耶克（Marrewijk，1997）、黄（Huang，2012）等人的理论模型，分别从规模报酬递增和专业化报酬递增两个角度构建制造业与生产性服务业互动的分析框架，并从产业互动中解析出了影响生产性服务业增长的各种需求因素及其作用机制。

结合理论模型得出的结果和中国经济发展的特征，本书分别从宏观和微观两个层面对中国生产性服务业发展悖论出现的内生需求因素进行了实证检验，宏观层面的研究主要基于整体需求结构（或产业关联）和贸易结构视角，微观层面的分析主要基于企业异质性视角。

本书的研究目的主要有三个：一是通过服务业发展规律考察中国经济服务化发展悖论的实质，并将其解读为中国生产性服务业发展悖论；二是从产业互动的中间需求角度在理论上推导出影响生产性服务业发展的需求因素及其作用机制；三是以理论模型为依据，从需求角度实证中国生产性服务业发展悖论形成的形成机理，为政府制定科学、合理的产业政策提供参考。

基于以上研究思路，本书的具体内容安排如下（具体研究路线图见图 1.3）：

第一章为导论。导论部分简单阐述了本书的研究背景和意义、研究内容和方法、研究思路和框架、可能的创新点四个方面的内容。

第二章为经济服务化研究的理论基础。研究综述主要对与生产性

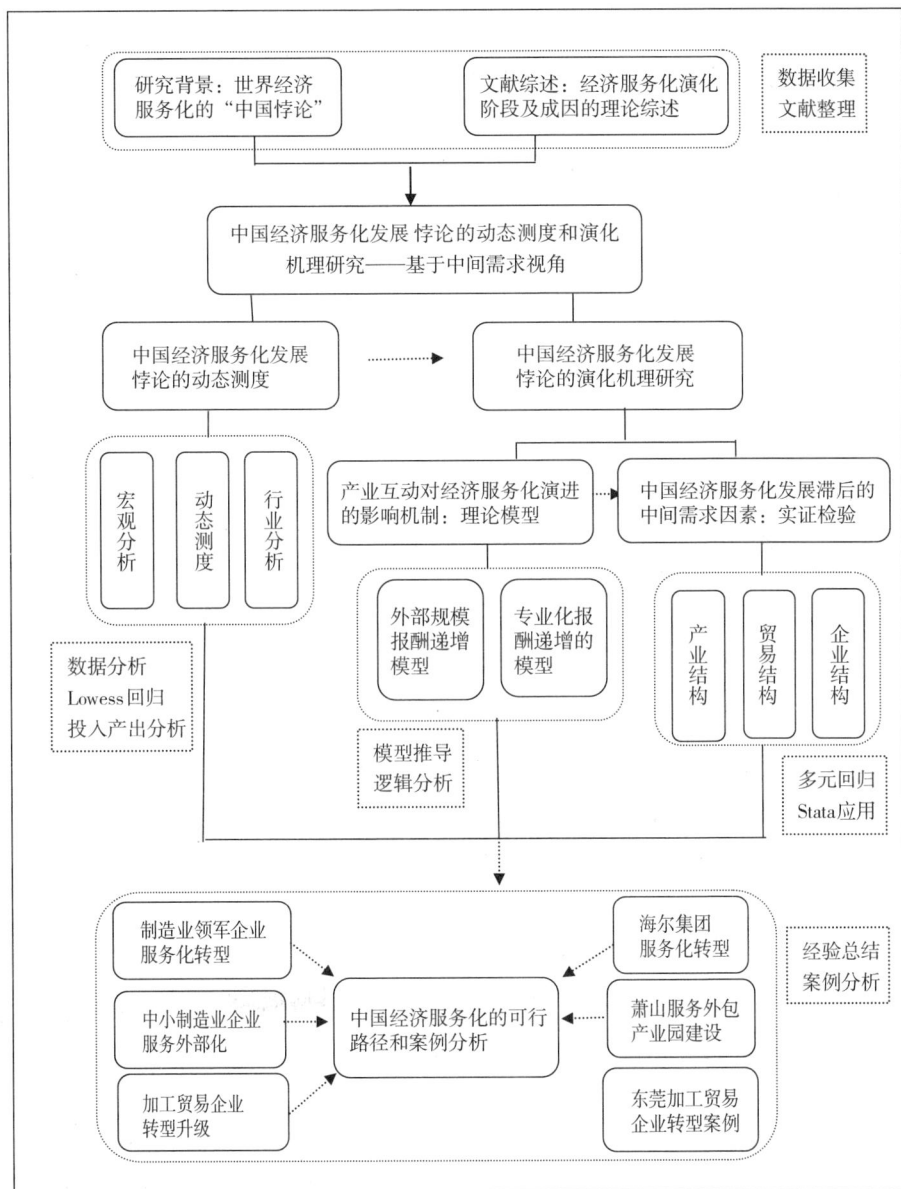

图 1.3 本书研究路线图

服务业发展相关的文献进行了梳理，并以相关研究的不足为基础展望了本书的研究方向。具体包括服务业发展阶段理论、生产性服务业与制造互动研究、中国经济服务化发展悖论的提出和成因研究、文献述评和进一步研究方向四个章节。

第三章为中国经济服务化发展悖论的动态测度。本章在对服务业演进规律的相关文献进行梳理的基础上，借鉴艾肯格林和古普塔（Eichengreen 和 Gupta，2013）对服务业发展规律的测度方法，用中国 1952—2015 年的地区面板数据对中国服务业比重变化的长期规律和阶段性特征进行了检验，并用投入产出表数据对检验结果进行了进一步验证。本章的研究结论为：从宏观国家层面考察，中国服务业产出比重的变化确实有悖于世界经济整体服务化的趋势；但在地区层面上，服务业比重与人均 GDP 的关系基本符合"服务业比重随经济发展不断上升"的普遍规律；中国大部分地区仍然处于以传统服务业为主的第一波发展阶段，只有少数地区进入了以生产性服务业发展为主导的第二波。以上述结论为基础，本章将所谓的"中国经济服务化发展悖论"正式解读为"中国生产性服务业发展悖论"，即在国民经济高速增长、工业化快速发展的同时，生产性服务业比重不但没有上升，反而停滞甚至呈下降趋势，这与西方发达国家工业化时期中间需求型服务拉动为主的服务业增长规律相悖。

第四章为生产性服务业形成机理的理论模型。本章借鉴马库森（Markusen，1989）、弗朗索瓦（Francois，1990a）、马瑞威耶克（Marrewijk，1997）、黄（Huang，2012）等人的研究，基于规模报酬递增模型和专业化报酬递增两个角度构建了生产性服务业与制造业的互动模型，并分别从产业互动模型中推导出了影响生产性服务业发展的各种需求因素及其作用机制。对产业互动模型推导出的结果进行分析发现：产业互动中影响生产性服务业发展的需求因素包括制造业生产中的服务投入份额、国民收入水平（通过影响消费者对产品的多样性需求、直接劳动和间接劳动的工资差异、制造业企业对生产性服务的多样性需求等来间接影响生产性服务业发展）、制造业企业规模等，虽然这些都属于影响生产性服务业发展的需求因素，但其对生产性服务业发展的具体作用机制并不相同，本章对此进行了详细的逻辑分析。

第五章从产业关联视角分析了影响中国生产性服务业发展的需求因素。本章首先从整体上分析了影响中国生产性服务业发展的需求因素，然后结合理论推导结果，运用 2004—2016 年的省级面板数据对各种需求因素进行了实证检验。结果表明：制造业发展落后和制造业企业传统的组织结构阻碍了其对生产性服务的需求，这导致我国制造业的蓬勃发展无法有效地带动生产性服务业的相应增长；而我国服务业发展对生产性服务业发展的促进作用远远大于制造业，服务业的"自我增强"效应确实存在；企业的产权结构、经营目标以及是否进行规模扩张的动机影响了企业规模与生产性服务业发展之间的关系；以代工生产和加工贸易为主要特征的中国外向型经济的发展阻碍了制造业和生产性服务业的产业关联，使得国内生产性服务业因缺乏有效市场需求而发展滞后；与消费性服务业一样，生产性服务业发展也同样具有明显的"收入效应"。

第六章从贸易结构视角分析了影响中国生产性服务业发展的需求因素。本章首先将加工贸易对生产性服务业的影响分为直接效应和间接效应，深入探讨了加工贸易模式对生产性服务业发展的影响机制，然后结合理论推导结果，运用 2004—2016 年省级面板数据对此进行了实证检验。结果表明：以加工贸易为主的对外贸易结构对我国生产性服务业发展的影响主要体现在间接效应方面，即通过进口大量资本密集型设备间接地阻碍了资本密集型制造业对生产性服务业的需求，一般贸易出口和加工贸易出口都因扩大了最终产品市场范围而正向促进了生产性服务业发展；加工贸易出口虽然促进生产性服务业整体的发展水平，却阻碍了流通服务业的发展；与中西部地区相比，我国以加工贸易为主的贸易结构对东部地区的影响较为显著。

第七章从企业异质性视角分析了影响中国生产性服务业发展的需求因素。本章首先分析了企业异质性因素对企业生产性服务需求和服务外部化的影响机理，然后结合理论推导结果，用中国工业企业数据库中2005—2007年302034家企业606099个观察值的微观数据对此进行了实证检验。实证结果表明：中国工业企业规模与其生产性服务投入、服务外部化都呈倒"U"型关系，但目前二者的关系都处于正相关阶段；与私营、外资企业相比，国有企业的生产性服务投入水平更高，但服务外部化水平偏低，这跟国有企业管理层次过多、部门设置宽泛和企业垂直一体化的组织结构有关；工业企业的劳动生产率与其高端生产性服务投入呈反比，这可能主要是国有企业服务投入较高而劳动生产率较低造成的；另外，企业成立年限和地区市场化水平也对企业的生产性服务投入和服务外部化有显著的正向影响。

第八章为中国经济服务化的可行路径。在本章，我们首先阐释了经济服务化、生产性服务业发展、中间需求等概念的关系和界限，解释了为什么中国经济服务化主要依赖于生产性服务业发展。其次，对发达国家经济服务化的路径和经验进行了总结，发达国家经济服务化是产业结构自然演进的结果，政府政策也起到了推波助澜的作用。最后，基于理论分析、实证检验、经验总结的结果，我们从制造业领军企业服务化、中小制造业企业服务外部化和加工贸易企业转型升级三个视角提出了中国经济服务化的可行路径。

第九章为中国经济服务化的案例分析。通过对制造业领军企业海尔集团服务化转型、萧山开发区服务外包产业园建设、东莞加工贸易企业转型升级三个案例的分析，本章对制造业服务化的实践进行了更为详细的探讨。海尔集团通过参与国内外行业标准制定、打造开放式研发创新平台、构建工业互联网平台、打造向全社会开放的物流服务平台等战略向服务化转型，成为制造业领军企业服务化转型的典范。萧山经济技术开发区服务外包产业园通过对周边中小制造业企业服务需求的分析，构建了以跨境电商服务生态圈建设为目标的服务外包园区，为我国众多开发区转型升级提供了经验借鉴。东莞加工贸易企业龙昌玩具通过品牌收购、注重研发投入、转移制造环节、向价值链高端服务环节延伸等方式进行了企业的服务化改造，并逐渐由玩具代工工厂转型为品牌运营商和行业综合服务供应商。

第十章为全书的结论和政策建议部分。本章主要对前面九章的研究结论进行了总结，并从充分认识生产性服务业在服务业经济社会中的重要地位、延伸制造业产业链、加强服务业的"自我增强"、改善贸易结构并合理引进外资、促进制造业领军企业服务化和中小制造业企业服务外部化等方面提出了促进我国经济服务化特别是生产性服务业发展的政策建议。

四、主要创新之处

第一，针对学界关于中国经济服务化发展悖论认识上的模糊性，利用非参数回归方法（Lowess 回归），检验了1952—2015 年中国地区层面上服务业比重与人均 GDP 关系的规律，理清了中国经济服务化发展悖论与生产性服务业发展不足的关系，并得出了一些新的结论，首次将"中国经济服务化发展悖论"解读为"中国生产性服务业发展悖论"。

第二，在考虑生产性服务业对制造业作用途径异质性的情况下，建立生产性服务业与制造业的互动模型，推导出产业互动中影响生产性服务业发展的各种需求因素，包括制造业生产中生产性服务的投入份额、制造业企业规模、制造业对生产性服务的多样性需求、消费者对制造业产品的多样性需求、直接劳动和间接劳动的工资差异等，从而为解释中国生产性服务业发展悖论奠定了理论基础。

第三，在理论模型的基础上，从中间需求角度出发，系统地分析了中国生产性服务业发展不足的各种原因及影响因素，并从产业关联、贸易结构和企业异质性三个角度对影响我国生产性服务业发展的宏、微观因素进行了实证检验，对中国生产性服务业发展悖论做出了合理解释。同时，目前国内从微观视角讨论企业服务需求问题的研究凤毛麟角，更少有研究从企业异质性角度讨论企业服务需求和服务外部化问题，本研究利用中国工业企业数据库的微观数据，分析生产率、企业规模、所有制结构差异对企业服务需求和服务外部化的影响，弥补了该领域的空白。

第二章　经济服务化研究的理论基础

经济服务化演化发展理论有着很长的研究历史，从 20 世纪 30 年代费歇尔（Fisher）的三次产业分类法开始，关于服务业发展阶段、演化规律及成因的研究便从未间断过。20 世纪 70、80 年代，随着发达国家服务经济的扩张，出现了大量关于"经济服务化"现象的理论讨论和对服务业演化发展成因的探讨。至 20 世纪末期，发达国家已经完成了从工业化社会向服务化社会的演变，其服务理论的研究重点也向服务创新、服务效率等领域转移，但对于"错过了经济工业化的历史机遇，也未能跟上 20 世纪中叶开始的服务业革命步伐"（程大中，2010）[①] 的中国来说，研究其服务业演变的内在规律和成因仍至关重要。同时，由于技术条件和社会背景今非昔比，结构演化、趋势外推等传统方法远不足以解释我国服务业发展的规律，迫切需要理论创新（江小涓，2017）[②]。

鉴于目前国内对中国经济服务化发展悖论认识的不足和对服务业发展成因的解释以强调外生因素为主的现状，本书拟运用更为科学的方法对经济服务化的"中国悖论"进行新的检验和解读，在发现中国经济服务化发展悖论的实质是生产性服务业发展悖论的基础上，从产

---

① 程大中：《服务经济的兴起与中国的战略选择》，经济管理出版社 2010 年版。
② 江小涓：《高度联通社会中的资源重组与服务业增长》，《经济研究》2017 年第 3 期，第 4—17 页。

业互动的中间需求角度对影响中国生产性服务业发展的需求因素及其作用机制进行理论论证和实证解释。文献综述主要从对经济服务化演化发展理论、服务业与制造业的互动研究、中国经济服务化发展悖论的提出和成因解释三个方面展开。其中，服务业发展阶段理论客观地分析和评价了世界范围内服务业发展的规律和成因，服务业与制造业的互动研究则为理解生产性服务业的发展规律和特点提供了新的研究角度，这为我们更好地分析新常态下中国服务业特别是生产性服务业发展问题奠定了理论基础。

第一节　经济服务化演化发展理论

一、经济服务化的理论研究

1. 产业结构演化理论

产业结构演化理论是产业经济学的重要内容，其研究对象为产业之间的相互关系以及其演化规律。早在 1672 年，威廉·配第就发现了产业结构与国民收入水平的关系，其规律是：工业比农业收入多，商业又比工业收入多，即商业的附加值高于工业，工业的附加值又高于农业。但产业结构演变理论的实质性进展开始于 20 世纪 30 年代，代表性的研究有费歇尔（Fisher，1935）的三次产业分类方法、克拉克（Clark，1940）的"配第—克拉克"定理、库兹涅茨（Kuznets，1953）的部门结构变动理论、钱纳里（Chenery，1960、1975）的"标准产业结构"模型等。

1935 年，澳大利亚经济学家费歇尔从世界经济史的角度对产业结构的演进进行了理论分析，并首次提出了三次产业的分类方法：以农业和畜牧业为主的初级阶段产业为第一产业，以工业革命带动的机器制造业为标志的第二阶段产业为第二产业，教育、科学、旅游、娱乐、文化艺术、保健、政府服务等处于第三阶段发展的产业为第三产业。他还提出，产业结构的演变表现为生产要素不断地由第一产业向第二产业转移，再由第二产业向第三产业转移，这是历史发展的客观规律。

英国经济学家克拉克（Clark，1940）通过收集和整理 20 多个国家的经济统计资料，运用费歇尔（Fisher，1935）关于产业划分的研究成果和佩蒂（Petty，1672）的劳动力在不同产业之间的移动演变趋势理论，揭示了劳动力在三次产业间移动的一般规律，即随着经济的发展，第一产业的就业人口比重不断减少，而第二产业、第三产业的人口比重依次增加。这一规律被称为"配第—克拉克"定理。他认为，这是由于经济发展中各产业之间收入的相对差异造成的。

配第—克拉克定理揭示了劳动力在三次产业间的演变规律，美国经济学家库兹涅茨（Kuznets）在继承克拉克研究成果的基础上，对产业结构的演进规律进行了更深入的探讨。库兹涅茨（Kuznets，1953）把产业分为农业部门、工业部门和服务业部门，分别从纵向角度和横断面角度比较了不同国家三次产业的国民收入和劳动力的相对比重变化，结果认为：随着年代的延续，农业部门的国民收入比重和劳动力比重均呈下降趋势；工业部门的国民收入比重大体是上升的，但工业部门劳动力的相对比重则是不变或略有上升；服务部门的劳动力比重基本上是上升的，但服务部门的国民收入比重大体不变或略有上升。

钱纳里（Chenery，1960）通过对 51 个不同类型国家的经济数据的计算，得出了不同人均收入水平下制造业各部门相对比重变化的一组标准值，并称之为"标准产业结构"，以用来检验某一收入水平下的制造业结构是否偏离正常值。1975 年，钱纳里和塞尔昆（Chenery 和 Syrquin）通过对 101 个国家经济数据的统计分析，对产业结构的标准模式进行了补充和完善，整理出了经济发展结构的标准模型，即不同国民收入水平下，投资、劳动力、产出和贸易在不同产业间的标准比例。钱纳里等（1986）还认为，在不同的发展阶段，对应着不同的产业结构，如果不对应，则该国产业结构存在某种偏差。

除了上述理论之外，产业结构演变理论领域的研究还有主要研究工业化进程的"霍夫曼定理"（Hoffman，1931）[1]、阐释日本工业成长模式的"雁行产业发展形态理论"（Kaname Akamatsu，1932）[2]、揭示发展中国家经济结构问题的"二元结构"理论（Lewis，1954）[3]、主张通过产业扩散和产业关联引领经济增长的主导产业理论（Rostow，1960、1971）[4] 和产业领先增长理论（Sanuki Toshio，1981）[5] 等。

从上述理论的内容和观点可以看出，20 世纪 30 年代至 20 世纪 70 年代，大多数国家都处于工业化蓬勃发展的阶段，研究者对产业

[1] Hoffmann, W. G., *Studien und Typen der Industrialisierung*, Ein Beitrag zur quanti-tativen Analyse historischer Wirtschaftsprozesse, 1931.

[2] Kaname, A., "The Synthetic Principles of the Economic Development of our country", *The Journal of Economy*, No. 6, pp. 179-220, 1932.

[3] Lewis, W. A., "Economic Development with Unlimited Supply of Labor", *The Man-chester School*, Vol. 22, No. 2, pp. 139-191, 1954.

[4] Rostow, W. W., *The Stages of Economic Growth: A Non-Communist Manifesto*, Cambridge University Press, 1960; Rostow, W. W., *Politics and the Stages of Growth*, Cam-bridge University Press, 1971.

[5] Arai, K., Furukawa, A., Sanuki, S., Izaki, T., "Reductive Leaching Reaction of Manganese Oxides in Acidic Cuprous Chloride Solutions", *Journal of the Japan Institute of Met-als*, Vol. 45, No. 12, pp. 1244-1250, 1981.

结构演进的分析虽然将产业划分成农业、工业和服务业（或第一、第二、第三产业），但主要还是研究工业化进程的演进特征。20世纪80年代之后，大部分发达国家基本完成了工业经济向服务经济的过渡，针对服务经济演化规律和形成机制的研究也随之蓬勃发展。

2. 经济服务化现象的理论探讨

富克斯（Fuchs，1968）在其《服务经济》一书中提出，美国在西方发达国家中率先进入"服务经济"社会，这具有"革命"的特征。贝尔（Bell，1974）在之后提出了"后工业社会"理论，至此，包含服务经济的产业结构演化理论逐渐趋于成熟。这里，我们对经济服务化现象的理论探讨和相关观点进行综述，主要包括贝尔（Bell，1974）的"后工业社会"理论、以加尔布雷斯（Galbraith，1967）为代表的"新工业主义"理论、格斯尼（Gershunny，1978）的"自我服务经济"理论、沃克（Walker，1985）等的"新劳动分工体系"理论、"非工业化"和"产业空心化"理论等。

"后工业社会"理论是美国社会学家贝尔（Bell，1974）提出来的，他认为后工业社会的特点是：第一，后工业社会是服务社会[①]；第二，知识、科学和技术在社会生活中占据主要地位；第三，专业人员和技术人员具有突出的重要性；第四，价值体系和社会控制方式的变化。贝尔所预言的知识在未来社会发展中的重要地位和技术人员的重要性已经被事实证实，但他提出的服务概念是片面的，后来的很多文献都证实，20世纪80年代之后服务经济的蓬勃发展主要来源于分工扩展所带来的中间需求的扩大。

以加尔布雷斯（Galbraith，1967）为代表的新工业主义认为，未

---

① 这里的服务是"纯粹服务"，即直接提供给消费者的服务，主要指医疗、教育、研究和政府服务。

来社会并不是以服务需求增长为动力的"服务经济"模式，而仍然是以物质产品的需求增长为动力的"工业经济"模式。原因是，由于生产技术的进步，现代的工业生产已经不再依靠体力劳动为主要劳动投入方式，而是以人力资本为主要的劳动投入方式，企业中的管理人员、技术人员和销售人员可能多于生产线上的工人，这是新的工业生产技术和组织方式下的新的工业社会。因此，企业白领阶层的增长不能说明工业的重要性在经济中下降，而是说明工业生产过程或方式出现了新的变化，即现代工业是在高度自动化和信息化基础上的"新工业"（黄少军，2000）[①]。

格斯尼（Gershunny，1978）认为，服务价格上涨的替代效应大于收入效应，人们对服务需求的增加可以通过购买商品自己使用来"内在地"获得满足，因此，随着工业的深化和收入水平的提高，在最终需求方面没有呈现对服务需求的大幅增长，反而出现服务"内部化"或"自我服务化"的新趋势。格沙尼还认为，中间需求的扩大是服务业增长的主要原因，而服务的中间需求很大部分与商品生产有关，因此，以最终消费来看，"经济服务化"并不存在。

沃克（Walker，1985）认为，服务业比重的增长只是资本主义生产方式的变化，这种变化就是生产过程的复杂化和生产体系的多样化所导致的分工的扩张与服务环节的"外部化"，他将这种现象称为"新劳动分工体系"。持有这种观点的经济学家基本都同意服务业增长的主要原因乃是由分工深化引起的中间需求的扩大带动，中间服务活动在不断专业化以后逐渐脱离工业企业而独立出来，即在企业组织制度上的"外部化"。拜尔斯和林达尔（Beyers 和 Lindahl，1996）的研究也表明，这些经济活动的独立仅仅是工业生产组织方式的变化，而

---

① 黄少军：《服务业与经济增长》，经济科学出版社 2000 年版。

不表明所谓服务经济的发展。对此，黄少军（2000）也认为，由于20世纪80年代以后所有国家的服务业在经济中的比重均上升，这说明，经济的"服务化"不完全是一种反映经济发展水平提高的经济现象，而是反映着自80年代以来由发达国家开始的生产技术和生产组织结构的变化。

"非工业化"和"产业空心化"理论。大多数经济学家对于产业结构变化都持肯定态度，理由有两点：一是他们关注的产业转移主要是从农业向工业的转变，历史发展已经无可辩驳地证明，农业向工业的转移是发达资本主义国家经济高速增长的主要源泉；二是他们认同产业结构的转移体现了资源由低效率部门向高效率部门的转移，是资源优化配置的结果（黄少军，2000）。但是，富克斯（1968）等人的研究发现，服务业的生产率增长几乎为零，这引起了很多学者对服务业过度发展和传统制造业衰退的担忧，"非工业化（deindustrialization）"理论、"产业空心化"理论因此而产生。"非工业化"主要是指19世纪70年代至80年代英国经济中制造业比重的加速下降，巴肯等（Bacon等，1976）[①] 认为，英国经济"非工业化"导致的宏观经济"滞涨"是因为服务业，尤其是服务业中的非市场化部门吸纳了过多的社会资源，这些非市场化的服务业生产率低、不可贸易，所以流入这些部门的资源类似于一种净消耗。以辛格（Singh，1987）为代表的"剑桥观点"认为，"非工业化"不是国内市场结构失衡问题，而是当国内市场与国际市场连接时出现的结构失衡问题，即发达国家在近几十年来服务业的快速发展实际是国际产业分工的结果，从全球一体化的经济体系来看，制造业在经济中的重要作用依然

---

① Bacon, R. W., and Eltis, W. A., *Britain's Economic Problem：Too Few Producers*, London：Macmillan, 1976.

明显。

由于发达国家经济服务化的现象开始于 20 世纪中期以后，关于这一问题的理论探讨主要集中 20 世纪 70、80 年代。由于服务业比重的持续上升和服务业内部结构的不断优化（即开始由生产率停滞的消费性服务和公共服务向人力资本、技术密集型的现代服务业转变），关于经济服务化现象的规范性争议也逐渐减少。统计数据显示，2000—2016年，西方发达国家服务业的产出比重基本都在 70% 以上，发展中国家的平均水平也普遍高于 50%，经济服务化的现象已被广泛认可，关于服务经济的讨论也主要转移到服务业增长的原因、服务业生产效率、服务业与经济增长、服务业与其他产业的互动发展等方面。

二、服务业发展的统计规律

服务业发展水平主要用服务业产出比重和服务业就业比重两个指标来衡量，对服务业发展规律的研究一般用服务业产出比重与人均收入水平的关系来进行统计分析，长期来看，服务业产出比重随人均收入水平的提高而上升，但对二者关系的具体形式仍存在很多争议。代表性的研究结果有三种：（1）服务业产出比重与人均收入的关系不显著；（2）服务业产出比重与人均收入增长具有非线性关系；（3）服务业产出比重与人均收入呈线性关系。

1. 服务业产出比重与人均收入的关系不显著

库兹涅茨（Kuznets，1953）对发达国家产业结构变动的实证分析发现，在产值方面，服务业比重并不随人均收入变化而出现较大差异；但服务部门的劳动力比重与经济增长的关系具有一定的规律性，随着人均收入水平的上升，服务业就业比重呈上升趋势。钱纳里（Chenery，1960）也利用统计方法回归了服务业产出比重与人均收入的关系，发现后者的系数不显著，从而得出了与库兹涅茨类似的结论，即二者的关系在不同国家之间并不统一。库兹涅茨和钱纳里所掌握的统计数据都比较有限，且没有对二者关系的其他形式进行深入的探讨，其结果只是说明二者不存在显著的线性关系；同时，不同国家服务业发展的阶段和内容都存在较大差异，库兹涅茨和钱纳里所研究的时间期间正是服务业发展的起步阶段，其结果只能反映服务业发展的阶段性特征。

2. 服务业产出比重与人均收入增长的非线性关系

贝尔（Bell，1974）在将人类社会发展分为农业社会（前工业社会）、工业社会和后工业社会的基础上提出，服务业在经济中的比重与经济发展水平的关系并非简单的线性关系，并认为，这跟不同阶段服务业本身的内涵有关。贝尔认为，农业社会时期的服务主要为生产率低、劳动力素质差的个人服务和家庭服务，工业社会的服务则以与商品生产有关的商业为主，后工业社会的服务以知识型服务和公共服务为主。因此，服务业的发展历程大体为：个人服务和家庭服务—交通服务及公共服务—商业、金融和保险业—休闲性服务业和"集体服务"。在此之后，钱纳里和赛尔昆（Chenery 和 Syrquin，1975）对服务业产出比重与人均收入、人均收入平方进行回归后发现，二者之间的关系曲线是凹向原点的，即服务业比重随人均收入提高以递减的速率上升，这印证了贝尔对服务业比重与经济发展水平非线性关系的推断；黄少军（2000）用 1995 年 144 个国家服务业比重与人均 GNI 的关系进行回归发现，四次方的关系是拟合程度最好的曲线。同时，作者还将服务业发展的三个阶段分为：商业化阶段、工业化阶段和信息化阶段，从而反映不同时间段服务业内部结构发展的规律[①]。艾肯格

---

① 黄少军认为，三个阶段的主导型服务业分别是商业、与工业化有紧密关系的流通服务业、各种新兴的信息服务业，即始终由中间需求型服务主导。

林和古普塔（Eichengreen 和 Gupta，2013）用 1950—2005 年 90 多个国家的面板数据进行的统计分析发现，四次方关系能够很好地模拟出服务业产出比重与人均收入对数之间的关系。其研究结果还表明，服务业的发展存在"两波"模式：第一波大概在人均收入 1800 美元①之前，服务业产出份额随着收入水平以递减的速率缓慢上升；在大概人均收入 4000 美元时，服务业比重再一次上升，直到第二次趋于平缓，这是第二波；同时，服务业比重与人均收入对数的关系在 1990 年之后的线性特征更加明显。他们对服务业进行分行业的分析发现：第一波出现在较低收入水平的国家，以传统服务业为主导；第二波出现在较高收入水平的国家，以金融、通讯、计算机、法律、技术和商务服务等融入信息技术的现代服务业为主导，这些服务业的另一个重要特征是日益增长的跨国贸易。以上几种关于服务业比重与人均收入非线性关系的结果都认为，这种非线性关系与不同国家的经济发展水平和服务业实际包含的内容有关，艾肯格林和古普塔（Eichengreen 和 Gupta，2013）的研究也很好地证明了这一点。

3. 服务业产出比重与人均收入的线性关系

孔萨特、雷贝洛和谢（Kongsamut，Rebelo 和 Xie，2001）的研究发现，服务业比重与人均收入呈线性关系；布埃拉和卡布斯基（Buera 和 Kaboski，2008、2009）的研究也发现，二者之间的关系呈线性特征，且人均收入的"门槛效应"出现在 7100 美元至 9200 美元之间，高于这一数值区间后，服务业比重与人均收入对数之间的斜率更加陡峭，但在近 30 年来，二者的关系基本呈正向变化，且表现出越来越明显的线性特征。其实，艾肯格林和古普塔（Eichengreen 和 Gupta，2013）的研究中，1990 年以后服务业比重的变化特征也趋于

---

① 按照 2000 年美元购买力平价计算。

线性。

4. 服务业产出比重与人均收入关系的其他发现

克拉维斯、赫斯顿和萨默斯（Kravis，Heston 和 Summers，1983）、法尔维和格默尔（Falvey 和 Gemmell，1996）的研究结果与以上研究完全不同。他们利用类似国民经济核算中支出法的计算方法发现，以实际使用价值衡量，服务业[①]在经济中的产出比重并没有随经济发展水平或收入水平的提高而上升，实际情况是，该比重是下降的。法尔维（Falvey）等后续的实证分析发现，具体服务业在经济中的比重是否随收入水平的提高而上升，主要依赖于对服务部门需求的收入弹性和价格弹性。收入弹性高会导致服务业比重随人均收入提高而上升，价格弹性（或称替代弹性）高则使服务业比重随其相对价格水平的上升而下降。需要指出的是，克拉维斯等（Kravis 等，1983）和法尔维等（Falvey 等，1996）研究中的服务业只包括最终服务业，20 世纪中期以后的服务业发展则以满足中间需求的生产性服务业为主（黄少军，2000），故其研究结果并不能概括服务业整体的发展状况。

因此，总体来说，服务业产出比重随人均收入水平的提高而上升，且二者的关系呈阶段性特征，目前为止，四次方关系（人均收入取对数）是对二者关系的最优拟合，这一方面体现了服务业行业本身的周期性发展规律，另一方面也是服务业所包含的具体行业不断发生变化的结果。

[①]　这里的服务业为最终使用的服务业，且不是以行业增加值计算，而是以交易对象的性质为标准，这种标准就是交易对象是否可储藏。另外，GDP、服务、商品等都是根据各自的 PPP 进行的转换。

三、经济服务化的成因解释

学界对于服务业演化发展成因的研究非常丰富，这里只针对较为完善的理论解释进行综述，包括从最终需求角度解释服务业增长的收入弹性理论、以生产率差异为假设的"成本病"模型、从中间需求出发的分工深化和服务外部化理论、解释不同国家服务业发展水平差异的国际分工理论。

1. 收入弹性理论

由于早期研究产业结构理论的学者普遍将服务业界定为最终需求型服务业（即消费性服务业），所以，服务与商品的收入弹性差异成为解释服务业增长的主要途径。

恩格尔定律表明，一个家庭的收入越少，家庭收入中用于购买实物的支出比重就越大，随着收入水平的提高，这一比重则会下降，原因是食物作为生活必需品缺乏收入弹性。推而广之，随着经济发展水平的提高，农业所占份额会逐渐下降，工业和服务业比重则会依次上升。以恩格尔定律为依据，克拉克（Clark，1940）最早从最终需求角度解释服务业就业份额的扩张，他认为，服务业比重的上升主要是由于人们的消费需求引起的，因为相对于工农业产品，服务的需求更富有收入弹性。库兹涅茨（Kuznets，1953）也认为，服务需求的收入弹性大于1，从而服务需求随着收入水平的提高而增长。

富克斯（Fuchs，1968）对美国48个州1938—1958年期间的消费数据进行分析后发现，商品的收入弹性是0.97，个人服务的收入弹性是1.12。他又用1960—1961年的消费者支出调查数据进行了分析，结果是类似的，商品的收入弹性是0.93，服务的收入弹性为1.12。富克斯的研究印证了服务需求更富有收入弹性的论断，但由于他的计算使用的是名义值，没有剔除服务业价格上涨的因素，这使得其结果遭到很多质疑，后来的很多研究发现，服务的需求弹性并不明显高于工业产品，如萨默斯（Summers，1985）利用 1975 年 34 个国家的截面数据对服务需求的收入弹性进行了测算，结果表明，总体上服务需求的收入弹性接近于 1（约为 0.977）；法尔维和格默尔（Falvey 和 Gemmell，1996）在萨默斯（Summers）的基础上，利用 60 个国家 1980 年的截面数据对服务业需求的收入弹性进行了更大样本的测算，测算结果仍接近于 1（约为 0.979）。程大中（2004）用 1991—2000 年中国地区层面的数据分析发现，服务需求富有收入弹性的地区较少，大部分地区服务需求的收入弹性都小于 1。而丁守海等（2014）利用 2003—2011 年中国省级面板数据的测算结果为，服务业的收入弹性为 1.089，在萨默斯（Summers，1985）估计的收入弹性范围之内。

综上，用服务需求富有收入弹性来解释服务的增长存在很大的局限性，这一方面是因为其对服务业的界定对象为消费性服务业，忽略了作为中间投入的生产性服务业，另一方面是其"服务更富有弹性"的假设受到质疑。

2. "成本病"模型

鲍莫尔（Boumol，1967）提出了一个非均衡增长的宏观经济模型，在该模型中，服务业的生产率不增长被认为是经济现实，因此被称为"成本病"模型。其结论认为：在生产率内生不平衡的经济中，由于名义工资是同等程度增长的，不可避免地，生产率停滞的服务部门（stagnant sector）的成本将不断上升，如果该停滞部门的需求价格弹性不大，消费者不得不为此支付越来越高的支出；如果其弹性较大，由于价格越来愈高，人们会不断地减少对它们的消费，直至市场萎缩甚至消失。鲍莫尔的模型基本服务符合经济事实，需求弹性高的传统服务业的比例降低，而需求弹性低的服务业却吸纳了越来越多的劳动力，且他们的相对价格越来越高。鲍莫尔还提出，就产出来说，所谓"服务经济"只是一种统计上的幻觉，"如果将制造业和服务业的产出数据用各自的价格指数进行调整而获得实际产出的话，可以发现，美国服务业相对于制造业的实际产出份额根本没有上升（Baumol 等，1991）"①。但是，鲍莫尔的"成本病"模型提出后遭到了很多批评，这些批评主要针对服务业生产率不增长的假设，因为有一些服务业的生产率比制造业还要高，如交通、信息服务等。鲍莫尔等（Baumol，1985）对其前期理论进行了修正，提出了"渐进停滞部门"（asymptotically stagnant sector）的概念，这使得该理论的解释能力进一步增强。

富克斯（Fuchs，1969）的实证研究发现，服务业生产率低是解释其就业比重上升的主要原因，这为鲍莫尔的理论提供了实证支持。富克斯指出，工业产品与服务的收入弹性差异远不足以解释服务业就业增长，一是两者的差异并不大，二是除收入弹性外，还存在服务业价格上升的替代弹性，且替代弹性大于收入弹性。同时，用美国1947年和1958年的投入产出表计算，中间需求的增长也只能解释10%左右。因此，服务业生产率较低才是服务业就业比重上升的最重要原因。对于服务业生产率增长缓慢的原因，富克斯的解释如下：一是服务业的人均工作时间下降较快；二是工业劳动力素质提高快于服务业；三是工业的资本密集度上升较快；四是工业的技术进步快于服务业，这又源于工业规模效应更显著。

---

① Baumol, W. J., Blackman, S. B. and Wolff, E. N., *Productivity and American Leadership: The Long View*, MIT Press, Cambridge, MA, 1991.

虽然理论和实证研究都说明，"成本病"模型确实能够较好地解释 20 世纪 70 年代之前西方国家产业结构变动的情况，但将服务业部门定义为"停滞部门"或"渐进停滞部门"的假设确实是值得商榷的，因为 20 世纪 80 年代至今，发达国家的服务业发展以人力资本和信息技术密集型的生产性服务业为主，这些产业代表更高的生产率，属于"进步部门"。所以，现代服务业的发展无法用"成本病"模型进行解释。虽然普尼奥（Pugno，2006）、程大中等（2006、2009）综合考虑供需两方面的因素，对鲍莫尔模型（Baumol 等，1985)① 进行了改进，使服务消费不仅进入消费函数，还进入人力资本累计函数，从而基于服务消费偏好、人力资本积累、部门之间相互作用几个方面对以实际值衡量的服务业比重增长进行了较为系统的解释，但他们研究的侧重点仍然是最终消费需求，无法解释中间投入型服务比重的快速增长。宋建、郑江淮（2017）验证了中国工业相对于服务业的劳动生产率、价格等，认为我国基本上存在鲍莫尔所说的非均衡增长，工业生产率相对上升导致服务业相对价格提高和就业份额上升，引发经济增速放缓。谭洪波（2018）对比了美、中、印的产业结构演进后提出，全球化分工改变了一个国家鲍莫尔"成本病"产生的条件，认为鲍莫尔病 在开放条件下可以减缓甚至被治愈。

总之，以服务业生产率低为基本假设的"成本病"模型较好地解释了消费性服务业的发展，也与大部分国家早期服务经济发展的现象一致，但由于现代服务业的发展以知识和技术密集型的生产性服务业为主，这些服务业往往代表更高的生产率，无法用"成本病"模型进

---

① Baumol, W. J., Blackman, S. B. and Wolff, E. N., "Unbalanced Growth Revisited: Asymptotic Stagnancy and New Evidence", *American Economic Review*, Vol. 75, No. 4, pp. 806-817, 1985.

行解释。

3. 分工深化和服务外部化理论

20 世纪 80 年代以后,很多学者的研究发现,服务业中增长最快的是为企业提供中间服务的行业,对这些行业的需求随着分工深化和企业组织结构的垂直分离逐步扩大。于是,大多数研究者开始从分工和服务外部化角度对服务业的发展进行解释。从该角度研究服务业发展的文献又可以分为两个个方面:第一,阐述或论证服务业发展与分工深化、服务外部化之间的关系;第二,具体讨论影响分工和服务外部化的各种因素。

第一,服务业的增长主要是由工业生产方式变化引起的,是专业化分工逐步细化、生产性服务业逐渐外部化的结果。

"新劳动分工体系"理论的提出者沃克(Walker,1985)认为,服务业的增长只是资本主义生产方式的变化,这种变化就是生产过程复杂化和生产体系专业化所导致的分工扩张和服务环节的外部化,即服务业的增长主要由分工深化引起的中间需求扩大带动。

格鲁贝尔和沃克(Grubel 和 Walker,1989)对加拿大服务部门数十年的数据进行分析发现,消费者服务的实际产出没有增加,政府服务的实际份额也趋于下降,而服务部门的稳定增长与相对巨大的规模主要来自生产性服务的发展,即满足中间需求的服务业增长。

陈宪、黄健锋(2004)也认为,服务业增长的背后,真正起决定作用并能做出一般解释的应该是社会分工因素。同时,随着企业面临的需求日益多样化以及竞争强度越来越高,追求专业化便成为企业普遍的一个战略选择,原先作为企业内部的研发、设计、会计、营销、咨询等服务职能部门逐步分离出来,由独立的市场主体运作。生产性服务这种由"内在化"向"外在化"的演进趋势,是专业化分工逐步细化的必然结果。艾肯格林和古普格（Eichengreen 和 Gupta，2011）在研究印度服务业的发展路径时指出，印度服务业的快速崛起来源于全球化分工中大规模的服务外包效应。而周师迅（2013）借助戈尔德（Gold，1981）对规模的定义构建了一个以收益增长和专业化分工为特征的模型，论证了专业化分工对服务业特别是生产性发展的驱动效应。

第二，分工深化和服务外部化过程受多种因素的影响。

弗朗索瓦（Francois，1990a）在认可了生产性服务业在专业化分工中的连接和协调作用的基础上将其形式化，建立了一个具有递增报酬和垄断竞争特征的单部门模型，其分析结果认为，生产性服务业的相对重要性依赖于制造业企业的生产规模的扩大和专业化程度的提高。科菲和贝利（Coffey 和 Bailly，1991、1992）提出，一方面，服务和产品的创新与差异化趋势使得研发、设计、广告、营销渠道等变得越来越重要；另一方面，公司规模的扩大和生产链的延长使得内部管理和协调环节大幅增加，这促进了生产性服务业的快速发展。Shugan（1994）认为，信息技术的飞速发展引起的劳动在国内、国际两个层面的分工深化是服务业迅速发展的主要原因。乔根森（Jorgenson，2001）也指出，信息技术的发展是美国 1995 年以后经济复苏的基础，信息技术通过降低协调、通讯和信息处理等环节的成本，极大地促进了这些环节的扩张，也因此提升了工业生产效率。

也有很多学者对企业服务外部化的原因进行了详细的探讨。

切特（Tschetter，1987）的研究间接性地提出，日益增多的生产性服务外包以新生的服务业为主，这些服务需要有生产性服务功能的创新，首创性的、在供给方面是有限制的生产性服务业，对其他公司来说，外部化是唯一的选择。科菲和贝利（Coffey 和 Bailly，1991、

1992）的研究进一步指出，服务和产品生产方式的变化，新任务、新功能和新技术的出现使得企业不得不寻求外部专业化服务公司的帮助来适应外部环境的变化；政府的干预和规则越来越多，企业不得不寻求更多的外部支持以与规则保持一致。同时，他们还认为，对成本的考虑、生产技术的创新和弹性生产方式兴起促进了生产性服务业的快速发展。Goe（1991）概括了 20 世纪 80、90 年代研究美国、加拿大和欧洲国家服务业外部化的相关讨论，并将其总结为五个方面，分别是：成本—效率因素、非财务资源因素、内部需求不足、生产性服务的功能特点、规制因素。除了对上述因素的总结，Goe 还对交易成本理论和外包理论在解释服务外部化方面的含义进行详细的分析，并将前面提到的因素系统地总结为成本削减战略和资源稀缺战略。

科菲和德罗莱（Coffey 和 Drolet，1996）用加拿大蒙特利尔大都市区的数据分析了企业生产性服务"内部化"和"外部化"的影响因素，结果认为：第一，保险、金融和法律咨询等服务外部化程度高，这些服务无企业差异，而保密性较强、企业特定的会计、管理、专业计算机服务的生产性服务业内部化程度很高。第二，非成本因素在企业的"生产"和"外购"决策中起到了重要作用。这一发现与奥法雷等（O'Farrell 等，1993）、托尔多（Tordoir，1994）、伍德等（Wood 等，1994）、佩里（Perry，1990）、拜尔斯和林达尔（Beyers 和 Lindahl，1996）的实证结果一致，除了纯粹降低成本和规避风险的考虑外，内部生产的技术限制、对特定服务的非常规需求更加重要。同时，科菲和德罗莱还认为，生产性服务业活动的集聚降低了企业外购生产性服务的交易成本，会鼓励生产性服务的外部化。

国内学者程大中（2006）指出，信息技术的发展与推广在很大程度上决定着生产性服务业的外部化，因为信息技术的发展使得很多工作的外部化成本降低，并使某些服务的存储和远距离运输成为可能，这促进了生产性服务业的快速发展。张琰和芮明杰等（2012）则重点分析了交易费用在生产性服务外部化中的作用，认为长期合作关系和生产性服务企业数量增加是降低交易费用的途径，从而会促进服务外部化。

4. 国际分工理论

还有一种理论认为，发达国家服务业的高速发展是产业链全球分工的一种表现。Lee（1984）的研究表明，从全球经济一体化来看，全球经济中的服务业便可能集中于少数国家和地区，这些国家的城市或地区就形成了国家性的专业服务中心，发达国家出现的"产业空心化"同样是这种国际性劳动分工的表现。黄少军（2000）认为，这种观点与一些实际情况相符合，它能够解释一部分发达国家服务业发展的原因。陈志武（2004）也认为，在当前国际分工背景下，一些国家利用其比较优势，专注于服务业的生产，而将其工业部门的生产转移到其他国家，从而造成这些国家服务业比重的快速上升。国内学者对于国际分工理论的分析大都从全球价值链（GVC）角度出发，讨论如何摆脱我国加工贸易带来的以低端制造业为主的产业发展模式，并不断向价值链高端攀升（刘志彪，2009；夏杰长、倪红福，2016；王恕立、吴永亮，2017 等）①。

除了上述较为完善的理论解释外，还有很多学者考察了城市化、制度、法律环境等因素对服务业发展的影响（Singelmann，1978；Daniels，1991；黄少军，2000；江小涓、李辉，2004；Eschenbach

① 刘志彪：《国际外包视角下我国产业升级问题的思考》，《中国经济问题》2009年第1期，第6—15页；夏杰长、倪红福：《中国经济增长的主导产业：服务业还是工业》，《南京大学学报（哲学·人文科学·社会科学）》2016年第3期，第43—52页；王恕立、吴永亮：《全球价值链模式下的国际产业转移——基于贸易增加值的实证分析》，《国际贸易问题》2017年第5期，第14—24页。

and Hoekman，2006；汪德华等，2007；邵骏、张捷，2013 等)①，这里就不再一一综述。

服务业发展阶段理论对服务业演化发展的现象、规律和成因进行了较为详尽的阐述，其内容和结论可以总结为：第一，产出和就业比重由农业向制造业和服务业转移是产业结构演进的一般规律，而经济服务化现象则主要表现为中间需求型服务业——生产性服务业的快速发展；第二，总体来讲，服务业产出比重随人均收入水平的提高而上升，且二者的关系呈阶段性特征，这一方面体现了服务业行业本身的发展规律，另一方面也是服务业所包含的具体行业不断发生变化的结果；第三，经济服务化现象的成因可以用收入弹性理论、"成本病"理论、分工和服务外部化理论等进行解释，其中，收入弹性差异和生产率差异解释了消费性服务业发展的成因，分工深化和服务外部化程度提高则是生产性服务业发展的主要原因，而不同国家服务业发展的差异可能跟产业链的国家分工有关。

值得注意的是，上述研究大都以发达经济体为研究对象，其结论的普适性有待于检验。中国是一个仍处于转型期的发展中经济体，新常态下，中国服务业发展的规律似乎有悖于服务业发展的一般规律，如何修正和合理运用上述理论，对中国服务业发展的规模和结构性问

---

① Singelmann，J.，*From Agriculture to Services：The Transformation of Industrial Employment*，Beverly Hills：Sage Publications，1978；Daniels，P. W.，*Service and Metropolitan Development：International Perspective*，London and New York：Routledge，1991，pp. 107-324；江小涓、李辉：《服务业与中国经济：相关性和加快增长的潜力》，《经济研究》2004 年第 10 期，第 65—71 页；Eschenbach，F. and Hoekman，B.，"Service Policy Reform and Economic Growth in Transition Economies，1990-2004"，*Review of World Economics*，Vol. 142，No. 4，pp. 746-764，2006；汪德华、张再金、白重恩：《政府规模、法治水平和服务业发展》，《经济研究》2007 年第 6 期，第 51—64 页；邵骏、张捷：《中国服务业增长的制度因素分析——基于拓展索洛模型的跨地区、跨行业实证研究》，《南开经济研究》2013 年第 2 期，第 132—152 页。

题进行解释，对于促进中国经济服务化和制造业结构升级意义重大。

第二节　服务业与制造业的互动发展研究

服务业与制造业之间的互动关系主要表现为两个方面：一是从最终需求来说，服务消费与制造业产品消费之间存在替代效应；二是从中间需求来说，生产性服务业与制造业产品互为中间投入，存在很强的产业关联和互动效应。关于服务消费与产品消费之间的替代效应，在"经济服务化的理论研究"部分已经提到过，并进行了简单的解释。由于本研究主要从中间需求角度来分析服务业的发展问题，故关于服务业与制造业的互动研究方面，我们主要对作为中间投入的生产性服务业与制造业的互动研究进行综述。在对生产性服务业与制造业互动研究进行综述之前，我们有必要对生产性服务业的概念和内涵进行简要阐述。

生产性服务业（Producer Services）的产业形态是弗里茨·马克卢普（Fritz Machlup，1962）在《美国的知识生产与分配》一书中最早提出的，他认为生产性服务业是进行知识生产的行业，这种知识产业的产出具有无形性，其统计指标具有难以衡量性。同时，作者还重点分析了教育、研究与开发、传媒、信息机器和信息服务等知识生产行业，并对服务外包进行了初步的想象和描述。格林菲尔德（Greenfield，1966）则从"服务对象"是否是最终消费者对生产性服务业的概念进行了界定，认为生产性服务业是主要面向生产企业而非消费者提供服务产品和劳动的产业。他的定义揭示了生产性服务业的"中间投入"性质。富克斯（Fuchs，1968）、诺伊尔和斯坦贝（Noyell 和 Stanback，1984）等也认为生产性服务业是"用来生产其他产品和服务的中间投入，满足中间需求的服务行业"，生产性服务业的中间投入特征得到了学界的普遍认可。格鲁贝尔和沃克（Grubel 和 Walker，1989）在认可了生产性服务中间投入属性的基础上，进一步分析了其特点和功能：生产性服务大部分使用人力资本和知识资本作为中间投入，它实质上是在充当人力资本和知识资本的传送器，最终将这两种能大大提高最终产出增加值的资本导入生产过程之中。美国经济学家布朗宁和辛格曼（Browning 和 Singelman，1975）在对生产性服务业进行功能性分类时认为，生产性服务业是指保持工业过程的连续性、促进工业技术进步、产业升级和效率提高的服务行业，包括金融、保险、法律工商服务、经纪等具有知识密集特征和为客户提供专门服务的行业（具体见本书附表1、附表2）。

此后，随着服务经济的进一步发展，国内外很多学者也对生产性服务业的内涵进行了更深入的探讨（Coffey 和 Bailly，1991；Jullef，1996；钟韵、阎小培，2003；李江帆、毕斗斗，2004；程大中，2006)[①]，对生产性服务业的概念和特征也有了统一的认识。概念上，生产性服务业是指被其他商品和服务的生产者作为中间投入的服务产业，其主要特征为：（1）产出的无形性：作为服务业的一种，它是一种非物质的无形产出，能够体现产业结构的软化程度；（2）中间投入特征：生产性服务是一种中间投入，体现为制造企业或服务企业的生产成本；（3）人力资本和知识资本密集特征：生产性服务业的投入以人力资本和知识资本为主；（4）与服务对象的空间可分性：生产性服

[①] Coffey, W. J. and Bailly, A. S., "Producer Services and Flexible Production: An Exploratory Analysis", *Growth and Change*, Vol. 22, No. 4, pp. 95 – 117, 1991; Juleff-Tranter, L E., "Advanced Producer Services: Just Service to Manufacturing", *The Service Industries Journal*, Vol. 16, No. 3, pp. 389–400, 1996; 钟韵、阎小培：《我国生产性服务业与经济发展关系研究》，《人文地理》2003年第3期，第46—51页；程大中：《生产者服务业发展与开放》，文汇出版社2006年版；李江帆、毕斗斗：《国外生产服务业研究述评》，《外国经济与管理》2004年第11期，第16—25页。

务的提供不受空间的限制，可以进行跨地区、跨国的转移。

一、生产性服务业与制造业互动关系的相关研究

作为制造业的中间投入性服务，在不同的发展阶段，生产性服务业在制造业生产过程中角色和功能是逐渐变化的。根据赫顿（Hutton，2001）的总结，在工业时代初期，生产性服务在制造业生产过程中主要起到管理和协调作用，是补充性的活动，具有"润滑剂"的作用；当工业化发展到一定阶段，生产性服务开始广泛地参与到生产制造业过程中，其角色逐渐演化为一种促进工业生产各阶段更高效运行和增加各阶段附加值的"生产力"因素；在后工业化时代，生产环节变得越来越不重要，生产性服务成为技术创新和价值创造的主要来源，在生产流程中起到了"推进器"的战略性作用（见表2.1）。目前，随着大批制造业企业的服务化①，生产性服务已经成为创造性最强、产业链中附加值最高的环节，生产性服务业也成为了发达国家和部分发展中国家的支柱产业。

表 2.1　生产性服务在先进生产系统中角色的演变

20 世纪 50—70 年代	20 世纪 70—90 年代	20 世纪 90 年代至今
管理功能："润滑剂"作用	促进功能："生产力"作用	战略功能："推进器"作用
财务	管理咨询	信息和信息技术
总量控制	市场营销咨询	创新和设计
存货管理	咨询工程	科技合作
证券交易	商业银行	全球金融中介
	房地产	国家大项目融资

资料来源：李江帆、毕斗斗：《国外生产服务业研究述评》，《外国经济与管理》2004 年第 11 期，第 16—25 页。

---

① 如：Xerox 从复印机制造商转变为"文档服务公司"，IBM 从大型机和个人电脑制造商转型为信息服务公司，GE 公司、Rolls-Royce 公司等也在谋求由工业公司向服务业公司转型。

　　针对不同发展阶段生产性服务业与制造业之间的关系特征，学者们形成了"需求遵从论（Demand-driven）""供给主导论（Supply-led）""互动论（Interaction）""制造业服务化（Service-oriented manufacturing）"四种观点。

　　支持"需求遵从论"的学者认为：制造业是生产性服务业发展的前提和基础，正是经济增长尤其是制造业扩张所引致的中间服务需求促进了生产性服务业的发展，因此，生产性服务业发展依附于制造业发展，处于"需求遵从"地位。国外支持该理论的学者主要有科恩和齐斯曼（Cohen 和 Zysman，1987）、弗朗索瓦（Francois，1990）、克洛特（Klodt，2000）、卡拉莫里格鲁和卡拉隆（Karaomerioglu 和 Carlaaon，1999）、马尔德和蒙特（Mulder 和 Montout，2002）、格列里和梅里西亚尼（Guerrieri 和 Meliciani，2005）等。其中，科恩和齐斯曼（Cohen 和 Zysman，1987）、克洛特（Klodt，2000）认为，大多数服务部门的发展必须依靠制造业的发展，因为制造业是服务业产出的重要需求部门，没有制造业的发展，社会就没有对这些服务的需求；卡拉莫里格鲁和卡拉隆（Karaomerioglu 和 Carlaaon，1999）提出，生产服务是对制造业的补充和支持，应该与制造业视为一个整体；弗朗索瓦（Francois，1990）用理论模型证明，生产性服务的相对重要性取决于制造业生产规模和专业化程度，这同样意味着生产性服务业的发展要依附于制造业；马尔德和蒙特（Mulder 和 Montout，2002）则从产业结构变化的视角提出，需求结构的变化在经济演化过程中意义重大，而对服务业中间需求结构的变化是影响生产性服务业发展的重要因素；格列里和梅里西亚尼（Guerrieri 和 Meliciani，2005）利用OECD国家的数据实证得出：一个国家发展有竞争力的服务经济依赖于制造业的结构，国内制造业密集使用的生产性服务业更可能成为具有国际竞争力的产业，如知识密集型制造业活动占有率高的国家对FCB服务（金融、通讯和商务服务业）的需求较大，从而更有可能发展该类型服务业的专业化和国际竞争力。我国学者张世贤（2000）、江小涓和李辉（2004）也认为，只有工业化和城市化发展到一定阶段，才能形成对服务业的需求和市场，而我国经济还没有进入需要服务业迅速增长的阶段。任旺兵（2008）、江静和刘志彪（2010）、肖文和樊文静（2011）、彭水军和李虹静（2014）的实证研究也表明，制造业需求不足严重影响了我国生产性服务业的发展，这说明我国生产性服务业的发展仍处于"需求遵从"地位。

"供给主导论"者认为，生产性服务业是制造业生产率得以提高的前提和基础，没有发达的生产性服务业，就无法形成具有较强竞争力的制造业部门。因此，二者的关系以生产性服务的供给能够提高制造业效率为主。持有该理论的文献（如 Grubel 和 Walker，1989；Markusen，1989；Jones 和 Kierzkowski，1990；Francois，1990a；Eswaran 和 Kotwal，2002；Francois 和 Woerz，2008 等）① 以论述和证明生产性服务业对制造业的作用为主，他们认为，生产性服务业的发展通过促进制造业分工扩大、专业化程度提高、产业链延长、规模报酬递增等促进制造业全要素生产率的提升。就我国制造业和生产性服务业发展的实际情况看，江小涓、李辉（2004）的研究认为：服务业

---

① Grubel, H. G. and Walker, M. A., *Modern Service Sector Growth：Causes and Effects*, Fraser Institute, 1989; Markusen, J. R.,"Trade in Producer Services and in Other Specialized Intermediate Inputs", *American Economic Review*, Vol. 79, pp. 85 - 95, 1989; Jones, R. and Kierzkowski, H.,"The Role of Services in Production and International Trade：A Theoretical Framework", *Political Economy of International Trade*, Oxford：Basil Blackwell, pp. 31 - 48, 1990; Eswaran, M. and Kotwal, A.,"The Role of the Service Sector in the Process of Industrialization", *Journal of Development Economics*, Vol. 68, No. 2, pp. 401-420, 2002; Francois, J. and Woerz, J.,"Producer Services, Manufacturing Linkages, and Trade", J*ournal of Industry，Competition and Trade*, No. 8, pp. 199-229, 2008.

发展滞后和效率较低已经成为制约我国未来经济增长的重要因素。他们对跨国公司在华投资企业的调查表明，服务业发展滞后已成为影响制造业竞争力的重要因素。顾乃华等（2006，2010）的经验分析表明，发展生产性服务业有利于提升工业的竞争力，那些企业无法自身提供的生产性服务（如金融服务）对工业竞争力提升的作用更为明显。江静等（2007）利用省际面板数据和工业细分行业面板数据进行的实证结果也表明，生产性服务业的扩张促进了工业的整体效率提高。何欢浪等（2017）的实证研究发现，服务业发展促进了出口产品质量提升，且对资本密集型企业和高生产率企业的出口产品质量有更强的促进作用。李平（2017）也认为，生产性服务业较高的技术进步水平以及对资本要素和劳动要素较强的集聚能力，可以提升宏观经济总体全要素生产率，完全可以成为新常态下中国经济高质量增长的新动能。

持"互动论"观点的学者认为，"需求遵从论"和"供给主导论"都不足以完整地揭示制造业与生产性服务业的关系，实际上，二者的关系表现为相互作用、相关依赖、共同发展的互动型关系。Park和Chan（1989）认为，随着经济规模特别是制造业部门的扩大，对服务业的需求会迅速增加，这将会促进生产性服务业的发展；而生产性服务业的发展提高了制造业部门的竞争力，进一步加速制造业部门的发展。聂清（2006）通过对世界范围内的相关数据的分析得出，制造业与生产性服务业之间是相互影响的，制造业的规模影响了生产性服务业的规模，反过来，制造商依靠各种各样的生产性服务投入保持市场份额和竞争力。韩德超（2009）利用中国分行业统计数据，借助三变量误差修正模型，考察了我国制造业和生产性服务业间发展的关系。结果表明：在长期中，二者具有单向因果联系，属于"需求遵从型"；而在短期中，生产性服务业与制造业发展具有双向因果联系，属于"互动型"。

随着信息技术和经济全球化的发展，越来越多的制造业企业通过提供服务来增加其核心产品的价值，有些制造业企业甚至不再出售物品而是为产品提供研发设计、广告营销等服务，这些制造业企业正在转变为某种意义上的服务企业，服务化成为当今世界制造业的发展趋势之一。服务化（servitization）一词最早是由范德默维和拉达（Vandermerwe 和 Rada，1988）提出的，他们对服务化的解释是制造业企业由仅仅提供物品或物品与附加服务向物品—服务包转变。完整的"包"（bundles）包括物品、服务、支持、自我服务和知识，并且服务在整个"包"中居于主导地位，是增加值的主要来源。怀特（White，1999）和莱斯金（Reiskin，2000）等认为，服务化就是制造商的角色由物品提供者向服务提供者的转变，它是一种动态化的变化过程。Xerox 从复印机制造商向文档服务公司转变、IBM 从大型机和个人电脑制造商向信息服务公司转变是现实中很好的例证。国内学者刘继国和李江帆（2007）对国外制造业服务化的理论进行了系统的综述，并认为制造业服务化对我国走新型工业化道路、建设资源节约型、环境友好型社会具有重要的现实意义。刘斌等（2016）运用投入产出表、中国工业企业数据和海关进出口企业数据等合并数据进行的实证研究认为，制造业服务化不仅提高了我国企业价值链的参与程度，而且显著提升了我国企业在价值链体系中的分工地位。

综上所述，不同的理论适应于不同的发展阶段。一般来说，生产性服务业发展早期，二者的关系以"需求遵从论"为主导；但随着生产性服务业的外部化和信息技术的发展，二者的关系开始以"供给主导论"为主；同时，二者的相互提升作用更加明显；最后，随着制造业生产环节的弱化，制造业的服务化趋势明显，生产性服务环节逐渐成为传统制造业企业的核心业务和利润来源。

二、生产性服务业与制造业互动发展的机理研究

依据不同发展阶段中制造业与生产性服务业的互动特征，在提出二者互动关系的基础上，国内外学者基于不同的学科视角对二者的互动机理进行了较为深入的探讨，主要有分工理论、价值链理论、生态群落理论和产业区位理论。

1. 分工理论的研究

分工理论的主要思想来源于亚当·斯密，后经马歇尔、马克思、杨格、杨小凯、贝克尔、墨菲等人的发展，形成了较为系统的理论。

斯密认为，分工起源于人们互通有无的倾向，因而分工受到市场范围的限制；分工是提高劳动生产率、促进经济增长的源泉。亚当·斯密对市场范围影响劳动分工和分工提高劳动生产率的论述表明：一方面，只有当对某一产品或服务的需求随着市场范围的扩大增长到一定程度时，专业化的生产者才可能出现和存在，因为这时市场需求才能够吸纳专业生产者的剩余产品和服务；另一方面，分工所形成的专业生产者能够提供更为专业化的产品或服务，降低平均成本，提高整体的劳动生产效率。在斯密分工思想的基础上，杨格引入奥地利学派"迂回生产方式"的概念，认为"劳动分工"与"市场规模"是相互促进、循环演进的，并提出，产业专业化是报酬递增的基本组成部分。斯密和杨格对分工和专业化导致报酬递增的研究没有考虑交易费用和协调成本，杨小凯、贝克尔、墨菲对此进行了补充，认为只有劳动分工带来的经济收益增加超过了交易费用和协调成本，分工才有进

一步演进的动力。

根据分工理论的基本思想，很多学者分析了生产性服务业的产生以及制造业与生产性服务业的互动机理，普遍的观点是：制造业规模的扩大促进了分工，分工导致生产链的延长，生产迂回程度增加，对中间的服务需求增加，从而促进了生产性服务业发展；生产性服务业的发展提高了制造业的生产效率，降低了制造业各生产环节的交易成本，并促进了分工程度的进一步加深。弗朗索瓦（Francois，1990a、1990b）在分析中间服务投入、规模和专业化关系的基础上，建立了一个包含生产性服务在关联、协调专业化分工中具有明确作用的模型，模型分析结果认为：第一，市场容量的变化以及由此带来的经营规模的变化，导致专业化程度的不断提高和从事间接生产活动（生产性服务）的就业份额的不断增加；第二，正是由于市场扩张相联系的劳动分工的加深，直接生产活动的生产率随之提高；也正是由于生产性服务的作用，才使得劳动分工深化成为可能；第三，专业化导致的规模报酬递增的实现有赖于生产性服务部门的扩张。薛立敏（1993）提出，台湾生产性服务业快速发展的主要原因是生产技术日益专业化和分工日益细化的结果。陈宪、黄建锋（2004）认为，服务业增长的背后，真正起决定作用并能做出一般解释的应该是"社会分工"因素。他们认为，随着社会分工的细化，交易成本越来越高，生产性服务业的发展有利于降低企业的交易成本，使得分工的进一步深化成为可能。吕政、刘勇等（2006）提出，从经济学的角度来看，生产性服务业的产生和发展就是建立在成本优势基础上的专业化分工深化，以及企业外包活动的发展。他们还将生产性服务业的发展划分为三个阶段来阐述"生产性服务业的发展本身就是内部化—外部化活动特征变迁的过程"这一观点。郑凯捷（2006）、陈建军和陈菁菁（2011）、王玉玲（2017）等对于服务经济的研究也都特别强调了分工和服务外部化对于产业互动发展的重要性。

2. 价值链理论的研究

20 世纪 80 年代以来，众多学者对价值链的概念和相关理论进行了研究，其中较为著名是哈佛商学院的迈克尔·波特（Porter）教授，他所提出的价值链概念被理论界广泛接受和使用。

波特（Porter，1985）提出，每一个企业都是在设计、生产、销售、交货和辅助其产品生产的过程中进行种种活动的集合体，所有这些活动可以用一个价值链来表示。企业的价值创造是通过一系列活动构成的，这些活动可分为基本活动和辅助活动两类，基本活动包括内部后勤、生产作业、外部后勤、市场和销售、服务等；而辅助活动则包括采购、技术开发、人力资源管理和企业基础设施等。这些互不相同但又相互关联的生产经营活动，构成了一个创造价值的动态过程，即价值链。波特的价值链理论揭示了企业竞争优势的来源，同时也表明，企业与企业的竞争，不只是某个环节的竞争，而是整个价值链的竞争，整个价值链的综合竞争力决定企业的竞争力。

波特的价值链理论还认为，在企业价值链的运动过程中，并非这个链条上的每一个环节都创造同等价值，企业所创造的价值实际上来自价值链上的某些特定活动。企业价值链之间的差异，奠定了产品差异化的基础，也是企业竞争优势的主要来源。随着国际分工模式由产品分工向要素分工的转变，宏碁集团创办人施振荣（1992）基于价值链理论提出了著名的"微笑曲线"理论。"微笑曲线"是一条两端向上的微笑嘴形曲线（如图 2.1），整条线表示一个产业链，产业链的两端分别是附加值较高的研发和销售，而中间部分则为附加值较低的制造加工环节。该曲线揭示了大部分产业的利润分配情况，为各种产业制定中长期策略提供了方向。

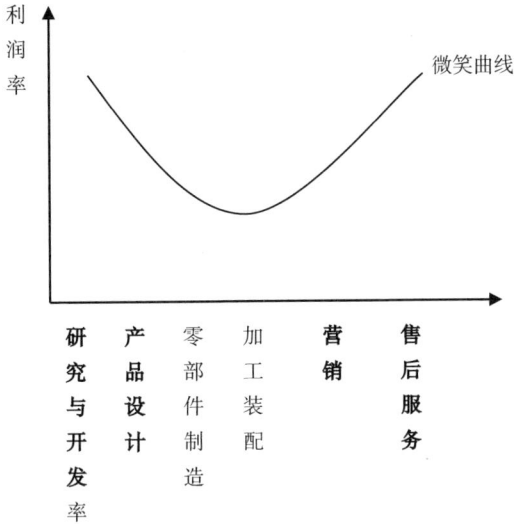

图 2.1　价值链流程与利润率的关系

由价值链理论和微笑曲线理论可以看出，研究与开发、产品设计、营销、售后服务等生产性服务环节占据着制造业产品附加值的高端位置，是制造业产品价值的重要组成部分和产品差异化的主要来源，因此，生产性服务业的发展有利于提高制造业的产业价值，进而培育其竞争优势。国内学者郑吉昌和夏晴（2005）利用价值链理论总结了生产性服务业对于制造业的重要作用：第一，生产性服务实际上是人力资本、知识资本和技术资本进入制造业生产过程的桥梁，是企业参与全球化竞争的关键；第二，生产性服务无论是"内部化"服务还是"外部化"服务，都对制造业产品价值增值起着关键性的作用；第三，生产性服务是形成产品差异性和企业之间进行非价格竞争的重要手段。

利用价值链理论研究二者互动的文章以突出生产性服务业在制造业价值创造和竞争力培育过程中的作用（刘明宇等，2010；贾根良、刘书瀚，2012；袁中华、詹浩勇，2016 等）①，很少涉及制造业对生产性服务业的作用。笔者认为，目前制造业的服务化趋势正是价值链理论下制造业对生产性服务业作用的表现。因为企业的价值来源越来越集中在"微笑曲线"的两端——生产性服务环节，很多企业开始将经营重心放在研究与开发、产品设计、销售渠道、售后服务等生产性服务环节，从而促进了生产性服务业的专业化和高端化发展。

3. 生态群落理论的研究

生物群落是指占据一定空间、生活在特定区域或自然环境中的有相似资源需求的一组相互依赖的种群的集合体②。这个集合体中的生物在种间保持着各种形式的、紧密程度不同的相互联系，并且共同参与对环境的反应，是生态系统中有生命的部分。生物群落由植物群落、动物群落和微生物群落组成，群落与环境之间相互依存、互相制约、共同发展，形成一个自然整体。哈佛大学的波特教授（Porter，1990、2001）把产业集群定义为在某一特定领域内互相联系的、在地理位置上集中的公司和机构的集合，它包括一批对竞争起着重要作用的、相互联系的产业和其他实体，向下延伸至销售渠道和客户，并侧面扩展到辅助性产品的制造商，以及与技能技术或投入相关的产业公司，还包括专业化培训、教育、信息研究和技术支持的政府和其他机构。这一公认的关于产业集聚的经典定义与生态学中的生物群落概念极其相似，以此为突破口，学界开始尝试用生态学理论来理解经济学

---

① 刘明宇、芮明杰、姚凯：《生产性服务价值链嵌入与制造业升级的协同演进关系研究》，中国工业经济，2010 年第 8 期，第 66—75 页；贾根良、刘书瀚：《生产性服务业：构建中国制造业国家价值链的关键》，《学术月刊》2012 年第 12 期，第 60—67 页；袁中华、詹浩勇：《生产性服务业集聚、知识分工与国家价值链构建》，《宏观经济研究》2016 年第 7 期，第 98—104 页。

② 谢宝瑜：《生物群落的结构、演变及其多样性分析》，《农业新技术》1983 年第 6 期，第 46—51 页。

中的产业集聚、产业演化和产业互动现象。

基于生态群落视角对制造业与生产性服务业互动的研究主要基于共生理论来探讨二者的互动机理，这一方面的研究以国内文献为主。唐强荣、徐学军（2008）借助共生理论的研究框架，构建了生产性服务企业与制造企业合作关系的实证模型，通过广东制造业的问卷调查与统计分析，探索了生产性服务企业与制造企业共生单元、共生界面和共生环境各因素对其合作关系的影响。孔德洋、徐希燕（2008）提出，制造业亚群落和生产性服务业亚群落之间是相互交融的，制造业亚群落为生产性服务业提供了生存的环境，生产性服务业亚群落为制造业亚群落提供了营养和赖以升级的知识流。唐强荣、徐学军等（2009）基于生态学种群 Logistic 生长方程的视角，提出了生产性服务业与制造业的共生发展模型，结果认为：生产性服务业与制造业共生发展的作用机制与种群属性、制度环境变化和产业环境变化有关。刘浩、原毅军（2010）选择全要素生产率作为反映共生单元性质的主要参量，利用面板数据对中国生产性服务业与制造业的共生行为模式进行了判定，认为中国生产性服务业与制造业处于非对称互惠共生状态，生产性服务业对制造业的依赖度大于制造业对生产性服务业的依赖度。他认为，这反映出我国的产业共生系统发展不完善，生产性服务业发展滞后，制造业的需求仍是生产性服务业发展的主要动力。田小平（2015）根据组织生态学理论分析了高技术服务业与制造业之间的关联关系，认为高技术服务业和制造业在创建率和种群密度上存在着明显的关联关系和协同演化，高技术服务业的创建率和种群密度都随着制造业种群密度的增加而增加。

4. 产业区位理论的研究

制造业和生产性服务业的区位分布一直是国外学者研究的重点，

产业的区位分布中最突出的现象就是产业集聚，所以，从马歇尔（A. Marshall，1920)[1] 提出产业区的三因素论（知识溢出、专业化的劳动力市场和产业关联）起，产业集聚理论成为产业经济学研究的热点。早期学者对产业集聚的研究以工业、特别是制造业为主，对服务业和生产性服务业集聚的研究较为滞后，而从产业集聚角度研究制造业与生产性服务业互动的文献更少，而且处于对现象进行描述的阶段。

制造业与生产性服务业在空间区位上的互动特征主要表现为两种形式：集聚和分离。理论上，制造业集中的地区对生产性服务业的需求规模较大，具有规模报酬递增特点的生产性服务业（Markusen，1989)[2] 应该集聚在制造业周围，从而取得收益剩余；同时，生产性服务业集聚的地区有利于制造业以较低成本获取各种中间服务投入，制造业也理应向生产性服务业集聚的地区靠拢。但实际上，相关的研究表明，制造业和生产性服务业在空间分布上既有集聚，也有分离。科菲和贝利（Coffey 和 Bailly，1993）的研究发现，那些生产性服务业不集聚的地区，不太可能支撑新兴工业的扩张和创新。萨森（Sassen，1991）却认为，生产性服务业与制造业在地理上并非相互依赖，生产性服务业也不必然集中在制造业周围，尤其是主要满足金融和商业流通需要的高级生产性服务业，并不以制造业为中心。刘志彪（2006）也指出，接近制造业并不是一个在统计上可以解释生产性服务业区位的显著因素。但拉夫和鲁尔（Raff 和 Ruhr，2007）的研究表明，生产性服务业的 FDI 在区位上通常都追随制造业的 FDI。另

① Marshall, A., *The economics of industry*, Macmillan and Company, 1920.

② Markusen, J. R., "Trade in Producer Services and in Other Specialized Intermediate Inputs", *American Economic Review*, Vol. 79, pp. 85–95, 1989.

外，也有学者（陈国亮，2010；陈建军、陈菁菁，2011；陈赤平、刘佳洁，2016 等）[①] 基于服务业与制造业产业集聚的空间分布现象考察了二者互动的效应[②]。

除以上四种理论视角外，也有学者从制造业与生产性服务业的知识流动产生交互创新视角分析二者的互动机理，认为知识密集型服务业起到了知识的生产和传播作用，提高了制造业的创新能力，并同时得到了自身创新的激励（Muller 和 Zenker，2001；Hauknes 和 Knell，2009；陆小成，2009 等）[③]。

黄建锋（2010）在探讨服务业与制造业的互动机制与路径时，将生产性服务业提升制造业机理总结为：第一，能够降低制造业企业的交易成本，提高经营效率；第二，能够促进企业的技术创新和管理创新，提高劳动生产率和产品的附加值，从而增强产品的竞争力；第三，有利于降低企业的进入门槛，促进制造业企业的集聚，从而提升工业竞争力。显然，该文将互动的大部分内容归结为生产性服务对制造业的提升作用，而将"制造业对生产性服务业的促进"方面的作用

---

① 陈国亮：《新经济地理学视角下的生产性服务业集聚研究》，浙江大学博士学位论文，2010 年；陈建军、陈菁菁：《生产性服务业与制造业的协同定位研究——以浙江省 69 个城市和地区为例》，《中国工业经济》2011 年第 6 期，第 141—150 页；陈赤平、刘佳洁：《工业化中期生产性服务业与制造业的协同定位研究——以湖南省 14 个市州的面板数据为例》，《湖南科技大学学报（社会科学版）》2016 年第 1 期，第 90—97 页。

② 如：陈国亮（2010）在对生产性服务业集聚和制造业集聚的互动关系进行分析的基础上，重点分析了两种集聚的互动效应，提出了"互补效应"和"挤出效应"两个概念，并从空间和产业链两个维度对此进行了解释。

③ Muller, E. and Zenker, A., " Business Services as Actors of Knowledge Transformation：the Role of KIBS in Regional and National Innovation Systems", *Research Policy*, Vol. 30, No. 9, pp. 1501 – 1516, 2001; Hauknes, J. and Knell, M., " Embodied Knowledge and Sectoral Linkages：an Input-Output Approach to the Interaction of High-and Low-Tech Industries", *Research Policy*, Vol. 38, No. 3, pp. 459–469, 2009; 陆小成：《生产性服务业与制造业融合的知识链模型研究》，《情报杂志》2009 年第 2 期，第 117—120、124 页。

一笔带过，这是大多数"互动机制"研究的缺陷。肖文、樊文静（2011）对这一问题进行了补充性研究，认为从互动角度研究制造业发展对生产性服务业的促进作用非常重要，并从需求规模和需求结构角度对这一问题进行了探讨，但她们并未深入研究产业互动中生产性服务业发展的内生路径。

以上研究的不足之处可以总结为：第一，研究互动机制时，过于关注生产性服务业对制造业的促进作用，忽略了制造业对生产性业发展的影响；第二，对生产性服务的界定过于模糊和宽泛，忽略了生产性服务业内部的行业异质性①，而不同类型的生产性服务与制造业的互动途径是有很大差异的。

三、生产性服务业与制造业互动效应测度的研究

生产性服务业与制造业互动效应的测度主要可以分成两种，一种是以国民经济宏观统计数据为基础，利用不同的指标对二者的相互促进作用进行回归分析；另一种是以里昂惕夫（Leontief，1936）② 提出的投入—产出模型为基础，运用直接消耗系数、完全消耗系数、感应度系数、影响力系数、中间投入率、中间需求率等指标来测度二者的产业互动效应。第一种方法的数据易于获取，故目前国内部分研究采用该方法进行计量分析，但这种方法的缺点是指标选取不够准确—对生产性服务业指标的选取主观性较强，且未能剔除生产性服务中用于最终服务的部分。第二种方法的生产性服务业指标较为精确，且投入产出表能够提供微观层次的产业交易信息和最终需求输出情况

---

① 差异可能来自于与制造业的主导关系不同、外部化动因不同、迁移性知识的主体属性不同等。

② Leontief, W., "Quantitative Input and Output Relations in Economics of United States", *Review of Economic Statistics*, Vol. 8, No. 3, pp. 105-125, 1936.

（Stabler 和 Howe，1988；申玉铭、邱灵等，2007）[1]，但长期数据的获取和集结比较困难。

1. 宏观统计数据的回归分析

运用宏观统计数据研究生产性服务业与制造业互动效应的文献比较丰富，这跟数据的易获得性有关，其计量方法以回归分析为主。虽然宏观数据无法精确地反映作为中间投入的生产性服务数量，但选择中间投入特征明显的服务业作为生产性服务业（陈宪、黄建锋，2004；Guerrieri and Meliciani，2005；Francois and Woerz，2008；；Tanaka，2009；顾乃华，2010 等）[2]，或用中间需求率超过 50% 作为衡量标准来界定生产性服务业（Goodman and Steadman，2002；申玉铭、邱灵等，2007；江静、刘志彪，2010；樊文静，2015）[3]，其研究结果

---

[1]　Stable, J. C. and Howe, E. C., "Service Exports and Regional Growth in the Postindustrial Era", *Journal of Regional Science*, Vol. 28, No. 3, pp. 303-315, 1988；申玉铭、邱灵、王茂军：《中国生产性服务业产业关联效应分析》，《地理学报》2007 年第 8 期，第 821—830 页。

[2]　陈宪、黄建锋：《分工、互动与融合：制造业与服务业关系演进的实证研究》，《中国软科学》2004 年第 10 期，第 65—71 页；Guerrieri, P. and Meliciani, V., "Technology and International Competitiveness: The Independence between Manufacturing and Producer Services", *Structural Change and Economic Dynamics*, No. 16, pp. 489-502, 2005；Francois, J. and Woerz, J., "Producer Services, Manufacturing Linkages, and Trade", *Journal of Industry, Competition and Trade*, No. 8, pp. 199-229, 2008；Tanaka, K., "Vertical foreign direct investment: evidence from Japanese and US multinational enterprises', Global COE Hi-Stat discussion paper, No. 46, 2009；顾乃华：《产性服务业对工业获利能力的影响和渠道—基于城市面板数据和 SFA 模型的实证研究》，《中国工业经济》2010 年第 5 期，第 48—58 页。

[3]　Goodman, B. and Steadman, R., "Services: Business Demand Rivals Consumer Demand in Driving Job Growth", *Monthly Labor Review*, Vol. 125, No. 4, pp. 3-16, 2002；申玉铭、邱灵、王茂军：《中国生产性服务业产业关联效应分析》，《地理学报》2007 年第 8 期，第 821—830 页；江静、刘志彪：《世界工厂的定位能促进中国生产性服务业发展吗》，《经济理论与经济管理》2010 年第 3 期，第 62—68 页；樊文静：《出口导向型经济对我国生产性服务业发展的影响路径——基于需求视角的分解》，《国际贸易问题》2015 年第 7 期，第 19—29 页。

仍然具有很强的实践意义。

回归方程方面，很多研究使用 OLS 对生产性服务业与制造业的互动效应进行简单回归，但由于生产性服务业与制造业是相互作用的，方程的内生性问题比较严重。目前，研究者开始尝试使用联立方程来对二者的互动效应进行测度（江静，2010；陈建军、陈菁菁，2011；高觉民、李晓慧，2011 等）[1]，通过选择合适的工具变量消除内生性问题。互动效应测度的指标选择方面，有些文献使用的是产业增加值，如直接选择生产性服务业与制造业增加值占 GDP 的比重进行回归分析，以此判断二者是否存在相互促进效应，其实，这些指标只能反映二者是否相关，并不能得出具体的作用效应。随着计量和统计方法的拓展，互动效应研究广泛使用的指标包括产业的劳动生产效率（江静等，2007）[2]、全要素生产率（Fernandes 和 Paunov，2008）[3]、技术结构（唐宜红、王明荣，2010）[4]、制造业出口技术复杂度（陈晓华、刘慧，2016）[5] 等，这些指标分别从不同角度反映了生产性服务业与制造业互动的经济增长效应、效率提升效应和产业结构优化

---

[1] 江静：《市场支持、产业互动与中国服务业发展》，《经济管理》2010 年第 3 期，第 1—6 页；陈建军、陈菁菁：《生产性服务业与制造业的协同定位研究——以浙江省 69 个城市和地区为例》，《中国工业经济》2011 年第 6 期，第 141—150 页；高觉民、李晓慧：《生产性服务业与制造业的互动机理：理论与实证》，《中国工业经济》2011 年第 6 期，第 151—160 页。

[2] 江静、刘志彪、于明超：《生产者服务业发展与制造业效率提升：基于地区和行业面板数据的经验分析》，《世界经济》2007 年第 8 期，第 52—62 页。

[3] Fernandes, A. M. and Paunov, C., "Services FDI and Manufacturing Productivity Growth: There is a Link", *Policy Research Working Paper Series*, 2008.

[4] 唐宜红、王明荣：《生产者服务、出口品技术结构和制造业出口商品结构优化》，《产业经济研究》2010 年第 3 期，第 46—54 页。

[5] 陈晓华、刘慧：《生产性服务业融入制造业环节偏好与制造业出口技术复杂度升级——来自 34 国 1997—2011 年投入产出数据的经验证据》，《国际贸易问题》2016 年第 6 期，第 82—93 页。

效应。

2. 投入—产出模型的实际应用

投入—产出模型的创始人是里昂惕夫，他于 1928 年发表了投入—产出理论的早期成果，提出了一个把生产、流通和消费作为整体经济过程进行描述的两部门投入—产出系统。投入—产出理论的理论基础是古典经济学把生产看作循环流的思想、马克思的再生产理论、瓦尔拉斯的一般均衡理论和凯恩斯的国民收入决定理论，而投入—产出表的编制则来自于苏联国民经济平衡表的思想和用图表绘制生产过程的方法。

投入—产出法是投入—产出理论的具体应用，是"把一个复杂经济体系各部门之间的相互依存关系系统地数量化的方法"。投入—产出法的主要工具是投入—产出表和投入—产出模型。投入—产出表是以矩阵的形式，显示国民经济各部门主要产品或服务的投入与产出关系，对各产业间在生产、交换和分配上的关联关系进行分析，然后利用产业间关联关系的特点，为经济预测和经济计划服务。投入—产出模型是一种经济数学模型，是由系数、变量的函数关系所组成的数学方程构成的。投入—产出模型各个具体指标能够反映经济现象间的本质联系。

基于投入—产出法来测度生产性服务业与制造业关系的指标主要有：直接消耗系数、完全消耗系数、影响力系数、感应度系数、中间投入率、中间需求率等。古德曼和斯特德曼（Goodman 和 Steadman，2002）、江静和刘志彪（2010）、霍景东和黄群慧（2012）、钱龙（2017）等都曾用投入—产出表的相关指标对生产性服务业与制造业的产业关联进行过深入探讨。

第三节 中国经济服务化发展
悖论的提出和成因

一、中国经济服务化发展悖论的提出

近些年来，随着中国国民经济的高速增长，服务业发展缓慢的现象逐渐进入研究者的视野，很多学者将这种"经济高速增长，服务业低水平稳态发展"的逆服务化趋势称为经济服务化的"中国悖论"。

对 20 世纪 90 年代至今关于中国服务业发展的研究文献进行分析发现，关于经济服务化"中国悖论"或中国服务业发展落后的判断主要基于三个方面：

第一，与国民经济较高的增长速度相比，服务业发展较为缓慢。如：世界银行高级经济学家华尔诚先生提出，20 世纪 90 年代中国服务业价格增长快于总体增长，但服务业发展却滞后于整个国民经济发展，这是一种"令人迷惑"的现象。国内统计专家许宪春（2000）较早地对我国服务业发展这种"令人迷惑"的现象进行了详细的证实：20 世纪 80 年代，我国服务业年均增长率快于 GDP，年均增长高约 3.5 个百分点；但到了 90 年代，情况却刚好相反，服务业发展慢于 GDP 增长，年均增长率低约 1.5 个百分点；同时，服务业价格上升幅度高于整个国民经济的价格上升幅度。目前，服务业发展慢于国民经济总体增长的判断，已经取得了国内学者的一致认同。

第二，与同等发展水平，甚至更低发展水平国家相比，我国服务业比重较低。这方面的研究较为丰富，如：彭志龙（2001）以 1980 年为对比起点，通过中国与相近发展水平国家（包括印度尼西亚、菲律宾、斯里兰卡、罗马尼亚、乌克兰）的比较得出，1980 年，我国服务业比重为 21.4%，而发展水平相近国家的平均水平为 34.6%，这说明我国服务业发展起点低；至 1998 年，我国服务业比重增长到 32.9%，增长了 11.5 个百分点，而发展水平相近国家的平均水平增长了 13.6 个百分点，达到了 48.2%，这说明我国服务业发展速度相对缓慢。江小涓、李辉（2004）用《世界发展指标 2003》的截面数据对比了中国与下中等收入国家的服务业发展水平，结果发现，我国服务业在国民经济中的比重明显低于同组别的大部分国家；就服务业就业比重而言，我国在同组国家中居倒数第一。此后的大部分研究都得出了同样的结论（高传胜、李善同、汪德华，2008；李勇坚、夏杰长，2009；樊文静，2013 等）①，但也有人提出异议，认为服务业比重的国际比较存在"陷阱"。如：李冠霖、辛红（2005）提出，服务业研究中不能只是对服务业比重进行简单的国际比较，还要深入地判断服务业比重是否合理的其他因素，包括汇率、通胀率、全球产业布局、体制差异、统计体系是否健全、不同经济发展阶段服务产品的异质性等。笔者认为，服务业比重的国际比较确实能够在一定程度上反映不同国家的服务业发展水平，而这些所谓"陷阱"正是解释不同国家服务业发展水平差异的原因。

　　第三，我国服务业内部结构不合理，主要表现为生产性服务业发展不足。黄少军（2000）对服务业的发展历史进行了详尽的分析后提出，就产业内部结构看，我国的流通服务业和生产者服务业相对不

---

① 高传胜、汪德华、李善同：《经济服务化的世界趋势与中国悖论：基于 WDI 数据的现代实证研究》，《财贸经济》，2008 年第 3 期，第 110—116 页；李勇坚、夏杰长：《我国经济服务化的演变与判断——基于相关国际经验的分析》，《财贸经济》2009 年第 11 期，第 96—103 页；樊文静：《中国生产性服务业发展悖论及其形成机理——基于需求视角的研究》，浙江大学博士学位论文，2013 年。

足，即经济网络服务①发展不够。程大中（2008）以中间投入为标准比较了中国与其他国家生产性服务业的发展水平，结果发现，2002 年，中国生产性服务占国民总产出比重为 14.7%，这一比重不但低于同时期发达国家 20% 左右的比重，也低于俄罗斯、印度、巴西等发展中国家的水平，这说明我国中间投入型服务业（即生产性服务业）发展水平较低。更令人费解的是，2007 年，该比重下降至 11.63%，这与发达国家中间投入型服务业的迅速扩张趋势背道而驰（樊文静，2013）②。

二、中国经济服务化发展悖论的成因

目前，对中国经济服务化发展悖论形成原因的解释可以分为三个方面：一是统计原因，即关于服务业产值的统计存在高估、低估或口径差异等问题；二是观念、体制和政策因素，这主要是指一些影响服务业发展的传统观念，或是抑制服务业发展的政策和体制；三是贸易模式因素，即中国"两头在外"的加工贸易模式阻碍了服务业特别是生产性服务业的发展。

1. 统计原因

许宪春（2000）指出，中国服务业发展滞后的原因，一是存在各种政策和制度上的约束，二是统计因素导致的服务业严重低估。对于统计方面的原因，他提出，受传统重物质产品生产、轻非物质产品生产指导思想的影响，我国服务业统计一直是一个薄弱环节；同时，由于很多新兴服务业的统计调查几乎处于空白状态，这使得统计的遗漏

---

① 黄少军（2000）将服务业分成经济网络服务、最终需求服务、生产者服务、交易成本型服务。其中，经济网络服务包括物质网络服务（交通仓储业、批发业）、资本网络服务（银行、信托、其他金融业、保险业）、信息网络服务（通讯业、出版业）。

② 樊文静：《中国生产性服务业发展悖论及其形成机理——基于需求视角的研究》，浙江大学博士学位论文，2013 年。

现象比较突出。彭志龙（2001）也认为，影响我国服务业发展的主要原因是我国特殊的管理体制和政策、统计因素两个方面。他还指出，第三产业具有服务内容复杂、涉及面广、服务单位规模小、数量多且新兴服务项目不断涌现等诸多特点，这些特点决定了第三产业统计的难度大于其他产业统计。由于统计条件相对较差，可供投入的人力、财力有限，技术准备也不足，使得我国第三产业统计显得格外薄弱，增加值漏统和统计不全现象非常普遍。江小涓、李辉（2004）也认为统计口径、体制和政策影响了我国服务业发展水平，但他们提出，即使使用经过第三产业普查调整后的数据，我国服务业比重仍然明显低于同类国家的水平。在此之后的很多研究也都提到统计因素对我国服务业比重的影响，但大部分都认为，即使剔除了统计因素的影响，我国服务业发展水平仍然较低。

2. 观念、体制和政策因素

几乎所有关于我国服务业发展的研究都认为，体制和政策因素是影响我国服务业发展的主要原因之一，这些因素包括传统经济体制下企业"办社会"的思想意识和实践观念（程大中，2008）[①]、服务行业的行政垄断（彭志龙，2001；黄少军，2000；江小涓、李辉，2004；程大中，2008）[②]、政府主导的资源配置（邵骏、张捷，2013）[③]、户籍制度导致的城乡二元结构刚性和城镇化进程缓慢（彭

---

① 程大中：《中国生产性服务业的水平、结构及影响——基于投入产出法的国家比较研究》，《经济研究》2008 年第 1 期，第 76—88 页。

② 彭志龙：《从国际比较看我国第三产业比重》，《统计研究》2001 年第 3 期，第 22—27 页；黄少军：《服务业与经济增长》，经济科学出版社 2000 年版；江小涓、李辉：《服务业与中国经济：相关性和加快增长的潜力》，《经济研究》2004 年第 10 期，第 65—71 页；程大中（2018）同上。

③ 邵骏、张捷：《产业结构服务化进程中的制度因素研究——基于全球 27 个新兴工业化国家面板数据的比较分析》，《产经评论》2014 年第 5 期，第 15—26 页。

志龙，2001；江小涓、李辉，2004；吕政等，2006)[①] 等。观念、体制和政策因素确实影响了我国服务业发展，但这些因素对服务业发展的影响机制较为复杂，且很难进行计量分析，所以，大多数研究都从理论层面进行规范分析。具体来讲，企业"办社会"的思想和实践导致我国服务业"外部化"严重不足，市场上交易的服务微乎其微；服务业的行政垄断使得很多中小企业无法进入，这导致大多服务行业缺乏竞争、效率低下；城乡二元结构感性阻碍了劳动力由农业向服务业的转移，城镇化水平滞后影响了生产性服务业的有效集聚。

3. 贸易模式因素

20世纪90年代以来，我国东部沿海地区的工业发展模式以承接国外跨国公司的产业转移为主，这种模式虽然有力地促进了地方经济的快速发展，但也暴露出了较为明显的局限性，即外资企业与本地经济的产业关联性薄弱。东部沿海地区的这些制造企业主要从事出口加工贸易，该类型企业的研发设计、技术服务、法律服务、市场调研、销售渠道等生产性服务主要由国外母公司提供，国内整体制造业与服务业的产业关联被割裂，产业链向服务业增值部分的延伸被抑制。江静、刘志彪（2010）的实证分析表明，中国生产性服务业发展受制于需求因素，加工贸易为主导的贸易结构割裂了制造业和生产性服务业的产业关联，代工制造业发展不仅没有形成对生产性服务业的有效需求，反而在要素获取方面与服务业形成竞争，进而制约了生产性服务业的发展。他们还认为这是当前中国服务业长期低水平稳态发展和经

---

①　彭志龙：《从国际比较看我国第三产业比重》，《统计研究》2001年第3期，第22—27页；江小涓、李辉：《服务业与中国经济：相关性和加快增长的潜力》，《经济研究》2004年第10期，第65—71页；吕政、刘勇、王钦：《中国生产性服务业发展的战略选择——基于产业互动的研究视角》，《中国工业经济》2006年第8期，第5—12页。

济出现"逆服务化"的主要因素。张平（2016）的研究认为，FDI的增加抑制了服务业比重的提高，这主要缘于外资企业大量进行进口加工贸易，降低了本地产业之间的关联性。

4. 其他综合性研究

Zheng等（2011）将经济高速增长和长期低水平发展的现象界定为"发展偏离之谜"，并认为"成本病"问题是这种偏离的主要成因。Cheng（2013）从理论上分析了三种现代服务业发展的机制：专业化分工、创新、需求引致，并认为中国服务业发展滞后主要源于专业化分工水平较低。彭水军和李虹静（2014）认为私人服务消费不足、制造业服务化程度低和服务业内部需求低是我国服务业发展滞后的原因，但他们并没有深入分析这三种需求不足背后的成因和机制。江静（2017）则认为服务业具有独立发展的路径依赖，这种路径依赖在金融业和房地产业更为明显。张月友（2014）将中国服务业悖论的相关研究总结为统计误差论、工业化阶段正常论、需求论、供给论、制度体系变化论和产业关联理论，并认为促进产业互动和发展消费服务是化解这一问题的关键。

上述研究较为全面地概括了中国服务业发展落后的主要因素，但对影响机制的分析不足，且很少探讨产业间互动的具体机制，也较少专门从中间需求角度出发探讨生产型服务业发展滞后的深层次原因。同时，大部分的分析都以实证研究为主，缺乏理论模型的支撑。

第四节 文献述评和研究方向展望

综上所述，经济服务化理论有着很长的研究历史，从20世纪30年代费歇尔（Fisher）的三次产业分类法开始，关于服务业发展阶段、演化规律及成因的研究便从未间断过。20 世纪 70、80 年代，随着发达国家服务经济的扩张，出现了大量关于"经济服务化"现象的理论探讨，包括"后工业社会"理论、"新工业主义"理论、"自我服务经济"理论、"新劳动分工体系"理论、"非工业化"和"产业空心化"理论等。至 20 世纪末期，发达国家已经完成了从工业化社会向服务化社会的演变，其服务理论的研究重点也向服务创新、服务效率等领域转移，但对于"错过了经济工业化的历史机遇，也未能跟上20 世纪中叶开始的服务业革命步伐"（程大中，2010）① 的中国来说，研究其服务业发展的内在规律和成因仍至关重要。

西方国家的服务经济理论中，主要用收入弹性理论、"成本病"理论、分工和外部化理论来解释服务业演化发展的成因。其中，收入弹性理论强调服务的需求比工农产品更富有弹性，根据恩格尔定律，服务需求随着收入水平的提高而增长。但这一理论主要用来解释消费性服务业的发展，且"服务富有弹性"的假设受到了很多质疑，因此，以中间投入性服务为主的现代服务业（Bayson，1997）② 发展无法用该理论解释。"成本病"理论则假设服务部门为生产率停滞部门，用以解释服务业就业份额的扩大和产出水平的提高，它较好地解释了 20 世纪70 年代之前西方国家产业结构变动的情况，但知识和技术密集型的现代服务业生产率并不低于制造业，这动摇了"成本病"理论的基本假设。20 世纪 80 年代之后，学者们主要用分工深化引起的产业迂回程度延长和中间服务的逐步外部化来解释服务的快速增长，这与大部分国家服务业发展的事实相符，很好地解释了现代服务业增长的成因。

---

① 程大中：《服务经济的兴起与中国的战略选择》，经济管理出版社 2010 年版。

② Bayson, J. R., "Business Service Firms, Service Space and the Management of Change", *Entrepreneurship and Regional Development*, Vol. 9, No. 2, pp. 93–111, 1997.

随着中间投入型服务业——生产性服务业产出比重的增加和对经济发展推动作用的日益增强，关于生产性服务业的研究日益丰富。由于制造业与生产性服务业关系的紧密性，制造业与生产性服务业的互动成为近几年的研究热点，但因为这些研究大都以发达国家或地区的生产性服务业为研究对象，在研究生产性服务业与制造业的互动特征时，主要关注生产性服务业发展对制造业作用的供给层面，很少提出通过产业互动、改善需求结构以促进生产性服务业发展的建议。尽管弗朗索瓦（Francois，1990a）认为生产性服务业的发展处于"需求遵从"地位，不断增加的需求是其发展的前提和基础，克洛特（Klodt，2000）也认为服务业部门的发展必须依靠制造业的发展，没有制造业的发展就没有对这些服务的需求，格列里和梅里西亚尼（Guerrieri 和 Meliciani，2005）也认为，一个国家发展有竞争力的服务经济依赖于制造业的结构，但产业互动中促进生产性服务业发展的需求因素并未引起西方学者的重视。对此，江静、刘志彪（2010）认为，目前发达国家服务业发展政策的立足点主要是基于产业结构自动变迁的视角，其核心是"收入需求弹性"和"产业关联度"理论，这两个理论认为，自由市场会自发促进现代服务业提高，这主要得益于收入提高和中间投入增加所导致的对服务业需求的增加。因此，在需求不断提高的同时，供给方面的制约就显得越来越明显。

20 世纪 90 年代以后，随着中国国民经济的高速增长，服务业发展缓慢的现象逐渐进入研究者的视野，很多学者将这种"经济高速增长，服务业低水平稳态发展的逆服务化趋势"称为经济服务化的"中国悖论"（Zheng 等，2011；张月友，2014）①。目前，大部分学者关

---

① Zheng, J. H., Zhang, L. L. and Wang, Y., "The Underdevelopment of Service Industry in China: An Empirical Study of Cities in Yangtze River Delta", *Frontiers of Economics in China*, Vol. 6, No. 3, pp. 413-446, 2011；张月友：《中国服务业悖论：研究进展、述评与化解》，《科学学与科学技术管理》2014 年第 8 期，第 77—85 页。

于经济服务化"中国悖论"的测度仍然停留在运用国家层面数据进行国际比较上，得出的结论也一致认为中国服务业发展滞后于同等收入水平的国家，很少从服务业本身的演化规律视角考察中国经济服务化发展悖论的实质。同时，由于数据的局限性，关于中国经济服务化发展悖论的解释也以规范分析和对各种宏观环境或制度变量进行回归为主，缺乏数理模型的支撑，也缺少微观机理的分析和实证。

总之，发达国家的服务业发展阶段理论和成因方面的研究成果已经非常丰富和系统，但由于发展阶段的差异，已有的西方服务经济理论并不能很好地解释中国服务经济发展的事实，结合国内的相关研究，我们认为有以下几个方面有待于改进：

一是关于中国经济服务化发展悖论的研究大都停留在运用国家层面数据进行国际比较层面，很少从服务业本身演化规律角度探讨中国服务业长期的发展规律和趋势。虽然中国服务业比重低于同等收入水平的国家，但如果从服务业本身的演化规律角度进行分析，服务业比重与人均收入的关系是否同样存在悖论？其长期的演变规律又是怎样的？本研究拟借鉴艾肯格林和古普塔（Eichengreen 和 Gupta，2013）的分析方法，用中国地区层面的长期面板数据和总体的分行业面板数据，对中国服务业演变的统计规律进行多角度的研究和探讨，从而对经济服务化的"中国悖论"有更深入和差异化的理解。

二是对经济服务化"中国悖论"的解释基本上以强调外部环境和体制因素为主，较少从产业关联和产业互动等角度出发对其进行内生性的解释和分析。发达国家服务业近些年的发展经验表明，现代服务业的发展以中间投入型的生产性服务业为主，制造业与服务业的互动以及服务业的"自我增强"机制在服务业的发展中起着越来越重要的作用。因此，将中国经济服务化发展悖论（实质上是"中国生产性服务业发展悖论"）与产业互动问题结合起来，从中间需求角度分析中国服务业发展不足的具体影响因素和影响机制，将有助于我们更好地理解经济服务化"中国悖论"的成因。

三是目前理论界对中间投入型服务业——生产性服务业与制造业互动机理的分析缺少统一的理解和共同的分析框架，且在互动机理分析中以关注生产性服务业对制造业的作用途径为主，除了认为制造业的需求是生产性服务业发展的基础外，几乎都未关注产业互动或制造业需求对生产性服务业的具体作用机制。笔者认为，相关研究缺乏统一理解的原因是忽略了生产性服务业本身的异质性，互动机制存在差异的原因在于不同研究对生产性服务业的不同理解[1]。基于产业互动机理分析缺乏共同分析框架和需求因素对当前中国生产性服务业发展的重要性，本研究拟从生产性服务业对制造业作用途径的异质性出发，分别建立外部规模报酬递增和内部专业化报酬递增的产业互动模型，并着重分析产业互动对生产性服务业发展的作用机制，从而解析出影响生产性服务业发展的各种需求因素，为更好地解释经济服务化的"中国悖论"提供新的研究视角。

---

① 具体来说，上游的研发设计对制造业的作用等同于技术进步，能够通过改变生产方式和改进流程提高制造业企业的生产效率；而下游的运输仓储只是提供物流环节的服务，该类型的生产性服务对制造业的作用是通过本身的规模报酬递增来降低制造业企业的生产成本。Markusen（1989）和 Francois（1990a；1990b）对生产性服务业形式化的差异便体现了其所关注的不同侧重点，前者主要关注生产性服务业自身的规模报酬递增效应；后者则主要关注生产性服务业在生产过程中的协调和控制作用，其对制造业的规模报酬递增效应主要通过促进专业化分工来实现。

第三章 中国经济服务化发展悖论的动态测度

服务业比重与经济发展水平的关系在经济增长和经济发展理论中广受关注。从费歇尔（Fisher，1939）、克拉克（Clark，1940）到钱纳里和赛尔昆（Chenery 和 Syrquin，1975），再到布埃拉和卡布斯基（Buera 和 Kaboski，2009）、艾肯格林和古普塔（Eichengreen 和 Gupta，2013），学界对服务业发展规律的探索和研究随着服务经济的扩张不断深入，但由于服务业性质、结构的复杂性和不同国家经济特征的差异，服务业比重与人均收入的具体关系仍然不是很清晰。费歇尔（Fisher，1939）和克拉克（Clark，1940）主要强调经济增长过程中农业向工业社会的转变，对服务业比重的变化较少提及，这跟当时服务经济未明显呈现有关；库兹涅茨（Kuznets，1953）的研究认为，服务业比重并不随人均收入变化而出现较大差异，钱纳里（Chenery，1960）回归了服务业比重与人均收入的关系，发现后者的系数不显著，从而得出了类似结论，即二者的关系在不同国家之间并不统一；而钱纳里和塞尔昆（Chenery 和 Syrquin，1975）对服务业比重与人均收入、人均收入平方进行回归后发现，二者之间的关系是凹向原点的，即服务业比重随人均收入提高以递减的速率上升；与此不同，孔萨特、雷贝洛和谢（Kongsamut，Rebelo 和 Xie，1999）的研究发现，服务业比重与人均收入呈线性关系；布埃拉和卡布斯基（Buera 和

Kaboski，2008、2009）的研究也发现，二者之间的关系开始呈线性特征，且人均收入的"门槛效应"出现在7100—9200美元之间，高于这一数值区间后，服务业比重与人均收入对数之间的斜率更加陡峭。

艾肯格林和古普塔（Eichengreen 和 Gupta，2013）使用较新的统计方法——Lowess 回归方法的研究发现，服务业的发展存在"两波"模式：第一波大概在人均收入1800美元①之前，服务业份额随着收入水平以递减的速率缓慢上升；在人均收入约4000美元时，服务业比重再一次上升，直到第二次趋于平缓，这是第二波。同时，服务业比重与人均收入对数的关系在1990年之后的线性特征更加明显。总之，虽然各种研究对二者关系的确切走势并没有一致的结论，但大多数研究都认为，二者的关系基本呈正向变化，且表现出越来越明显的线性特征②。

近年来，随着我国国民经济的高速增长，服务业发展缓慢的现象逐渐进入研究者的视野，很多学者将这种"经济高速增长、服务业低水平稳态发展的逆服务化趋势"称为经济服务化的"中国悖论"。对20世纪90年代至今关于中国服务业发展的研究文献进行分析发现，对经济服务化"中国悖论"或中国服务业发展落后的判断主要基于三个方面：第一，与国民经济较高的增长速度相比，服务业发展较为缓慢（许宪春，2000 等)③；第二，与同等发展水平，甚至更低发展水

---

①　按照2000年美元购买力平价计算。

②　根据 Eichengreen 和 Gupta（2013）对服务业内部结构的研究，服务业发展的第一波主要来自于以消费性服务为主的传统服务业，这一类型服务业比重与收入水平之间的线性关系不明显；而服务业发展的第二波则主要以金融、通讯、计算机、法律、技术和商务服务等生产性服务为代表的现代服务业为主，且服务业在第二波中表现出更明显的线性特征。我们认为，服务业发展的这种规律基本上可以与之前研究中从不确定、不统一、凹向原点、线性关系的变化过程一致，也就是说，不同研究结论的变化反映出来的是不同阶段服务业发展的阶段性特征。

③　许宪春：《90年代我国服务业发展相对滞后的原因分析》，《管理世界》2000年第6期，第73—77页。

平国家相比，我国服务业比重较低（彭志龙，2001；江小涓、李辉，2004；高传胜、李善同、汪德华，2008；李勇坚、夏杰长，2009等）[①]；第三，我国服务业内部结构不合理，主要表现为中间投入型服务业——生产性服务业发展不足（黄少军，2000；程大中，2008；樊文静，2013等）[②]。但是，这些研究对中国经济服务化发展悖论的判断大部分都来自于对我国服务业比重整体趋势的简单判断或中国服务业比重与同等收入水平国家的比较，并没有对我国服务业的长期发展规律进行严谨的测度，对不同阶段的发展趋势和服务业内部结构的变化规律也缺乏统一的认识。

因此，本研究试图借鉴艾肯格林和古普塔（Eichengreen 和 Gupta，2013）对世界各国服务业比重变化规律的测度方法，用中国 1952—2015 年的地区面板数据对我国服务业比重变化的长期规律和阶段性特征进行测度。研究的基本结论是：（1）从宏观国家层面考察，我国服务业比重的变化确实有悖于世界经济整体服务化的趋势，经济服务化的"中国悖论"确实存在；（2）在地区层面上，剔除 1978 年之前的阶段，我国服务业比重与人均 GDP 的关系基本符合"服务业比重随经济发展不断上升"的普遍规律，特别是在 1993 年之后，其走势与其他国家的走势基本一致，所谓经济服务化的"中国悖论"在地区层面上并不存在；（3）我国大部分地区仍然处于以传统服务业为主的第一波发展阶段，只有少数地区进入了以金融、通讯、计算机、法律、技术和商务服务等生产性服务业（也称现代服务业）发展为主导的第二波。基于 2002—2012 年中国投入—产出表的分析也证实了"中国经济服务化发展悖论"实际上是"中国生产性服务业发展悖论"的推断。

---

① 见本书第二章第三节第二小节中的相关注释。
② 见本书第二章第三节第二小节中的相关注释。

第一节 中国服务业发展的宏观分析

改革开放以来，随着国民经济的起飞和市场化程度的提高，我国服务经济也取得了很大进展。1978 年，我国服务业增加值为 860.5 亿元，到 2015 年，该数值上升到 344075 亿元，上升了近 400 倍。但按照不变价格计算，我国服务业在近 30 年间仅增长了 10 多倍①，同时，无论是按照当年价格还是按照不变价格，我国服务业增加值占国民生产总值（GDP）的比重增长都极其缓慢，甚至在某些阶段处于下降趋势（见图 3.1 和图 3.2）。

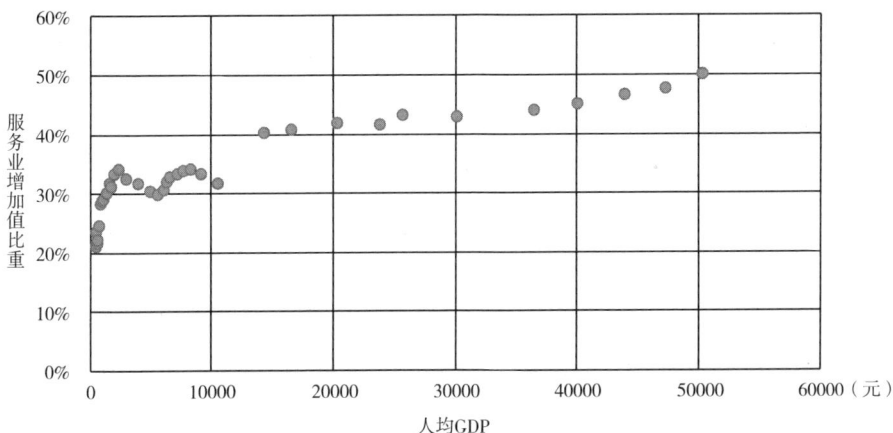

图 3.1 1978—2015 年中国服务业名义比重与人均 GDP 的关系

资料来源：《新中国 55 年统计资料汇编》、历年《中国统计年鉴》。其中，人均 GDP 按照当年价格计算。

---

① 也就是说，服务业产出比重的上升在很大程度上依赖于服务业相对价格的快速上升。

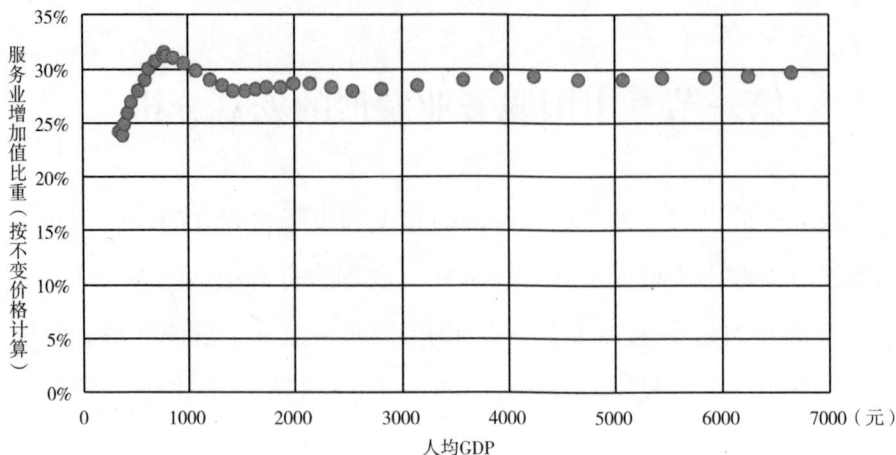

图 3.2　1978—2015 年中国服务业实际比重与人均 GDP 的关系

注：为了与后续的实证研究保持一致，这里的不变价格采用的是 1952 年价格。

从图 3.1 可以看出，随着我国人均收入水平的不断提高，服务业比重在很长一段时间内处于上升阶段，从 1978 年的 23.7% 上升至 1992 年的 34.3%，但此后便一直处于下降趋势，并始终在 30%—35% 之间徘徊；由于统计口径的变化，2004 年之后的服务业比重超过了 40%，但直到 2015 年，该比重才增加至 50%。同时，由于服务业的生产率普遍低于制造业（Baumol，1967；1985）[1]，我国服务业比重的增加有很大成分是由于服务业价格上升所致（程大中，2004；2009），如果按照不变价格计算，我国服务业比重则更低。从图 3.2 可以看出，近 20 多年来，我国服务业的实际比重一直低于 30%。另外，按照世界银行的统计数据计算，与同等收入水平国家相比，我国服务业在国民经济中的比重，明显低于相同收入水平的大部分国家

　　[1]　Baumol, W. J., "Macroeconomics of Unbalanced Growth: The Anatomy of Urban Crisis", *American Economic Review*, Vol. 57, pp. 415 - 426, 1967; Baumol, W. J., Blackman, S. B. and Wolff, E. N., "Unbalanced Growth Revisited: Asymptotic Stagnancy and New Evidence", *American Economic Review*, Vol. 75, No. 4, pp. 806-817, 1985.

（如图3.3、图3.4），而且低于中低收入国家的平均水平。所以，从宏观国家层面考察，我国服务业比重的变化确实有悖于世界经济整体服务化的趋势，经济服务化的"中国悖论"确实存在。

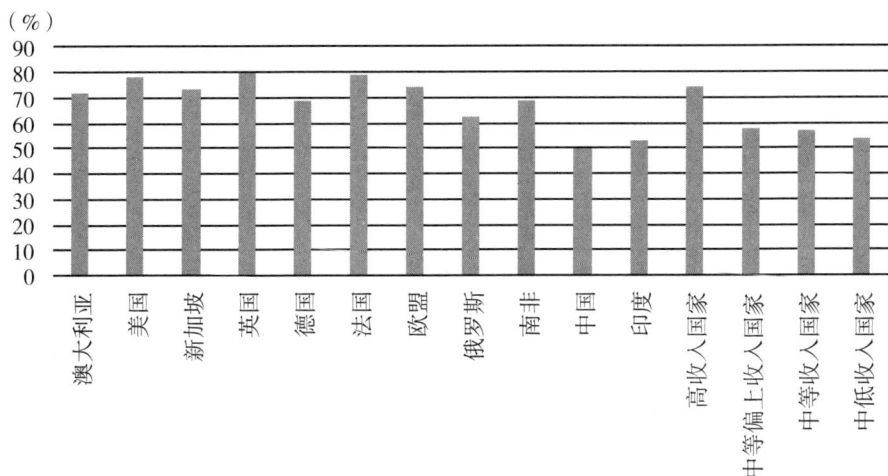

图3.3　2016年世界主要国家服务业增加值占GDP比重

资料来源：世界银行《世界发展指标（WDI）2017》。

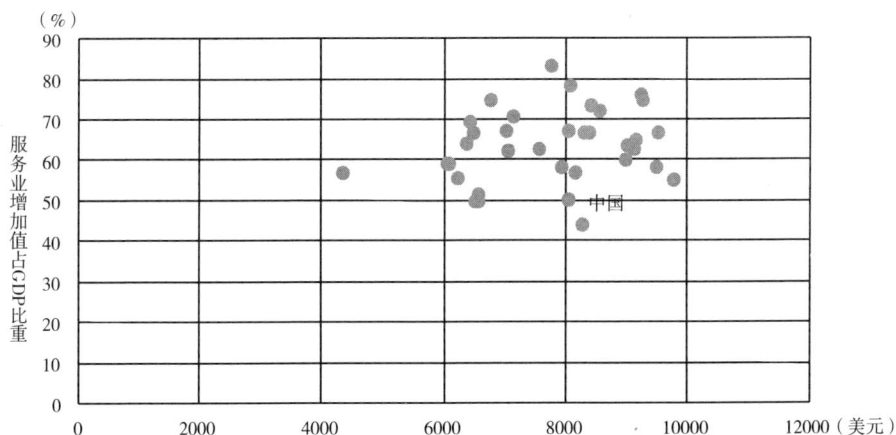

图3.4　服务业增加值占GDP比重与人均GNI散点图

注：这里，我们选择了收入水平相近的国家进行比较，图中的点表示人均GNI在4000—10000美元之间国家的服务业增加值比重。

资料来源：世界银行《世界发展指标（WDI）2017》。

第二节 基于服务业"两波"
发展模式的测度

上节的数据和分析表明，从整体上看，我国服务业比重远低于同等发展水平国家，经济服务化的"中国悖论"确实存在。但中国是一个地区经济发展极其不平衡的国家，东西部地区无论是产业结构还是人均收入水平上都存在极大的差异，因此，有必要从地区层面出发，对我国服务业发展的内部结构和长期走势进行动态测度和分析。

一、服务业的"两波"发展模式理论

很多学者运用不同的方法检验了服务业比重与人均收入之间关系的发展规律，但大部分研究都对二者的关系进行了先验性的假设，这导致研究结果具有很强的主观性，很难准确地反映二者关系的真实走势。艾肯格林和古普塔（Eichengreen 和 Gupta，2013）的研究采用了一种非参数回归方法——局部加权回归（Lowess），在未对二者关系进行假设的条件下模拟了其关系的走势，并以此为依据建立二者的回归模型。局部加权回归方法是一种非参数回归方法，由克利夫兰（Cleveland，1979）首创，相对于参数回归，其优点体现在：第一，关于两个变量的探讨是开放式的，不套用任何现成的数学函数；第二，由于使用加权最小平方法进行局部拟合，所拟合出的曲线能够很好地描述变量之间关系的微妙变化。具体的回归模型如下：

$$\frac{Ser_{it}}{GDP_{it}} = C + \sum_i \lambda_i D_i + \beta_1 Y_{it} + \beta_2 Y^2_{it} + \beta_3 Y^3_{it} + \beta_4 Y^4_{it} + \varepsilon_{it}$$

$$(3.1)$$

其中，被解释变量为服务业增加值占 GDP 的比重，解释变量为人均收入自然对数的四种权重形式[①]，D_i 为不同时间段的虚拟变量。在模型（3.1）的基础上，通过加入不同的时间虚拟变量和影响服务增长模式的其他变量，观察截距项和斜率的变化。结果认为：服务业的发展存在"两波"模式。服务业发展的第一波出现在较低收入水平的国家，且以传统消费性服务业为主导；第二波出现在较高收入水平的国家，且以金融、通讯、计算机、法律、技术和商务服务等融入信息技术的现代生产性服务业为主导，这些服务业的另一个重要特征是日益增长的跨国贸易。同时，这种"两波"模式，特别是在中等至高收入国家发生的第二波，在更接近金融中心和贸易更开放的地区尤为明显。

三、中国地区层面数据的实证检验

基于上述分析方法，我们运用 1952—2015 年中国地区面板数据对中国服务经济发展的内部规律和动态演化进行探讨。数据来源为《新中国 55 年统计资料汇编》《中国经济普查年鉴 2004》以及国研网数据库和各地区截至 2017 年的统计年鉴。由于海南、山西、四川的人均 GDP 数据不完整，在回归时将这三个地区的数据剔除，实际运用的是 28 个地区的数据。其中，地区服务业比重用服务业增加值与

---

① 对二者之间进行 Lowess 回归分析发现，其关系类似于三次方或四次方，通过模型的估计发现，四次方的系数显著不为 0，故四次方模型更准确地刻画了二者关系的走势。

地区生产总值的比重表示，人均收入水平为经过价格调整的真实收入水平。

我们首先运用局部加权回归法模拟我国服务业比重与人均 GDP 关系的走势，然后结合（3.1）式对其走势进行回归，结果如表 3.1。

从回归结果看，在地区层面上，我国服务业比重与人均 GDP 对数之间具有明显的四次方关系，且四次项的系数显著不为 0。根据我国经济发展阶段、服务业政策和统计规则的变化，我们将服务业的发展分为 1952—1977 年、1978—1992 年、1993—2015 年三个阶段①，代表后两个阶段的虚拟变量 T1 和 T2 都在 1%水平下显著，说明这三个阶段的截距项有显著差异，后两个阶段的曲线分别向上平移 2.1%和 11.5%个单位，这说明从较长周期的阶段性特征来看，我国服务业比重是明显上升的。同时，在认可了不同阶段截距项存在差异的情况下，允许不同时间段人均 GDP 对数的系数具有差异，用 T1、T2 与人均 GDP 的四种权重形式的交叉项来检验这种差异，模型 3 的回归结果显示：除了曲线整体向上移动外，1978—1992 年的曲线走势与1952--1977 年的走势基本一致；而 1993—2015 年的各交叉项系数与前两个阶段的系数则是相反的。将 1993—2015 年的回归方程与艾肯格林和古普塔（Eichengreen 和 Gupta，2013）的研究结果进行对比发现，我国服务业比重 1993 年之后的走势与世界范围内 1951—2005 年整体的回归系数方向一致，这说明我国各地区 20 世纪 90 年代以后的服务业发展规律更符合世界范围内服务业发展的一般规律。用不考虑地区差异的随机效应模型（模型 4）对模型 3 的结果进行检验发现，

---

① 1978 年的改革开放和 1992 年的第三产业发展政策对我国服务业的发展有重要影响，且 1992 年之后，服务业的统计范围发生了变化。实证分析也表明，两个时间虚拟变量对模型的截距项和变量系数都有显著影响。

其系数的大小、方向和显著性均无明显变化，这说明模型 3 的回归结果是稳健的。

表 3.1　1952—2015 年中国服务业比重与人均 GDP 的四次方关系

解释变量	模型 1	模型 2	模型 3	模型 4
C	3.475***	1.516***	7.823***	6.508**
	(0.000)	(0.001)	(0.014)	(0.042)
$\ln pergdp$	−2.060***	−0.864***	−5.653***	−4.654**
	(0.000)	(0.001)	(0.012)	(0.040)
$\ln pergdp^2$	0.462***	0.205***	1.532***	1.252**
	(0.000)	(0.000)	(0.009)	(0.034)
$\ln pergdp^3$	−0.044***	−0.021***	−0.179***	−0.145**
	(0.000)	(0.000)	(0.008)	(0.033)
$\ln pergdp^4$	0.002***	0.0002***	0.008***	0.006**
	(0.000)	(0.000)	(0.008)	(0.035)
$T1 = 1978-1992$		0.021***	26.23***	24.97***
		(0.000)	(0.000)	(0.000)
$T2 = 1993-2015$		0.115***	−21.19***	−21.02***
		(0.000)	(0.000)	(0.000)
$\ln pergdp * T1$			−15.78***	−15.15***
			(0.000)	(0.000)
$\ln pergdp^2 * T1$			3.461***	3.361***
			(0.000)	(0.000)
$\ln pergdp^3 * T1$			−0.328***	−0.323***
			(0.000)	(0.000)
$\ln pergdp^4 * T1$			0.011***	0.011***
			(0.002)	(0.002)
$\ln pergdp * T2$			11.96***	11.52***
			(0.000)	(0.000)
$\ln pergdp^2 * T2$			−2.605***	−2.427***
			(0.000)	(0.000)
$\ln pergdp^3 * T2$			0.259***	0.233***
			(0.000)	(0.001)
$\ln pergdp^4 * T2$			−0.010***	−0.009***

续表

解释变量	模型1	模型2	模型3	模型4
			（0.001）	（0.004）
地区固定效应	是	是	是	否
样本	1787	1787	1787	1787
R^2	0.6964	0.7402	0.7725	0.7718
F	1006.3	832.46	423.24	Wald chi（2）= 5773.4

注：括号内为 p 值，***、**、* 分别表示系数在1%、5%和10%的水平下显著。模型1表示不区分年份和阶段的四次方关系；模型2表示1978—1992年和1993—2015年具有不同的截距项；模型3表示三个时间区间既具有不同的截距项，其四次方关系的系数也不同。模型4是对模型3的稳健性检验，是随机效应回归结果，其系数的显著性和大小基本无差别。

为了更清晰地理解我国服务业的动态演进规律，根据表3.1中模型3的结果，运用局部加权回归法分别得出的1952—1977年、1978—1992年、1993—2015年三个阶段的服务业比重走势如图3.5—图3.7所示。

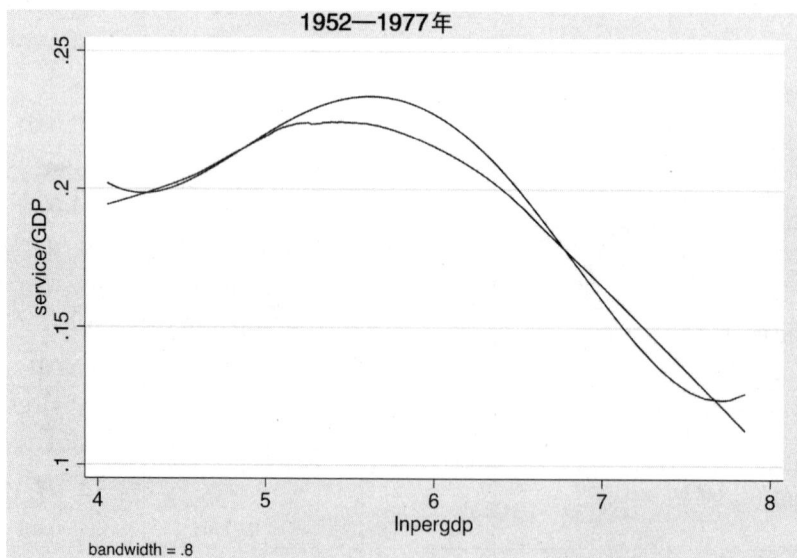

图3.5　1952—1977年中国各地区服务业比重与人均GDP对数的Lowess回归图

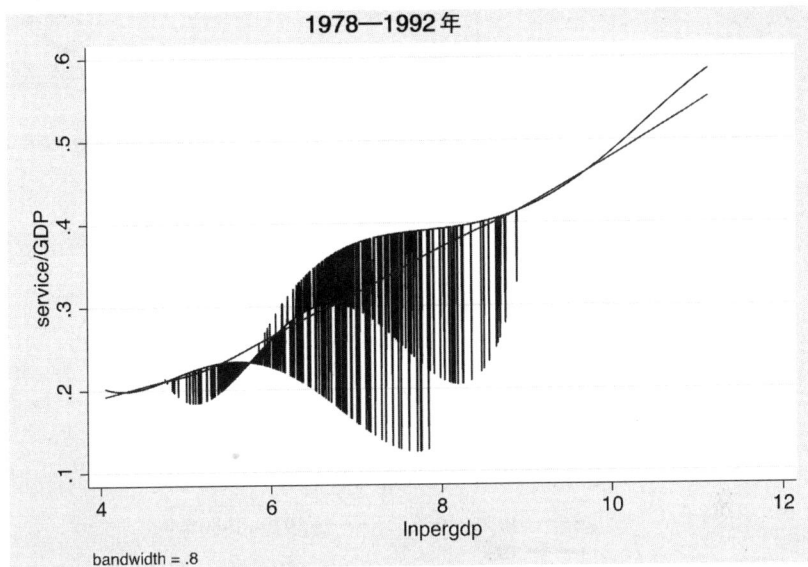

图 3.6　1978—1992 年中国各地区服务业比重与人均 GDP 对数的 Lowess 回归图

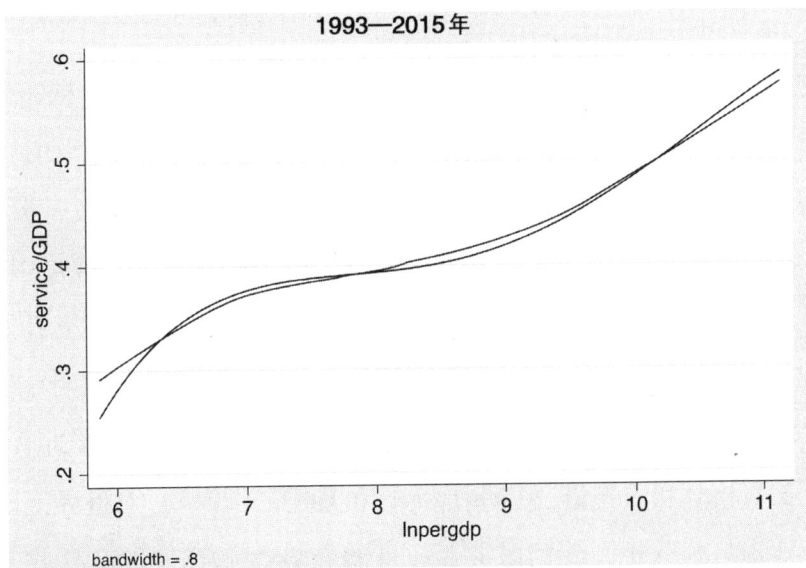

图 3.7　1993—2015 年中国各地区服务业比重与人均 GDP 对数的 Lowess 回归图

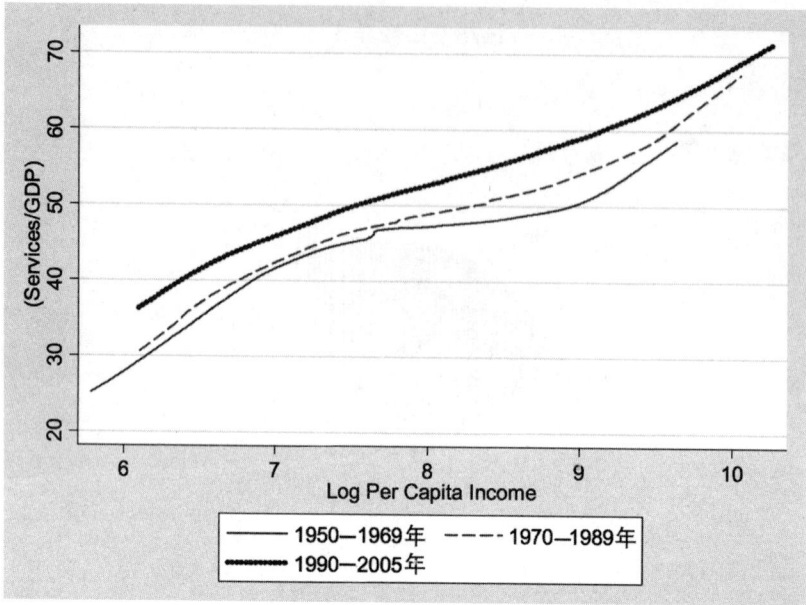

图 3.8　1950—2005 世界各国服务业比重与人均 GDP 对数的 Lowess 回归图

资料来源：Eichenggreen, B. And Gupta, P., "The Two Waves of Service Sector Growth", *Oxford Economic Papers*, Vol. 65, No. 1, pp. 96-123, 2013.

　　图 3.5—图 3.7 说明，在 1978 年以前，我国服务业比重呈现先上升后下降的趋势，且在很大区间上一直下降，即人均 GDP 高的地区，其服务业比重反而比较低；1978—1992 年，在人均 GDP 较低阶段，服务业比重仍然延续之前的走势，但人均 GDP 达到一定程度以后，服务业比重的走势开始出现新的规律，即随着人均 GDP 的上升，以递减的趋势增加；1993—2015 年，服务业比重的规律性更加明显，先以递减趋势增加，在人均 GDP 达到较高水平时，越来越接近直线。对比艾肯格林和古普塔（Eichengreen 和 Gupta，2013）对世界范围内服务业走势的分析，我国服务业比重的走势在 1978—1992 年收入水平较高阶段和 1993 年之后的走势，与世界范围内 1950—1969 年、1970—1989 年两个阶段的走势基本一致，具有明显的"两波"发展

特征。

为了较为精确地分析不同时间段服务业"两波"发展对应的收入水平，我们对拟合各阶段曲线的斜率进行计算。由于1952—1977年阶段的曲线不具有两波波动特征，故对曲线斜率的估算和对波动区间的判断以后两个时间段为主[①]。表3.2显示，改革开放之后至1992年，服务业增加值比重第一次上升阶段出现在人均GDP对数为6.4之前，直到人均GDP对数为8.4，服务业比重才开始第二次上升[②]。1993—2015年期间，曲线完全符合服务业"两波"发展理论的特征，一直处于上升阶段，人均GDP对数为7.3时，曲线开始变得更加陡峭，在人均GDP对数达到9.6时，曲线斜率的增长速度达到峰值。对地区服务业发展差异进行分析发现，只有北京、上海、浙江3个地区在20世纪90年代进入了第二波的发展阶段，其他大部分地区的服务业比重是在2002年之后才开始再次上升的，这说明我国大部分地区仍然停留在以传统消费性服务业为主的第一波发展阶段，只有少数

[①] 1952—1977年，从全国层面上看，无论是按当年价格计算，还是按照不变价格计算，服务业比重都呈下降趋势。从地区层面上看，服务业比重与人均GDP对数的关系虽然也满足四次方模型，但总体上呈反向变化。出现这种反常规现象的原因主要有两个：第一，对服务业认识的偏误导致服务业发展长期处于被压制状态。当时的服务业主要是指消费性服务业，按照马克思的理解，这种服务是"非生产性劳动"，无法进入生产领域并最终产生价值。受这种思想的影响，服务业长期被歧视，这种歧视最直接的表现是理发师傅、小商小贩等与工人职业之间的巨大反差。第二，从经济发展阶段来看，在新中国成立以后的很长一段时间内，我国的经济发展战略是"优先发展工业尤其重工业，迅速实现工业化"，这使得与经济发展水平挂钩的是工业化发展程度，工业比重越高的地区人均GDP越高，而服务业比重越低，这就使得服务业比重与人均GDP对数呈反方向变动。第三，由于这一期间我国服务业仍以最终消费的传统服务业为主，其劳动生产率远低于制造业，这就使得服务的价格水平高于制造业。在人均收入仍然较低的情况下，制造业产品和服务消费的价格差异形成了最终消费中制造业产品对消费性服务业的替代，制造业越发达的地区，其最终消费中制造业产品的比重越高，服务业比重就越低。

[②] 人均GDP对数6.4和8.4分别相当于以1952年价格计算的人均GDP约601元和4447元。需要注意的是，由于各地区的人均GDP不同，我们无法准确地将其换算成当前价的人均GDP。

地区开始进入以金融、通讯、计算机、法律、技术和商务服务等融入信息技术的现代生产性服务业为主导的第二波。

表 3.2　不同人均 GDP 水平下的曲线斜率

人均 GDP 对数	1978—1992 年	1993—2015 年	人均 GDP 对数	1978—1992 年	1993—2015 年
6	3.50	25.66	8.8	29.10	28.34
6.1	2.59	24.02	8.9	38.14	29.63
6.2	1.43	22.54	9	48.20	30.94
6.3	0.05	21.24	9.1	59.32	32.28
6.4	−1.50	20.10	9.2	71.54	33.64
6.5	−3.17	19.12	9.3	84.92	35.02
6.6	−4.93	18.28	9.4	99.50	36.41
6.7	−6.71	17.60	9.5	115.32	37.81
6.8	−8.48	17.06	9.6	132.44	39.20
6.9	−10.19	16.65	9.7	150.89	40.59
7	−11.80	16.38	9.8	170.72	41.98
7.1	−13.26	16.23	9.9	191.97	43.35
7.2	−14.52	16.21	10	214.70	44.70
7.3	−15.54	16.31	10.1	238.95	46.03
7.4	−16.27	16.51	10.2	264.76	47.33
7.5	−16.67	16.83	10.3	292.18	48.59
7.6	−16.70	17.24	10.4	321.25	49.81
7.7	−16.30	17.75	10.5	352.03	51.00
7.8	−15.43	18.36	10.6	384.55	52.13
7.9	−14.04	19.05	10.7	418.86	53.20
8	−12.10	19.82	10.8	455.01	54.22
8.1	−9.55	20.67	10.9	493.04	55.18
8.2	−6.35	21.59	11	533.00	56.06
8.3	−2.45	22.58	11.1	574.93	56.87
8.4	2.19	23.63	11.2	618.89	57.60
8.5	7.62	24.74	11.3	664.91	58.25
8.6	13.89	25.89	11.4	713.04	58.80
8.7	21.03	27.10	11.5	763.33	59.27

注：本表是基于表 3.1 中模型 3 的结果进行计算得出。

三、实证结果分析

根据以上实证检验结果，我们可以做出的判断是：第一，在地区层面上，从较长周期的阶段性特征来看，我国服务业产出比重是明显上升的；剔除 1978 年之前的阶段，我国服务业比重与人均 GDP 的关系基本符合"服务业比重随经济发展不断上升"的普遍规律，特别是在 1993 年之后，其走势与运用世界各国数据得出的走势基本一致，所谓的经济服务化的"中国悖论"在地区层面上并不存在；第二，我国服务业比重的走势在 1978—1992 年收入水平较高阶段和 1993 年之后的走势，与世界范围内 1950—1969 年、1970—1989 年两个阶段的走势基本一致，具有明显的"两波"模式特征；但我国大部分地区仍然处于以传统消费性服务业为主的第一波发展阶段，只有少数地区进入了以现代生产性服务业发展为主导的第二波。

现代服务业的构成以中间投入型服务业——生产性服务业为主，故研究结果还可以说明，我国大部分地区还未进入以生产性服务业为主导的发展阶段。也就是说，从地区层面上看，我国服务业比重过低的主要原因在于生产性服务业并未像其在发达国家一样蓬勃发展，所谓的"中国经济服务化发展悖论"实际上是"中国生产性服务业发展悖论"。因此，本书将从中间需求视角出发，解释中国生产性服务业发展滞后的各种影响因素及演化机理。

第三节 基于投入—产出表的进一步验证和分析

由于我国服务业分行业数据的统计年限较短，我们无法从长期的分行业数据直接观察到以上检验结果，但我们可以用我国1987—2012年的投入—产出数据以及 OECD 国家投入—产出表的横向比较对检验结果进行进一步验证。

表 3.3　1987—2012 年中国生产性服务占国民总产出比重

年份	生产性服务占国民总产出比重（%）
1987	8.61%
1990	8.48%
1992	13.94%
1995	11.21%
1997	11.07%
2000	12.16%
2002	14.70%
2005	13.08%
2007	11.63%
2012	14.80%

注：生产性服务为所有服务业产出作为中间投入的部分。
资料来源：1987—2012 年中国投入—产出表。

从表 3.3 可以看出，1987—2012 年，我国生产性服务占国民总产出的比重有上升趋势，但增长的趋势却非常缓慢，特别是 1992 年之后，该比重整体呈下降趋势，也就是说，近 20 年来，在工业特别是制造业迅猛发展的同时，生产性服务业占国民总产出的比重是下降的。直到 2012 年，该比重才又恢复到 2002 年的水平。这说明我国生产性服务业发展远远滞后于国民经济整体的增长，这也是中国经济服务化发展悖论的主要来源。

表 3.4 2002—2012 年中国服务业分行业产出占国民总产出比重

行　业	2002 年	2005 年	2007 年	2012 年
交通运输及仓储业	4.50%	4.51%	3.87%	3.73%
邮政业	0.16%	0.12%	0.09%	0.14%
信息传输、计算机服务和软件业	1.76%	1.83%	1.22%	1.57%
批发和零售贸易业	5.47%	3.56%	3.52%	4.51%
住宿和餐饮业	2.28%	2.07%	1.81%	1.46%
金融保险业	2.33%	1.89%	2.38%	3.68%
房地产业	2.35%	1.89%	1.80%	2.62%
租赁和商务服务业	1.42%	1.90%	1.44%	2.15%
科学研究事业	0.23%	0.24%	0.17%	0.32
综合技术服务业	0.23%	0.86%	0.54%	1.24%
水利、环境和公共设施管理业	0.70%	0.35%	0.26%	0.38%
居民服务和其他服务业	1.70%	1.22%	1.07%	0.98%
教育	2.01%	1.68%	1.60%	1.38%
卫生、社会保障和社会福利事业	1.32%	1.74%	1.36%	1.33%
文化、体育和娱乐业	0.56%	0.50%	0.43%	0.23%
公共管理和社会组织	3.06%	2.36%	1.93%	2.07%

资料来源：2002 年、2005 年、2007 年、2012 年中国投入—产出表。

同时，从服务业分行业发展数据看（见表 3.4），2002—2012 年的 10 年间，我国服务业中中间需求比重较高的交通运输仓储业、信息传输计算机服务和软件业、批发零售贸易业、科学研究服务业占总产出的比重都呈下降趋势，只有金融业、综合技术服务业、租赁和商务服务业有很小幅度的上升。而根据格鲁贝尔和沃克（Grubel 和 Walker，1989）、黄少军（2000）等、邓于君（2010）等人的研究，在发达国家工业化发展时期，为生产提供服务的中间需求型服务业[①]

① 黄少军（2000）根据服务消费的经济性质将服务业分为经济网络型服务业、交易成本型服务业和最终消费型服务业，其中，经济网络型服务与我们现在所称的生产性服务定义较为接近。

比重始终是上升的，且与工业化发展同步，也就是说，服务业的发展主要是由中间需求型服务业——生产性服务业的发展带动。对比我国与西方发达国家工业化时期生产性服务业发展的趋势可以看出，我国服务业发展缓慢在很大程度上来源于生产性服务业发展的严重滞后。

表 3.5　OECD 各国生产性服务占国民总产出的比重

国　家	生产性服务占国民总产出比重	国　家	生产性服务占国民总产出比重
澳大利亚	26.30%	挪　威	21.50%
丹　麦	23.00%	西班牙	17.20%
芬　兰	19.20%	英　国	29.50%
法　国	21.40%	美　国	20.70%
德　国	25.30%	俄罗斯	17.50%
希　腊	14.90%	巴　西	17.80%
意大利	20.80%	印　度	15.40%
日　本	19.40%	中　国	12.16%
爱尔兰	22.90%		

注：各国数据的时间点稍有差异，俄罗斯、巴西、中国的数据时间点均为 2000 年，印度的为 1998—1999 年，其他国家的数据时间点均为 1994—1998 年之间。

资料来源：程大中：《中国生产性服务业的水平、结构及影响——基于投入产出法的国家比较研究》，《经济研究》2008 年第 1 期，第 76—88 页。

另外，根据程大中（2008）的计算（见表 3.5），OCED 国家 2000 年生产性服务业占国民总产出的比重在 14.9%—29.5% 之间，就连处于转型期的俄罗斯、巴西和印度，也分别达到了 17.5%、17.8% 和 15.4% 的水平，而 2000 年我国生产性服务占总产出的比重只有 12.16%，后来虽有小幅上升，但至 2012 年，该比重才达到 14.8%，这肯定了我们基于"两波"发展模式的测度结果，即"中国经济服务化发展悖论"的实质是"中国生产性服务业发展悖论"。

第四节　中国经济服务化发展悖论
与生产性服务业发展

在对中国经济服务化发展悖论即中国生产性服务业发展悖论的演化成因进行解释之前，我们有必要对中国经济服务化发展悖论主要在于生产性服务业发展滞后这一推论进行更为系统的总结和说明。

一、生产性服务业是世界经济服务化的主导产业

20 世纪 50 年代之后，服务业产值在经济结构中的比重不断上升，并成为发达国家的主导产业，而服务经济的崛起主要依赖于以生产性服务业为主的现代服务业增长。

1950—1990 年的 40 年间，发达国家国民经济结构中三大产业产值变化的基本趋势是：农业产值在经济结构中的比重急剧下降，工业特别是制造业产值缓慢下降，服务业产值持续快速上升。如：美国农业产值由 1950 年的 4.8% 下降至 1988 年的 2.3%，工业产值由 1950 年的 32.1% 下降至 1980 年的 22.5%，而服务业产值则在 1980 年时达到 70%。英国、法国、日本、加拿大等其他发达国家的服务业产值比重也大都在 1980 年前后达到 60% 以上，高收入国家的服务业产出的平均比重在近 10 年来都维持在 70% 以上。实际上，这种经济服务化主要表现为工业、农业、建筑业等生产型产业内部服务性活动的重要性增加，反应了服务活动在经济领域的广泛渗透。布里顿（Britton，1990）对美国 1980 年工业增加值的分析发现，增加值中 75% 以上的产出由工业内部的服务性活动创造。格鲁贝尔和沃克（Grubel 和 Walker，1989）对

加拿大各产业增加值和就业的分析也发现，第二次世界大战以后经济的实际增长几乎全部来自于生产性服务或中间服务，它物化在数量不断增加的用于最终消费或国际贸易的商品或服务中。他们还提出，中间服务投入的扩大使用是经济增长过程不可分割的一部分，这一经济增长过程是由生产过程中资本加深程度提高和专业化所推动的。因此，西方发达国家工业化过程中，制造业分工深化导致的对中间投入型服务的需求是其生产性服务业规模扩大和快速发展的主要原因。

二、生产性服务业发展滞后是中国经济服务化悖论形成的主要原因

与西方发达国家工业化过程中产业结构服务化的自然演化不同，中国的工业化进程则在制造业发展模式以加工贸易为主、国有经济占主体地位的背景下进行，这导致制造业产业链延伸受到约束，制造企业缺乏服务化和服务外部化的动机，从而约束了分工深化和生产性服务业的发展。以加工贸易出口为主导的制造业发展模式限制了制造业分工深化，廉价劳动力优势带来的价格红利导致国内几乎所有的制造业企业都集中在微笑曲线中间低附加值的加工装配环节，制造业的蓬勃发展无法延伸出对国内研发、设计、咨询、供应链管理、市场营销、售后服务等服务环节的大规模需求，进而限制了生产性服务业的规模化扩张。同时，国有企业"大而全""小而全"的经营理念和代理人约束下的企业目标异化使得国有大型制造企业缺乏向产业链高端服务业环节延伸的动机，这进一步导致生产性服务业的市场供给匮乏，制造业中小企业的服务外部化受限，最终使得国内中间投入型服务业无法像发达国家一样在工业化过程中蓬勃发展[1]。

---

① 对于这里的理论分析和假设，我们会在后续的实证研究中一一进行实证。

基于数据分析结果和以上对发达国家与中国工业化过程的简单比较，我们认为，中国经济服务化发展悖论实际上是由于中间投入型的生产性服务业发展不足引起的，所以，可以将"中国经济服务化发展悖论"解读为"中国生产性服务业发展悖论"，即以制造业为主的工业经济的高速增长没有延伸出对中间投入型服务的大量需求这一与西方发达国家产业演进历程相悖的现象。

在本书后面章节关于中国经济服务化发展悖论成因的理论推导和实证检验中，我们都是从中间需求角度来分析的，即围绕影响生产性服务业发展的需求因素分析。第四章从产业互动的中间需求角度，构建了制造业与生产性服务业的互动模型，并从模型中推导出影响生产性服务业发展的各种指标和影响路径，为后续实证研究奠定基础。第五章至第七章分别从产业关联、贸易结构、企业异质性角度实证了影响生产性服务业发展的各种因素，从中间需求角度解释了中国经济服务化发展悖论演化发展的成因。

第五节　结论与启示

本章借鉴艾肯格林和古普塔（Eichengreen 和 Gupta，2013）对服务业发展规律的测度方法，用中国 1952—2015 年的地区面板数据对我国服务业比重变化的长期规律和阶段性特征进行了测度，结果认为：从宏观国家层面考察，我国服务业产出比重的变化确实有悖于世界经济整体服务化的趋势；但在地区层面上，我国服务业比重与人均GDP 的关系基本符合"服务业比重随经济发展不断上升"的普遍规律，所谓经济服务化的"中国悖论"在地区层面上并不存在；对服务业发展的阶段性特征和地区差异进行分析发现，我国大部分地区仍然处于以传统消费性服务业为主的第一波发展阶段，只有少数地区进入了以现代生产性服务业发展为主导的第二波。

上述结论表明，所谓的"中国经济服务化发展悖论"实质上是"中国生产性服务业发展悖论"，即在国民经济高速增长、工业化快速发展的同时，生产性服务业比重不但没有上升，反而停滞甚至呈下降趋势，这与西方发达国家工业化时期中间需求型服务拉动为主的服务业增长规律相悖。

基于本章将"中国经济服务化发展悖论"解读为"中国生产性服务业发展悖论"的结论，我们认为，未来中国服务业产业政策的制定应该围绕如何促进生产性服务业发展而展开，这不仅符合服务业发展的一般规律，也是新常态下我国产业结构调整和经济发展方式转型的必要选择。因此，本研究的后面章节将以中间需求为出发点，从理论和实证方面讨论影响生产性服务业发展的各种需求因素及其作用机制，对中国生产性服务业发展悖论进行合理的解释，为制定更为科学、合理的产业发展政策提供参考。

第四章 经济服务化的影响因素
——基于中间需求视角的理论分析

由于中国经济服务化发展悖论主要源于中间需求型的生产性服务业发展滞后，因此，基于中间需求视角从理论上探讨影响经济服务化的相关因素有助于我们更好地解释中国经济服务化发展悖论问题。从中间需求视角看，影响服务业发展的因素主要来自于制造业的需求[①]，所以，制造业与服务业特别是生产性服务业的互动关系便是本章理论分析的重点。

学界对服务业与制造业互动关系的研究以文字描述为主，关于二者互动的理论模型发展滞后。虽然也有一些理论模型探讨过生产性服务业与经济增长、生产性服务部门在协调现代化分工体系中的作用、生产性服务贸易与商品贸易的关系等（Markusen，1989；Marrewijk，1997；Groot 和 Nordås，2001；Yomogida，2004；Huang，2012）[②]，但

---

① 后续的实证分析发现，对中间需求型服务业（即生产性服务业）拉动作用最大的产业是服务业本身，服务业本身的自我增强作用对其产业发展更重要。但这并不影响我们从制造业与生产性服务业的互动关系来探寻影响经济服务化的中间需求因素，因为把制造业换成服务业，我们仍然可以得出类似的结论。

② Markusen, J. R.,"Trade in Producer Services and in Other Specialized Intermediate Inputs", *American Economic Review*, Vol. 79, pp. 85 – 95, 1989; Marrewijk, C., Stibora, A. and Viaene, J. M.,"Producer Services, Comparative Advantage, and International Trade Patterns", *Journal of International Economics*, Vol. 42, pp. 195 – 220, 1997; Groot, HLF. and Nordas, HK., " Trade in Information Services and Economic Development：On the Implications of ICT for Less Developed Countries", WTO/GATS and Economic Development Working Paper, No. 32/01, 2001; Yomogida, M.,"Communication Costs, Producer Services, and International Trade", ESTG Working Paper, 2004; Huang, CY.,"The Impact of Informative Producer Services on Economic Growth", A dissertation of North Carolina State University, 2012.

这些研究都未对生产性服务业与制造业的互动机制做出深入探讨，也很少关注这种互动对生产性服务业发展的影响。因此，本章的核心任务就是以相关模型为基础，建立生产性服务业与制造业的产业互动模型，并着重探讨产业互动中影响生产性服务业发展的各种中间需求因素。

另外，生产性服务业跨度广泛且存在高度的异质性（Hoekman 和 Matto，2008）[①]，这种异质性主要体现在生产性服务业对制造业的不同作用途径上[②]，刘明宇、芮明杰等（2010）曾根据企业生产性服务外包活动动因的差异将生产性服务活动进行了分类，但截至目前，还未有研究对生产性服务与制造业相互作用的异质性进行过深入探讨。因此，本章分别从两个角度[③]建立生产性服务业与制造业的产业互动模型，以更全面地讨论产业互动中影响生产性服务业发展的各种中间需求因素，为研究中国生产性服务业发展悖论问题提供理论依据。

第一节　产业互动发展的理论模型

服务业与制造业的生产方式具有很大差异性，理论界的模型大部

[①] Hoekman, B. and Matto, A., "Service Trade and Growth", The World Bank Development Group, Policy Research Working Paper, No. 4461, 2008.

[②] 如：一方面，生产性服务作为协调性的投入为其他行业提供空间（如运输、通讯服务）和时间上（如金融服务）的便利性（Melvin，1989）；另一方面，生产性服务也经常作为直接投入进入生产过程，并决定着其他基础要素（劳动和资本）的生产效率，如教育、研发、健康服务就是人力资本生产的决定性因素。

[③] 这里的两个角度是指生产性服务对制造业作用的两种途径：一方面，生产性服务会通过自身规模报酬递增来降低制造业生产中的服务投入成本和提高其国际竞争力；另一方面，生产性服务业也可以通过促进制造业分工深化和专业化水平提高来提升制造业的生产效率。

分都是以制造业为对象进行构建，关于服务业发展的模型较少，其中较为成功的是鲍莫尔（Boumol，1967、1985）的"成本病"模型。该模型从服务业与制造业存在显著差异的生产率因素出发，成功地解释了服务业就业比重上升的原因。但该模型的局限性同样在于其对生产率差异的前提假设，因为现代服务业大都以知识、技术或人力资本为主要投入，这些服务业往往代表更高的生产率，且能够通过将人力资本和知识资本输入生产过程而提高制造业的生产效率。因此，"成本病"模型无法对以生产性服务业为主的现代服务业与制造业之间的互动进行解释。

Dixit-Stigliz（1977）的垄断竞争模型证明了产品多样化对社会福利的改进作用，这为研究生产性服务业在分工、专业化、规模报酬递增中的作用提供了方向。目前，专门研究生产性服务业与和制造业互动的模型很少，但在对生产性服务业与专业化分工、生产性服务业与经济增长、生产性服务贸易与商品贸易互动等方面的分析中，都有对生产性服务业与制造业互动机制和效应的刻画。

这里，我们从生产性服务业对制造业的作用途径①出发，

------

① 生产性服务业对制造业作用途径方面的研究较为丰富，但通过分析发现，不同的研究对该作用途径的分析存在很大分歧，有的认为生产性服务通过对流程的协调和规划来提高生产效率，有的则提出生产性服务业对制造业的作用在于通过外部规模经济降低其生产成本。其实，这种分歧来源于不同研究中所指的生产性服务业有所侧重，不同研究重点所指的生产性服务属于不同类型的生产性服务。以物流服务和研发服务为例，前者主要通过生产性服务供应商本身的规模报酬递增降低平均成本，使得制造业企业外购物流服务的成本降低；后者则通过提高制造业企业的要素利用效率和配置效率来提高制造业的专业化水平，从而提高其生产效率。由此，我们可以把生产性服务对制造业的作用途径分成两种：一种是生产性服务企业通过自身的规模报酬递增降低制造业成本，包括物流服务、制造业维修服务、批发和零售服务等；另一种是生产性服务通过提高制造业企业的要素利用效率和配置效率来提高其生产效率，包括研发服务、信息技术服务等。由于实证研究中区分这两种类型生产性服务业较为困难，本书大部分的实证研究并没有将生产性服务业进行细致的区分，但我们认为，这是导致生产性服务业研究领域的研究结果不一致的主要原因，也是后续研究者应该努力克服的问题之一。

将相关的理论模型分为两个部分进行总结和分析：一方面，生产性服务会通过自身规模报酬递增来降低制造业生产中的服务投入成本和提高其国际竞争力（Markusen，1989；Marrewijk，1997；Eswaran 和 Kotwal，2002；Van Long，2005；Jones 和 Kierzkowski，2018）[①]；另一方面，生产性服务业也可以通过促进制造业分工深化和专业化水平提高来提升制造业的生产效率（Francois，1990a、1990b）[②]。此外，我们还对融入交易费用思想、用超边际方法对该问题进行分析的理论模型进行简单介绍。

1. 生产性服务业规模报酬递增模型

马库森（Markusen，1989）的生产性服务贸易模型强调生产性服务部门自身的专业化和规模报酬递增，同时着重分析生产性服务贸易和最终产品贸易的互补性。他假设一个经济体内只有两个部门：产品部门（Y）与生产性服务部门（集合形式为 X）。其中，Y 部门是完全竞争的，其要素投入为劳动（L）和资本（K），按照规模报酬不变的技术生产产品。生产性服务部门的投入只有劳动，同时假设每一种生产性服务（S）都以规模报酬递增的形式进行生产，且该部门的特点是产品差异化和市场具有垄断竞争特征。S 的成本函数为：$C_s = wS + wF$，其中，w 表示工资率，F 表示以劳动单位衡量的固定成本。由于两个部门具有不同的规模报酬，模型的分析结果认为，生产性服

---

① Van Long, N., Riezman, R., and Soubeyranc, A., "Fragmentation and services", *The North American Journal of Economics and Finance*, Vol. 16, No. 1, pp. 137–152, 2005; Jones., R. W. and Kierzkowski, H., "The Role of Services in Production and International Trade: A Theoretical Framework", in: *International Trade Theory and Competitive Models Features, Values, and Criticisms*, World Scientific Publishing Co., pp. 233–253, 2018.

② Francois, J., "Producer Services, Scale, and the Division of Labor", *Oxford Economic Papers*, Vol. 42, pp. 715–729, 1990; Francois, J., "Trade in Nontradeables: Proximity Requirements and the Pattern of Trade in Services", *Journal of International Economic Integration*, No. 5, pp. 31–46, 1990.

务贸易最终优于单纯的最终产品贸易。该模型的出发点是对商品贸易和服务贸易的得益进行比较，并没有将生产性服务作为商品的中间投入加入其生产函数，因此无法从中间需求角度分析二者的产业互动关系。

马瑞威耶克（Marrewijk，1997）模型考虑了生产性服务（S）作为最终产品部门（Z）中间投入的特点，将不同的生产性服务（S_j）以人力资本 H 形式加入最终产品（制造业部门）的生产函数：$H = \left[\sum\limits_{j=1}^{n} S_j^{\gamma} \right]^{\frac{1}{\gamma}}$，$Z = K^{\alpha} L^{\beta} H^{\delta}$，其中，$\gamma$ 为替代弹性，且 $0 < \gamma < 1$。同样，该模型也假设生产性服务的生产具有规模报酬递增效应，其成本函数与马库森（Markusen，1989）模型类似。该模型的结果认为，产品的比较优势不仅由相对资本密集度决定，也由投入生产性服务的数量和技术水平决定；同时，服务贸易扩大会增加商品贸易的福利效应，并有助于要素价格的均等化。马瑞威耶克（Marrewijk）虽然考虑了生产性服务作为制造业产品的中间投入特征，但他并未就此深入讨论生产性服务与制造业部门之间的互动关系，而是将分析重点放在了贸易模式的讨论上。

埃斯瓦兰和科特维尔（Eswaran 和 Kotwal，2002）构建了一个包括三个部门的模型，农业部门（A）、制造业（M）部门和服务部门（S）。假设农业产品和制造业产品都可以自由贸易，而服务业产出不可贸易且表现出规模经济。服务部门是消费和工业化之间的桥梁，因为服务业产出既可以作为制造业部门的中间投入，又可以提供给最终消费者。

消费者对制造业产品和服务产出的需求函数分别为：

$$S_i^{\,Cd} = \frac{(p_i)^{-\theta}}{\sum\limits_{j=1}^{n} (p_j)^{1-\theta}} \alpha(y - \bar{G})$$

$$M^d = (1 - \alpha)(y - \bar{G})/P_m$$

其中，y 为消费者的收入，$\bar{G}$ 为用于农产品的支出，当 $y \leqslant \bar{G}$ 时，对制造业产品和服务产品的消费都为 0。P_m 为制造业产品的价格，由于制造业是可贸易的，故其价格由世界市场外生决定；P_j 为第 j 种服务业产出的价格，该价格由国内市场内生决定。$\theta = (1 - \alpha)^{-1}$，$\alpha$ 为消费者收入超出 $\bar{G}$ 的部分用于服务消费的比例，由消费者的效用函数决定。

制造业部门的供给函数为：$M_s = B\min\{L_m,\ S_m/\mu\}$。其中，$B$ 为制造业的全要素生产率，μ 为制造业产品生产中的服务—劳动投入比。由此可知制造业生产对服务的需求为 $\mu M_s/B$，结合对不同种类 S_i 的集合形式 $S = \left[\sum\limits_{i=1}^{n} (S_i)^{\alpha} \right]^{1/\alpha}$ 的假设，可以得出制造业对生产性服务的需求：

$$S_i^{\ Md} = \mu \frac{M_s}{B} \frac{(p_i)^{-\theta}}{\left[\left(\sum\limits_{j=1}^{n} (p_j)^{-\alpha\theta} \right]^{1/\alpha} \right.}$$

$S_i^{\ Cd}$ 和 $S_i^{\ Md}$ 分别为消费者和制造业生产对服务业的需求，模型还假设服务业具有规模报酬递增特点，其成本表达式为 $wF + \sigma w S_i$，F 为固定成本，σ 为边际成本，w 为工资率。由以上的假设和供需方程的构建，可以得出市场的一般均衡。制造业与服务业互动的互动机制体现在：工资水平上升会促进服务种类的增加，这会降低制造业的成本，从而推动工业化进程；当制造业得以持续发展时，来自消费者的需求会加强其对服务业的需求程度，这会导致服务产出种类的增加和消费者福利的上升。

以上模型仅仅考虑了生产性服务业本身的规模报酬递增效应，这只是生产性服务业促进制造业效率提升和二者互动的一种途径，另一方面，生产性服务也还可以通过促进制造业专业化分工提升其流程效率和要素配置效率，这在弗朗索瓦（Francois，1990a、1990b）的模型中有所体现。

2. 制造业专业化报酬递增模型

弗朗索瓦（Francois，1990a）模型从生产性服务业在专业化分工中的联结和协调作用出发，构建了一个具有递增报酬和垄断竞争的单部门模型，讨论了生产性服务重要性的决定因素，以及生产性服务部门扩张对专业化导致的规模报酬递增的作用机制。模型假设：第一，不同企业生产差异性的产品 x，专业化的存在使得任一差异性产品的生产都具有规模报酬递增效应；第二，不同的生产技术与不同的专业化水平 相对应，故可用专业化水平 v 表示这些技术水平，而 v 也可以看作生产被分成不同阶段的数量；第三，生产性服务（S）的作用在于协调各专业化生产环节（D），故与生产过程的复杂性和产出水平有关。不同专业化水平下的生产函数（x_j）、直接劳动（D_j）、生产性服务投入（S_j）的表达式如下：

$$x_j = v^\delta \prod_{i=1}^{v} D_{ij}^{1/v} , \ D_j = v^{1-\delta} x_j , \ S_j = \theta v + \varphi x_j$$

其中，$\delta > 1$，表示专业化导致的规模报酬递增程度；θ 跟生产过程划分阶段相关的生产性服务投入，φ 是与产出规模相关的服务边际成本。由以上几个表达式可以看出，企业对直接劳动(D)和生产性服务(S)的需求均与企业规模和专业化水平有关，故企业可以选择合适的专业化水平来调整二者的配置比例，从而达到成本最小化，最优的专业化水平为：$v = \left(\dfrac{\delta - 1}{\theta} x_j \right)^{1/\delta}$。由此可以得出企业对直接劳动和生产性服务的需求，以及二者的比例关系。结果发现：生产性服务的相对重要性取决于制造业企业的生产规模和专业化水平，而专业化导致的产品规模报酬递增的实现也有赖于生产性服务部门的扩张。

基于相同的假设和基本框架，弗朗索瓦（Francois，1990b）又构建了一个生产性服务贸易模型，分析了生产性服务贸易对各国提高国内专业化水平和融入国家专业化进程中的重要性。模型结果发现：生产性服务贸易的自由化会导致制造业产品种类的增加和生产规模的扩大，因而能够提高进口国产品生产的专业化水平。

在同样考虑了生产性服务业对上游厂商和下游厂商[1]之间协调作用的基础上，Huang（2012）更明确地将生产性服务业形式化为降低信息摩擦的变量，并将变量引入内生增长的 LE 模型（Lab Equipment Model）[2]，得出了具有信息协调作用的生产性服务与制造业（经济增长）之间的相互作用关系。由于经济系统内信息不对称的存在，下游厂商只能获取部分中间产品的信息，生产性服务作为一个中间投入品的"辅助"变量，增加了下游厂商获取信息的概率。模型分析结果发现：具有信息协调功能的生产性服务扩大了下游厂商使用中间产品的范围，增加了中间产品研发者创新的动力，并最终促进了经济增长；而生产性服务会随着工业技术水平的持续上升而增长，对生产性服务业的适当补贴同样可以促进经济的稳态增长率。

3. 分工与专业化内生的超边际分析

与以上基于垄断竞争假设和使用边际分析方法的新古典模型不同，国内学者庞春（2009；2010）、李勇（2010）等基于新兴古典经济学（杨小凯，2000）的超边际分析构建了分工和专业化内生的一般均衡模型，对交易服务中间商（即生产性服务供应商）的出现、生产

---

① 这里的上游厂商指的是中间产品的生产者，而下游厂商指的是中间产品的使用者，即最终产品生产商。

② 参见 Barro 和 Sala-i-Martin（2004）。

性服务业与制造业的互动关系等问题进行了探讨。

新兴古典经济学是以杨小凯为主要代表的经济学家创立起来的一个新的经济学流派，与主流学派——新古典经济学相比，新兴古典经济学的分析框架具有如下特点：第一，抛开了新古典经济学规模经济的概念，用分工和专业化来诠释经济增长；第二，没有纯生产者和纯消费者的区分，所有的个人既是生产者，又是消费者；第三，结合了科斯学派的"交易费用"思想，分工获益和交易费用增加成为决策的主要冲突（黄有光，2001）。

庞春（2009）运用超边际分析方法探索了交易服务中间商出现和存在的理由。模型假设经济中有 M 个生产者—消费者个体，两种最终产品 x 和 y，所有个体既是生产者，又是消费者，他们对两种产品都有偏好，而且可以选择自己生产或从市场购买。同时，由于 x 和 y 产品的交易总是牵涉到交易服务，故交易服务作为一种特殊产品（r）也可以由个体提供或从服务专业供应商（同样是生产者—消费者个体）那里购买。基于这样的前提假设，作者分别构建了三种商品的生产函数、个体的禀赋约束、预算约束和效用函数，并基于这种分析框架解释了交易结构的变迁及交易服务中间商为何会出现。结果发现：交易服务中间商是专业化和分工水平提高的产物，而这种专业化和分工水平的提高则来自于制度效率和交易服务效率所共同决定的产品总贸易效率的充分改进；交易服务中间商的出现还受到生产和交易的学习成本的影响，也会随着交易服务的生产技术的提高而加速；总贸易效率的提高同时也导致了交易服务中间商协调的委托贸易模式取代自给自足和非专业化生产者—消费者之间的直接贸易模式，并使得市场种类数增加、经济依存度提高、交易迂回度提高和人均真实收入增加。

基于类似的模型框架，李勇等（2010）分析了生产性服务业与制造业互动关系的形成机制。不同的是，李勇等借鉴格鲁贝尔和沃克（Grubel 和 Walker，1993）的定义，将生产性服务业定义为横向分工效应和纵向分工效应所需要的中间服务投入，其中，横向分工效应是指由于中间产品种类数增加所导致的生产性服务需求，而纵向分工效应是指由于专业化程度加深、创新程度提高而导致的生产性服务需求。模型结果发现：随着专业化程度的不断提高，生产性服务业会首先从制造业中分离出来，纵向分工效应和横向分工效应会推动生产性服务业进一步发展；生产性服务业的发展会促进制造业交易成本的下降和分工程度的扩大，这会进一步带动生产性服务业发展。同时，作者还发现，生产性服务业与制造业的互动发展差异可以用交易效率来解释。

第二节　生产性服务规模报酬递增模型

本节借鉴马库森（Markusen，1989）的生产性服务贸易模型，将生产性服务形式化为一种能够通过自身规模报酬递增来降低制造业服务成本的中间投入。由于马库森（Markusen）模型主要用来讨论最终产品贸易与生产性服务贸易的不同得益，因此，最终产品部门和生产性服务部门是相互独立的。本书对此进行修正，将生产性服务作为最终产品部门（制造业部门）的中间投入，以分析做为中间投入的生产性服务业与制造业的产业互动以及这种互动对生产性服务业发展的具体影响机制。

一、基本模型分析

1. 模型假设

假设一个经济体内只有两个部门：制造业部门（M）与生产性服

务部门（S）。其中，生产性服务部门的投入只有劳动，由于生产性服务普遍具有知识密集和人力资本密集等特征，故假设其以规模报酬递增的形式进行生产，其产出以中间产品（X）的形式全部用于制造业生产的投入；而制造业部门的产品是通过直接用于产品生产的劳动投入（L_m）和中间服务投入（X），按照规模报酬不变的技术生产出来，且产品市场是完全竞争的。

根据 Dixit-Stigliz（1977）的垄断竞争模型，当讨论规模收益递增现象起重要作用的模型时，必须讨论市场结构问题。由于假设生产性服务企业在提供生产性服务时具有规模报酬递增的特点，故企业不会选择范围经济，而是只生产一种服务并使其规模达到最优。所以，生产性服务企业与其生产的服务类型存在一一对应的关系，且每个生产性服务企业在其提供的服务上具有一定的垄断性。假设生产性服务市场不存在进入和退出壁垒，因此，均衡时企业的利润为零。

制造业部门的生产函数为 Cobb-Douglas 形式：

$$M_i = L_{mi}^{1-\alpha} X_i^{\alpha} \tag{4.1}$$

其中，X_i 为制造业产品 i 生产过程中使用的生产性服务集合。

假设 X_i 的生产由 S_{i1}，……，S_{in} 无成本地组装在一起，且 S_{ij} 在 X_i 的组合中具有不完全替代的特点。借鉴埃塞尔（Ethier，1982）对于中间产品形式的处理，X 部门的生产函数为 CES 形式：

$$X_i = X_i(S_{i1}, \dots\dots, S_{in})$$

$$= (\sum_{j=1}^{n} S_{ij}^{\beta})^{1/\beta}, \ 0 < \beta < 1 \tag{4.2}$$

不同的 S_j 分别由某一单个生产性服务企业生产，且 S 的生产独立于 X。同时，根据生产性服务业的知识密集特性，已假定其生产具有规模报酬递增特征，满足这种特征的生产性服务成本函数如式（4.3）所示，其总成本为固定成本加上不变的边际成本。同时，为了使结果便于处理，假定 S_j 的边际成本为 1 单位劳动。把 M 产品的价格标准化为 1，则以 M 衡量的 S_j 的生产成本为：

$$C_j = (S_j + F)w \tag{4.3}$$

其中，w 表示工资率，F 表示以劳动单位衡量的固定成本。

2. 社会最优配置

现在分别考虑制造业企业和生产性服务企业的最优化问题。

假定作为 M 企业中间投入的 X_i 具有对称性，简化之，用 X 表示。用 P_x 表示中间服务组合 X 的价格，则 M 部门的最优规划问题为：

$$\mathrm{Max}\pi_m = L_m^{\,1-\alpha}X^\alpha - P_x \cdot X - wL_m \tag{4.4}$$

一阶条件为：

$$\frac{\partial \pi_m}{\partial L_m} = 0 \Rightarrow w = (1-\alpha)L_m^{\,-\alpha}X^\alpha \tag{4.5}$$

$$\frac{\partial \pi_m}{\partial X} = 0 \Rightarrow P_x = \alpha L_m^{\,1-\alpha}X^{\alpha-1} \tag{4.6}$$

生产性服务以中间投入（X）的形式进入制造业产品的生产，我们首先考虑 X 部门的最优配置问题。由于 X 是不同类型生产性服务组合的形式，我们可以把基于 X 部门的最优配置问题称为社会最优配置，其最优化问题如下：

$$\mathrm{Max}\pi = P_x \cdot \left(\sum_{j=1}^{n} S_j^{\,\beta}\right)^{1/\beta} - \sum_{j=1}^{n}(wS_j + wF) \tag{4.7}$$

假设 S_j 的生产具有对称性，则 $S_j = S$，$\sum_{j=1}^{n} S_j = nS$，$X = n^{1/\beta}S$，（4.7）式可以改写为：

$$\mathrm{Max}\pi = P_x n^{1/\beta}S - (nwS + nwF) \tag{4.8}$$

一阶条件：

$$\frac{\partial \pi}{\partial S} = 0 \Rightarrow w = P_x n^{(1-\beta)/\beta} \tag{4.9}$$

$$\frac{\partial \pi}{\partial n} = 0 \Rightarrow (1/\beta) P_x n^{1/(\beta-1)} S - wS - wF = 0 \tag{4.10}$$

综合（4.9）式和（4.10）式得：

$$n = \left(\frac{w}{P_x}\right)^{\beta/(1-\beta)} \tag{4.11}$$

$$S = \left(\frac{\beta}{1-\beta}\right) F \tag{4.12}$$

由（4.5）式和（4.6）式得：

$$\frac{w}{P_x} = \left(\frac{\alpha}{1-\alpha}\right)\left(\frac{X}{L_m}\right) \tag{4.13}$$

综合 $X = n^{1/\beta} S$、（4.11）式、（4.12）式和（4.13）式得：

$$n = \left(\frac{\alpha}{1-\alpha}\right)\left(\frac{1}{\rho-1}\right)\left(\frac{L_m}{F}\right) \tag{4.14}$$

令 $\rho = 1/(1-\beta)$，则 ρ 为任意两种生产性服务之间的替代弹性[①]，且 $\rho > 1$。上式可以改写为：

$$n = \left(\frac{\alpha}{1-\alpha}\right)\left(\frac{1}{\rho-1}\right)\left(\frac{L_m}{F}\right) \tag{4.15}$$

这样，我们就得出了制造业与生产性服务业产业互动中生产性服务业发展的影响因素（见（4.12）式和（4.15）式），包括制造企业投入总额中生产性服务所占份额（α，也是生产性服务的产出弹性）、任意两种生产性服务之间的替代弹性（ρ）、制造业企业直接用于产品生产的劳动投入额（L_m）和生产性服务的固定成本（F）。

3. 垄断竞争均衡

下面我们考虑生产性服务企业 S_j 最优选择下的垄断竞争市场均衡

---

① 要素替代弹性的为两种要素的比例的变化率与边际替代率的变化率之比。由（4.1）式和（4.2）式可以求出两种要素的边际替代率，并代入要素替代弹性的计算公式，可以得出任意两种生产性服务之间的替代弹性为：$1/(1-\beta)$。

问题。生产性服务企业（S_j）面临的市场价格是生产 X 时 S_j 的边际产出，由于 S_j 生产的对称性，其价格假定为相同的 P_s：

$$P_s = \frac{\partial X}{\partial S} \cdot P_x = (P_x/\beta)\left[nS^\beta\right]^{(1-\beta)/\beta} \beta S^{\beta-1} = q\beta S^{\beta-1} \tag{4.16}$$

其中，$q = (P_x/\beta)\left[nS^\beta\right]^{(1-\beta)/\beta}$，假设有很多提供 S 的企业，这样我们可以认为这个市场是相对竞争性的，S 将 P_x 和 X（表示为：$(nS^\beta)^{1/\beta}$）都视为外生变量，则对于单个 S 企业来说，q 是不变的。单个 S 企业的最优规划如下：

$$\text{Max}\pi_s = (q\beta S^{\beta-1})S - (wS + wF) \tag{4.17}$$

一阶条件为：

$$\frac{\partial \pi_s}{\partial S} = 0 \Rightarrow w = P_x \beta n^{(1-\beta)/\beta} \tag{4.18}$$

同时，S 市场是自由进入的，故其利润为 0，即

$$(q\beta S^{\beta-1})S - (wS + wF) = 0 \tag{4.19}$$

结合（4.18）式和（4.19）式，并将 q 替换掉得：

$$n = \left(\frac{w}{P_x\beta}\right)^{\beta/(1-\beta)} \tag{4.20}$$

$$S = \left(\frac{\beta}{1-\beta}\right)F \tag{4.21}$$

再将（4.13）式代入（4.20）式得：

$$n = \left(\frac{\alpha}{1-\alpha}\right)(1-\beta)\left(\frac{L_m}{F}\right) \tag{4.22}$$

因为 $\rho = 1/(1-\beta)$，故（4.22）式可以表示为：

$$n = \left(\frac{\alpha}{1-\alpha}\right)\left(\frac{1}{\rho}\right)\left(\frac{L_m}{F}\right) \tag{4.23}$$

比较（4.12）式、（4.15）式和（4.21）式、（4.23）式，产业

互动中影响生产性服务业发展的因素是相同的，且两种均衡情况下单个生产性服务企业的最优产量是相同的，但生产性服务业的种类（或企业的数量）不同。当其他条件都不变时，社会最优配置条件下的生产性服务业种类严格大于垄断竞争条件下的种类。下面我们具体讨论这四个因素对产业互动下生产性服务业发展的影响方向和机制。

二、模型结果讨论

模型中产业互动对生产性服务业发展的影响反映在（4.12）式、（4.15）式、（4.21）式、（4.23）式中。S 表示单个生产性服务企业的产出，该产出受任意两种生产性服务的替代弹性（ρ）和生产性服务企业固定成本（F）的影响。n 表示生产性服务业的种类（或企业的数量），该变量受制造企业投入总额中生产性服务所占份额（α）、任意两种生产性服务之间的替代弹性（ρ）、制造业企业直接用于产品生产的劳动投入（L_m）和生产性服务企业的固定投入（F）的影响。

$\dfrac{\partial n}{\partial \alpha} > 0$，生产性服务业的种类（或企业的数量）与制造业总投入中生产性服务的投入份额正相关。制造业的整个生产迂回程度越长，生产流程中对融资、设计、研发、通讯、销售、物流等生产性服务环节的需求越多，这些生产性服务的投入比例（α）就越大，即制造业对生产性服务业的需求规模较大，从而更有利于生产性服务业种类的扩大和数量的增多，也更有利于生产性服务业分工的进一步深化。这与制造业与生产性服务业关系的"需求遵从论"不谋而合。

需要注意的是，α 也表示生产性服务的产出弹性，即当其他投入不变时，每增加 1% 的生产性服务所引起的制造业产出量的变化程度。

$\frac{\partial n}{\partial \alpha} > 0$ 也说明，当每单位生产性服务的增加能引致制造企业更大的产出时，企业会投入更多的生产性服务，提高其整体的边际产出。

结论 1：制造业生产中生产性服务投入份额与生产性服务业发展（体现为产业种类的扩大或企业数量的增加）正相关；同时，生产性服务作为制造业投入的产出弹性越大，制造企业对该投入的需求程度越高。

$\frac{\partial n}{\partial \rho} < 0$，即当生产性服务以 X 的形式进入制造业生产函数时，生产性服务业的发展与任意两种生产性服务之间的替代弹性成反比。替代弹性小意味着制造业生产对生产性服务多样性的要求较高，而替代弹性大则意味着制造业生产对生产性服务多样性的要求低，特别地，当 $\rho \to \infty$（即 $\beta = 1$）时，X 的生产函数变成了线性（$X = ns$），不同企业提供的生产性服务之间可以完全替代。所以，$\frac{\partial n}{\partial \rho} < 0$ 说明生产性服务业企业数量与制造业生产对生产性服务投入多样化的需求成正比，而生产性服务业企业数量代表了生产性服务业的分工程度，即该式说明：制造业生产对生产性服务投入多样化需求的扩大导致了生产性服务业分工程度的深化。

在讨论替代弹性对生产性服务业发展的影响时，还需要考虑 σ 对 S 的影响。其他条件不变的情况下，$\frac{\partial S}{\partial \rho} > 0$，即替代弹性对单个生产性服务企业产出规模的影响为正。这说明，任意两种生产性服务之间的替代弹性越大，制造业生产对生产性服务多样化的需求越小，单个生产性服务企业的规模就越大。

如何理解替代弹性对生产性服务业内部企业规模和企业数量的影

响呢？直观上，其他条件不变时，替代弹性大可以增加单个要素生产企业（这里是指 S 企业）的规模优势，但会使要素生产企业总体数量减少。原因是，由于要素之间可以相互替代，产品生产企业出于降低成本的需要会选择价格更低（即更具有规模优势）的要素生产企业，使得该类型要素生产企业的规模进一步增大，而其他规模较小、价格较高的要素生产企业便会退出市场，要素市场的企业数量减少。所以，任意两种生产性服务之间的替代弹性与单个生产性服务企业的规模成正比，而与生产性服务业的企业数量成反比。也就是说，制造业生产对生产性服务的多样化需求程度越强（ρ 越小），生产性服务业内部的企业数量越多，单个企业的规模越小，该产业内的竞争程度就越强，越有利于产业整体的发展。

那么，任意两种生产性服务的替代弹性对生产性服务业整体规模的影响如何衡量呢？由（4.12）式和（4.14）式相乘得：

$$nS = (\frac{\alpha}{1-\alpha})L_m \tag{4.24}$$

即 ρ 对生产性服务业内部企业数量和单个企业规模的影响相互抵消，对生产性服务业的整体规模没有影响，只是增加了产业内的竞争程度[1]。

上述分析说明，制造业生产对生产性服务投入多样性需求的扩大，导致了生产性服务业种类的增加和分工程度的深化，也造成了单个生产性服务企业规模的缩小，即制造业生产对生产性服务投入多样性需求的扩大增加了生产性服务业产业内的竞争程度，从而促进了生产性服务业发展。而制造业对生产性服务业多样性需求的扩大一方面

---

[1]　实际上，要素替代弹性的大小不仅受生产方需求的约束，也与要素本身的产出弹性有关，由于本书主要讨论产业互动下生产性服务业的发展，就不再对替代弹性与生产性服务产出弹性之间的关系进行说明。

来源于制造业分工程度的神话，另一方面来源于消费者对制造业产品质量和产品多样性需求的提高，后者主要受国民收入水平的影响。

结论 2：制造业分工深化和国民收入水平提高通过制造业对生产性服务业多样性需求的扩大促进生产性服务业发展。

$\dfrac{\partial n}{\partial L_m} > 0$，$L_m$ 表示制造业企业生产过程中直接用于产品生产的劳动投入额，也代表了企业规模的大小。n 与 L_m 成正比说明，制造业企业的规模越大，对生产性服务的需求种类越多，越能够促进生产性服务业的发展，这符合亚当·斯密"分工程度受市场范围限制"的思想。

同时，由（4.11）式和（4.13）式得：

$$\frac{X}{L_m} = \frac{\alpha}{1-\alpha} \cdot n^{(1-\beta)/\beta} \tag{4.25}$$

即，在其他条件都不变的情况下，生产性服务投入和直接用于生产的劳动之比与 n 成正比，也就是与 L_m 成正比。这说明：随着企业规模的扩大，与直接用于生产的劳动投入相比，生产性服务投入的相对重要性增加，这与弗朗索瓦（Francois，1990a）利用具有规模报酬递增和垄断竞争特征的单部门模型得出的结果一致，"生产性服务的相对重要性随着企业生产规模的扩大而增加"。

结论 3：制造业企业规模越大，对生产性服务业的需求种类越多，这会导致生产性服务业种类的增加和分工程度的深化；同时，生产性服务的投入比例随着制造企业生产规模的扩大而上升。

$\dfrac{\partial n}{\partial F} < 0$，即生产性服务业企业的固定成本越高，单独提供生产性服务的企业数量就会减少，从而对该产业的发展产生负向影响。这与我们的常识是一致的，某行业内的固定成本越高，说明其进入门槛越

高，该行业内的企业数量就会较少，且能够经营下去的企业规模都较大，更容易形成垄断。

另外，我们还需要考虑 F 对单个生产性服务企业产出（即 S）的影响。其他条件不变的情况下，$\frac{\partial S}{\partial F} > 0$，即企业固定成本越高，企业的产出规模越大。这意味着，在企业固定成本较高的情况下，只有企业的产出规模达到一定程度，才有进入市场的可能。这一结论与 F 对 n 的影响机理是一致的。同时，由 $nS = (\frac{\alpha}{1-\alpha})L_m$ 知，生产性服务业企业的固定成本对生产性服务业整体规模并无影响，只是影响了生产性服务业内部企业数量和企业规模，即影响了产业的垄断程度。

结论4：生产性服务业固定成本的高低会影响该产业的垄断程度，固定成本越高，生产性服务业种类或企业数量越少，单个企业的规模越大，产业的垄断程度越高。

以上都是针对社会最优配置下的讨论，而垄断竞争市场均衡的结果稍有不同，二者的主要区别在于替代弹性对生产性服务业发展的影响机制不同。比较（4.15）式和（4.23）式知，替代弹性与生产性服务业发展都是负相关，但具体的影响机制不同。这主要是因为垄断竞争均衡下的 X 和 M 产品的价格比率超过了其边际转换率[1]，从而产生了价格扭曲，使得垄断竞争均衡条件下的 P_x（令其为 P_{xm}）高于社会最优配置下的 P_x（令其为 P_{xs}），见（4.26）式。这也正是替代弹性对不同均衡条件下 n 的影响产生差异的原因。

---

① 边际转换率（MRT）是生产可能性边界的斜率绝对值，它衡量的是以 1 单位商品替代另一种商品的难易度。如果要素市场是竞争的，则两种商品的价格比率等于其边际转换率。具体的公式推导和证明见 Markusen（1989）和 Marrewijk（2002）。

$$P_{xs} = \frac{w}{n^{(1-\beta)/\beta}} < P_{xm} = \frac{w}{\beta n^{(1-\beta)/\beta}} \tag{4.26}$$

那么，哪一种情况下替代弹性对生产性服务业企业种类（或数量）的影响较大呢？令 $\left(\dfrac{\alpha}{1-\alpha}\right)\left(\dfrac{L_m}{F}\right) = \lambda$，$\lambda > 0$；为了区分两种情况下不同的 n，令社会配置最优中的 $n = n_s$，垄断竞争均衡中的 $n = n_m$，则

$$\left|\frac{\partial n_s}{\partial \rho}\right| = \frac{\lambda}{(\rho-1)^2} > \left|\frac{\partial n_m}{\partial \rho}\right| = \frac{\lambda}{\rho^2} \tag{4.27}$$

即社会最优配置条件下的替代弹性对 n 的影响大于垄断竞争均衡条件下的影响。这可能是因为垄断竞争均衡条件下较高的生产性服务价格抵消了替代弹性对生产性服务业企业数量的影响。

同时，垄断竞争条件下 nS 表达式为：

$$nS = \left(\frac{\alpha}{1-\alpha}\right)\left(1 - \frac{1}{\rho}\right)L_m \tag{4.28}$$

$\dfrac{\partial(nS)}{\partial \rho} > 0$，比较（4.24）式和（4.28）式知，垄断竞争均衡条件下，替代弹性变化带来的生产性服务业分工程度的深化和竞争程度的增加受到价格扭曲的约束。

第三节　制造业专业化报酬递增模型

对生产性服务业作用的形式化分析有两种方法：一种是把生产性服务业作为一个独立的部门，认为报酬递增是资本密集型生产性服务的特征，同时强调生产性服务部门的内部专业化或内部集聚作用，以

马库森（Markusen，1989）的模型为代表，也是本章第一节部分模型的基本思路；另一种是体现生产性服务作为各个专业化环节之间的纽带而产生的"黏合剂"功能，强调生产性服务在协调和连接各中间生产过程之间的外部集聚作用，以弗朗索瓦（Francois，1990a）的单部门垄断竞争模型为代表。二者对生产性服务业的功能各有偏重，这也体现了生产性服务行业内部高度异质性的特征。

　　本节以弗朗索瓦（Francois，1990a）模型为基础，将生产性服务形式化为具有协调和管理功能的辅助性中间投入（或间接劳动投入），通过分析生产性服务与制造业的互动来探索影响该类型生产性服务业发展的内生需求因素及其作用机制。这里所做的修正主要是：第一，为了考察国民收入水平如何通过影响制造业结构来影响生产性服务业发展，我们假设直接劳动和间接劳动（生产性服务）具有不同的工资率；第二，为了考察消费市场对制造业结构和生产性服务业发展的影响，我们不使用原模型中消费者需求具有 Lancaster 偏好特征的假设，而是假设消费者对制造业产品的偏好具有 D-S 模型中的特征①。

一、基本模型分析

　　假设制造业厂商在生产产品时需要投入两种生产要素：参与直接生产活动的劳动和参与间接生产活动的劳动，前者称为直接劳动投入，后者称为为生产性服务投入。需要注意的是，这里的生产性服务业投入是辅助性质的，其存在的作用在于使直接劳动因其投入而表现

---

　　①　这样的处理虽然给模型施加了更多的限制，但更有利于我们讨论产业互动对生产性服务业发展的影响。

出规模报酬递增①，因此，市场具有垄断竞争特征，各制造业产品之间具有一定的替代性。

借鉴弗朗索瓦（Francois，1990a）的垄断竞争模型，我们把制造业企业的生产流程分成 m 个模块，每个模块都需要有直接劳动投入，用 d 表示。不同的技术和专业化水平对应不同的模块划分，市场上存在足够多的技术和专业化水平以生产各种差异化的产品 $y(i)$。根据已有的分工理论，生产的迂回程度越长，划分的模块就越多，每个模块的专业化程度越高，整体的生产效率就越高。同时，根据罗森伯格（Rosenberg，1963）的研究，生产迂回程度的扩大直接表现为生产流程的资本化，所以，m 的大小也可以体现制造业行业的资本密集程度。这里，假定不同技术和专业化水平下的生产函数如下：

$$y(i) = m_i{}^{\delta} \prod_{j=1}^{m} d_{ij}{}^{1/m} \tag{4.29}$$

其中，$\delta > 1$。$M_i{}^{\delta}$ 表示制造业生产流程分成具体模块后的专业化收益，而 $\delta > 1$ 意味着这种模块化导致了规模报酬递增。（4.29）式并不是制造业企业最终的生产函数，它仅仅体现了产出与直接劳动的关系，其模块化的规模报酬递增需要有各种非生产性的劳动投入，非生产性劳动投入带来的成本增加将部分地抵消模块化所带来的报酬递增收益。

当高端制造业的生产被分成 m 个模块后，各模块之间的协调和管理就变得更加复杂，这就需要各种类型非生产性的劳动投入进行衔接，包括上游的融资、设计、研发，生产过程中的管理和协调，以及下游的广告和销售服务等，我们把这些非生产性的劳动投入归为生产

---

① 当生产活动划分为不同任务的模块后，由于每个模块的专业化，导致相同投入情况下更多的产出，而对模块的划分以及模块划分后的衔接都需要生产性服务的投入。所以，某种程度上，我们认为是生产性服务投入的增加使得分工和专业化成为可能。

性服务，其表达式为：

$$s_i = \sum_{j=1}^{m_i} a_{ij} + b_i y(i) \tag{4.30}$$

这里的 s_i 表示第 i 种制造业产品生产中总的生产性服务投入，a_{ij} 表示各模块之间管理和协调性活动的成本，是用于协调各模块关系的生产性服务投入，该成本的高低取决于生产性服务的效率；b_i 表示上游和下游的生产性服务，与产出有关。

为了使结果易于处理，假设（4.29）式中每个模块的直接劳动投入 d_{ij} 都相等，为 d_i，由（4.29）式可得：$d_i = y(i)/m_i^{\delta}$。同时，假设每个模块之间的管理和协调成本也相等，为 a_i，则总成本函数为：

$$\begin{aligned}C(y(i)) &= m_i d_i w_d + s_i w_s \\ &= m_i^{1-\delta} y(i) w_d + [m_i a_i + b_i y(i)] w_s\end{aligned} \tag{4.31}$$

上式中，w_d 和 w_s 分别为直接劳动和生产性服务的工资水平，由于生产性服务大部分都属于知识或技术密集型活动，其对劳动者的素质要求较高，相应地，其工资水平高于流水线上的直接劳动者，即 $w_d < w_s$。由于直接用于生产的劳动和非生产性劳动（生产性服务）都与生产流程划分的模块（m）和产出水平有关，因此，企业可以有效地组合直接劳动和生产性服务，以形成不同的技术水平，其生产函数为：

$$y(i) = \min\left(m_i \delta_d, \frac{s_i - a_i m_i}{b_i}\right) \tag{4.32}$$

二、制造业厂商均衡

由制造业厂商的总成本函数和生产函数可知，制造业的生产者可以通过改变生产过程模块的多少来选择使用不同的直接劳动和生产性服务组合来最小化其总成本。所以，在产出水平不变时，生产划分的

模块数量 m_i 就是成本最小化的选择变量。由（4.31）式总成本最小化的一阶条件可得出 m_i 的表达式：

$$m_i = \left(\frac{\delta - 1}{a_i} \cdot \frac{w_d}{w_s} \cdot y(i) \right)^{1/\delta} \tag{4.33}$$

由上式可以看出，制造业企业生产流程中的模块数量受企业生产规模、企业生产流程中的管理和协调成本（即服务成本）、直接劳动者与生产性服务劳动者的工资比例的影响。企业规模越大，生产流程中的服务成本越低，直接劳动者与生产性服务劳动者的工资比例越大，企业划分的模块数量越多，企业的专业化水平越高。

将（4.33）式代入 $m_i d_i$ 和 s_i 的表达式可得：

$$m_i d_i = \left(\frac{\delta - 1}{a_i} \right)^{\frac{1-\delta}{\delta}} \left(\frac{w_d}{w_s} \right)^{\frac{1-\delta}{\delta}} y(i)^{\frac{1}{\delta}} \tag{4.34}$$

$$s_i = \left[a_i \left(\frac{\delta - 1}{a_i} \right)^{\frac{1}{\delta}} \left(\frac{w_d}{w_s} \right)^{\frac{1}{\delta}} + b_i y(i)^{\frac{\delta-1}{\delta}} \right] y(i) \tag{4.35}$$

从（4.34）式可以看出，随着制造业企业生产规模 $y(i)$ 的扩大，其对直接劳动的需求增加，但增加的速度是递减的（$1/\delta < 1$）；（4.35）式中，制造业企业对生产性服务的需求同样随着企业规模的扩大而以递减的速度增加。为了进一步理解制造业企业规模对其生产性服务需求的影响，我们用（4.35）式除以（4.34）式，以得出制造业企业内部间接劳动和生产性服务的比例：

$$\frac{s_i}{m_i d_i} = (\delta - 1) \frac{w_d}{w_s} + b_i y(i)^{\frac{\delta-1}{\delta}} \left(\frac{\delta - 1}{a_i} \right)^{\frac{\delta-1}{\delta}} \tag{4.36}$$

令 $s_i / m_i d_i = \theta$，由（4.36）式可以看出，θ 与 w_d/w_s、$y(i)$、δ 等因素相关，具体来说：

$$\frac{\partial \theta}{\partial (w_d/w_s)} > 0，$$这说明生产性服务和直接劳动的工资水平越接近

（ w_d/w_s 越大），收入差距越小，制造业企业的生产性服务投入比例就越高。根据库兹涅茨曲线，收入水平越高的国家，不同劳动力之间的工资差距就越小，因此，我们可以将该式进一步理解为：收入水平越高的国家，制造业企业的生产性服务业投入比例就越高，即制造业服务化水平越高。关于这一推论，合理的解释是：收入水平越高的国家，其消费者对产品多样化的要求越高，且对嵌入更多高科技和数字化信息服务的产品需求较为普遍，如对高科技电子产品、数字化家庭终端系统等，而这些产品大都属于生产迂回程度更长、资本密集程度较高、服务化投入比例更高的制造业产品；与此相反，收入水平较低国家的消费者对产品多样性的需求较低，对制造业产品的需求以生活必需品为主，这些制造业产品大都属于低端制造业产品，且是处在产品生产周期中已标准化生产阶段、生产链较短的产品，这些产品生产对金融服务、研发设计、系统解决方案服务、技术服务等生产性服务的需求程度非常低。因此，收入水平越高的国家，制造业的服务化程度越高，而事实也基本符合这一结论，收入水平较高的发达国家的制造业服务化水平确实远远高于收入水平较低的发展中国家。同时，这一结论与本章第二节中的结论2是相同的，属于收入水平变化对生产性服务业发展影响的不同途径。

结论1：制造业企业对生产性服务的需求比例与不同种类劳动者的收入差距成反比，生产性服务与直接劳动的收入差距越小，制造业企业对生产性服务的需求比例越高。进一步地，一国收入水平越高，制造业企业的服务化程度就越高。

$\dfrac{\partial \theta}{\partial (y(i))} > 0$ ，这说明制造业企业规模越大，企业对生产性服务业的需求比例也越高，这与上一节基于马库森（Markuse，1989）、马瑞威耶克（Marrewijk，1997）模型的分析结果（（4.25）式）是一致的。但值得关注的是，制造业企业规模与其对生产性服务的需求比例并不是线性关系，$\frac{\partial^2 \theta}{\partial (y(i))^2} < 0$，这说明随着制造业企业规模的扩大，其对生产性服务需求的比例是先上升后下降的。一般来说，随着企业规模的扩大，其内部分工程度会逐渐提高，这导致对具有中间协调和管理功能的生产性服务需求的增加；当制造业企业规模增加到一定程度，其内部对各种生产性服务的需求都达到了一定规模，这时，制造业企业内部单独的各类生产性服务部门都因规模的扩大达到了具有规模收益的程度，并通过"干中学"提高了服务效率，这会导致制造业企业对生产性服务量的需求下降[①]。实际上，这也符合巴塞特等（Barcet 等，1983）对制造业企业实际数据的观察结果，即随着制造业企业规模的增加，其对生产性服务的需求是先上升后下降的，他们还把这种关系称为"闸门效应"（threshold effect）[②]。

结论 2：制造业企业对生产性服务的需求比例与其企业规模成正比，但二者之间存在着一种"闸门效应"关系，即需求比例起初随着企业规模的扩大而增加，然后稳定下来，最后下降。

$\frac{\partial \theta}{\partial \delta} > 0$，即制造业企业对生产性服务业的需求比例与制造业企业的模块化收益程度成正比。制造业生产流程被分成若干模块以后，由于分工产生了"干中学"效应、人力资本积累、新机器发明等专业化收益，这在现代经济理论中被称为"内生技术进步"，是这种"内生技术进步"导致了生产的规模报酬递增，而 δ 则衡量了这种规模报酬

---

① 这种推测有待于进一步证明。

② Barcet, A., Bonamy, J., and Mayere, A.,"Economie de Services aux Entreprises", *Economie et Humanisme*, University of Lyon, Lyon, 1983.

递增的程度，因此，δ 取决于制造业因分工而产生的技术进步程度，我们一般用生产效率或全要素生产率（TFP）的提高对此进行衡量。所以，$\dfrac{\partial \theta}{\partial \delta} > 0$ 意味着制造业对生产性服务的需求比例与生产性服务业带来的效率提升成正比，生产性服务业投入所带来的制造业效率提升越大，制造业对生产性服务业的需求比例越高，这与本章第二节中的结论 1 "生产性服务作为制造业投入的产出弹性越大，制造企业对该投入的需求程度越高"是一致的。

结论 3：制造业企业对生产性服务的需求比例与生产性服务业带来的效率提升成正比，生产性服务业投入所带来的制造业效率提升越大，制造业对生产性服务业的需求比例越高。

$\dfrac{\partial \theta}{\partial a_i} < 0$，$a_i$ 表示制造业生产流程被划分成若干模块以后所产生的协调和管理成本，该成本的高低与生产性服务的效率有关，用于协调和管理各模块关系的生产性服务效率越高，a_i 就越小，因此，该式说明：制造业企业对生产性服务的需求比例与生产性服务的效率成正比，生产性服务的效率越高，制造业企业就会选择投入更多的生产性服务以降低本身的总生产成本。其实，这一结论与本章第二节中的结论 1、结论 3 在本质上是统一的，因为生产性服务业效率高就意味着它能给制造业带来更多的边际产出和更大的效率提升。

三、结果的进一步讨论

（4.36）式的结果只是考虑了制造业厂商的均衡，并未考虑消费者市场的影响，要想得到消费者收入水平与生产性服务业发展更直接的关系，我们必须将消费者市场纳入分析中。我们假设消费者对制造业产品的偏好具有 D-S 模型中的特征，则消费者对第 i 种制造业产品的总需求函数为：

$$y(i) = C_Y^* P_Y^{-\sigma} p(i)^{-\sigma} \tag{4.37}$$

其中，P_Y 是制造业产品的价格指数，表示消费者消费一个单位的 C_Y 时的最小费用，$P_Y = (\sum_{j=1}^{n} p(j)^{1-\sigma})^{-1/(1-\sigma)}$。而 C_Y 是制造业产品的数量指标，$C_Y^* = y(j)p(j)^{\sigma}(\sum_{i=1}^{n} p(i)^{1-\sigma})^{\sigma/(\sigma-1)}$。$\sigma > 1$，$(\sigma-1)/\sigma$ 表示消费者的多样性偏好。如果 $(\sigma-1)/\sigma$ 接近 1，即 σ 趋于无穷大，则消费者的多样性偏好程度很低，这意味着制造业产品之间可以互相替代。所以，σ 越小，表示消费者多样性的偏好程度越高，不同的制造业产品之间越难以替代。

为了使结果便于处理，假定制造业产品市场均衡时，每个企业都有固定的专业化水平，即企业划分的模块数量不变，不同专业化水平的企业根据自己的成本函数和消费市场的需求函数确定最终的产出水平，则代表性的制造业企业的最优规划问题为：

$$\underset{y(i)}{\text{Max}} p(i)y(i) - m_i^{1-\delta} y(i)w_d - (m_i a_i + y(i)b_i)w_s \tag{4.38}$$

结合（4.37）式可以得出：

$$p(i) = (m_i^{1-\delta} w_d + b_i w_s)(\frac{\sigma}{\sigma-1}) \tag{4.39}$$

由于制造业产品市场不存在进入和退出壁垒，因此，均衡时企业的利润为零，把（4.39）式代入（4.38）式得：

$$y(i) = \frac{m_i a_i(\sigma-1)}{m_i^{1-\delta} + b_i(\frac{w_s}{w})} \tag{4.40}$$

由此，我们可以得出制造业企业的直接劳动投入和生产性服务投入的表达式分别为：

$$m_i d_i = \frac{a_i(\sigma - 1)}{1 + m_i^{\delta-1} b_i(\frac{w_s}{w})} \qquad (4.41)$$

$$s_i = m_i a_i + \frac{m_i^{\delta} a_i b_i(\sigma - 1)}{1 + m_i^{\delta-1} b_i(\frac{w_s}{w})} \qquad (4.42)$$

同时：

$$\frac{s_i}{m_i d_i} = \frac{m_i}{\sigma - 1} + m_i^{\delta} b_i(1 + \frac{1}{\sigma - 1}(\frac{w_s}{w})) \qquad (4.43)$$

（4.43）式同样反映了影响生产性服务与直接劳动比例的各种因素，与（4.36）式不同的是，这里还体现了消费者行为对该比例的影响。$\frac{\partial \theta}{\partial \sigma} < 0$ 表明，制造业企业对生产性服务的需求比例与消费者对制造业产品多样性的偏好程度成正比[1]，即消费者对制造业产品多样性的偏好程度越高，制造业企业对生产性服务的需求比例就越高。根据D-S模型的分析，消费者的收入水平越高，其对产品多样性的偏好程度越高。因此，这里的机理应该是：随着收入水平的提高，消费者对制造业产品多样性需求增加，为了生产出满足消费者需求的各种差异性产品，制造业企业弹性生产方式兴起，这导致其对生产性服务需求的增加。至此，我们建立了关于收入水平与生产性服务业发展之间的逻辑关系。[2]

结论4：消费者对制造业产品多样性需求的提高会影响制造业对生产性服务的需求比例，从而促进生产性服务业发展；进一步地，国民收入水平的提高可以通过影响制造业结构影响生产性服务业发展。

---

[1] σ越小表示偏好程度越高。
[2] 这对本章第二节的结论2和本章第三节的结论1进行了进一步的论证。

第四节 产业互动中影响生产性
服务业发展的需求因素

由上面两部分模型的推导可以得出产业互动中影响生产性服务业发展的相关因素包括制造业生产中的服务投入份额、国民收入水平（通过影响消费者对产品的多样性需求、制造业企业对生产性服务的多样性需求等来间接影响生产性服务业发展）、制造业企业规模、生产性服务对制造业效率提升的作用程度、生产性服务的固定投入等因素。其中，生产性服务对制造业效率提升的作用程度、生产性服务的固定投入取决于生产性服务业自身的发展，属于供给层面的因素，国内关于影响生产性服务业发展的供给因素方面的文献非常丰富，这里不再进行进一步的讨论和实证，我们主要对产业互动中影响生产性服务业发展的需求因素进行分析（见表4.1）。

表4.1　产业互动中影响生产性服务业发展的因素

指　标	含　义	需求/供给因素
α	制造企业生产中生产性服务的投入份额	需求因素
ρ	制造业对生产性服务的多样化需求/制造业分工、收入水平	需求因素
L_m	制造业的直接劳动投入/制造业企业规模	需求因素
F	生产性服务企业的固定成本	供给因素
w_d/w_s	直接劳动与生产性服务的工资差距/收入水平	需求因素
$y(i)$	制造业企业规模	需求因素
δ	生产性服务对制造业效率提升的作用	供给因素
σ	消费者对制造业产品的多样性需求/收入水平	需求因素

注：根据理论模型的推导结果整理。

在影响生产性服务业发展的需求因素中，制造业生产中的服务投入份额（α）是最核心的影响因素，国民收入水平（w）提高、制造业分工程度深化（ρ）、制造业企业规模（$y(i)$）扩大等其他因素大都通过影响产业或企业的中间服务投入份额来影响生产性服务业发展。实际上，影响生产性服务业发展的不仅仅是制造业生产中的服务投入份额，除制造业以外其他产业生产中的服务投入份额同样会影响生产性服务业的发展，因此，在后面的讨论中，α 用来表示各产业的中间服务投入份额。

从宏观层面讲，α 取决于一国所有产业整体的中间服务投入比重，而不同产业的生产性服务投入比重是有差异的。如：制造业和服务业生产过程中的中间服务投入比重是不同的，对发达国家产业关联的实证检验表明，服务业对生产性服务业的需求程度远远大于制造业；同时，制造业和服务业内部各行业对生产性服务的需求程度也是有差异的。因此，宏观上，一个国家的产业结构会通过产业关联程度的差异影响生产性服务业发展。由于经济发展阶段、对外贸易政策、政府主导思想等方面的影响，中国的产业结构与发达国家的产业结构存在显著差异，所以，有必要从产业关联视角对中国产业结构与生产性服务业发展之间的关系进行实证检验，探索中国生产性服务业发展悖论出现的宏观因素。

另外，对中国来讲，其经济发展的主要特征是以加工贸易为主的外向型经济结构，而这种贸易结构对中国产业结构和产业关联性产生了巨大的影响，"割裂了制造业与生产性服务业的产业关联，产业链向生产性服务业增值部分的延伸受到抑制"[①]，更具体地，加工贸易

---

① 吕政、刘勇、王钦：《中国生产性服务业发展的战略选择》，《中国工业经济》2006 年第 8 期，第 5—12。

为主的贸易结构通过影响中国制造业分工程度（ρ）和产业结构阻碍了制造业与生产性服务业之间的产业关联，影响了国民经济整体的中间服务投入份额（α），这很可能是中国生产性服务业发展悖论出现的另一重要宏观因素，有必要进行更为深入的探讨。①

从微观层面讲，产业互动中影响企业生产性服务投入比重的因素是企业规模（$y(i)$），而企业规模主要通过组织结构和经营目标等方面的差异对企业中间服务投入产生影响。我们将这些影响企业生产性服务投入的微观因素归纳为企业异质性，对于中国来讲，企业之间最大的差异的在于所有制不同，不同所有制企业的规模存在显著差异，其组织结构和经营目标也不同，因此，从企业异质性视角讨论影响中国生产性服务业发展的需求因素有助于我们更好地理解中国生产服务业发展悖论。

基于以上分析，我们分别从产业关联、贸易结构、企业异质性三个角度对中国生产性服务业发展落后的内生需求因素进行实证检验，并对中国生产性服务业发展悖论做出合理解释。

---

① 近些年来，我国政府提出了供给侧改革和"工业2025"的新的经济发展战略，这可能会导致经济发展模式和特征不同于以加工贸易发展为主的发展阶段，制造业转型升级、经济发展新旧动能转换带来的对生产性服务业的需求会逐渐扩大，这会给生产性服务业发展提供新的发展空间，我们会在第八章"中国经济服务化的可行路径及案例分析"中对此做详细分析。

第五章　产业中间需求与中国
经济服务化发展悖论

本书第三章关于中国经济服务化发展悖论的实证研究已表明，我国服务业发展滞后的主要原因在于生产性服务业发展不足，因此，从本章开始，结合理论模型推导的结果，我们将主要从中间需求角度实证中国经济服务化发展悖论的成因。基于产业中间需求对于生产性服务业发展的重要性，本章主要从产业关联角度出发，对影响生产性服务业发展的各种中间需求因素进行实证检验。

第一节　影响生产性服务业发展的需求因素

"交换能力引起劳动分工，而分工的范围必然总是受到交换能力的限制，换言之，即受到市场范围的限制。"亚当·斯密对市场范围影响劳动分工的论述表明，只有当对某一产品或服务的需求随着市场范围的扩大增长到一定程度时，专业化的生产者才可能出现和存在，因为这时市场需求才能够吸纳专业生产者的剩余产品和服务。生产性服务业的产生正是建立在专业化分工深化和企业外包活动发展的基础上，生产性服务业本身的发展就是服务活动"内部化—外部化"变迁的过程。在这一过程中，影响生产性服务业发展的最主要的需求因素是需求规模，即斯密所说的"市场范围"。同时，由于不同国家产业结构的差别，来自其他产业的需求结构也会对生产性服务业的发展及其内部结构造成影响。需要说明的是，需求结构对生产性服务业发展的影响，同样是通过对不同类型生产性服务需求规模的作用而实现的。那么，需求规模如何作用于生产性服务业发展？不同的需求结构会对生产性服务业发展造成什么样的影响？这是本节重点回答的问题。

一、需求规模对生产性服务业发展的影响

需求规模对生产性服务业发展的作用主要体现在获得规模经济、生产迂回程度加强、降低外购交易成本三个方面。

首先，需求规模扩大带来的市场范围的扩大使得生产性服务业供应商能够获得更大的规模经济。跟其他产业类似，生产性服务业的发展也需要大量的前期投入，如科技和研发服务、金融服务等，其前期投入不低于制造业。如前面所述，当需求规模较小时，生产性服务一般内置于原制造企业；而当对生产性服务的需求规模逐渐扩大时，从制造企业内独立出来的生产性服务供给企业将获得专业化生产的规模经济。而且，大多数生产性服务部门是知识密集型的，知识的基本特征就是可以以较低的边际成本反复使用，特别是已经达到标准化生产的生产性服务行业，如：Windows、Office、金蝶财务软件等已经标准化的电脑软件，其边际成本几乎为零，市场需求规模扩大带来的规模经济远远超过其他产业。

其次，需求规模扩大增加了生产迂回程度，使得分工进一步细化，最终导致生产性服务业的专业化发展以及整体产业的效率提升。一般而言，对某一产业的需求规模越大，则市场可以容纳更加细致的

分工，分工水平就越高。这一方面使每个生产性服务企业工作范围越来越窄，因而需要外购更多的其他产品和服务，进一步扩大该企业与外界的关联度；另一方面能够通过迂回程度的增加延长产业链，提高生产效率，两方面的共同作用使得需求规模进一步扩大，成为新一轮分工深化的起点。

最后，需求规模的扩大间接地降低了制造业企业（或服务业企业）外购生产性服务的交易成本，进一步加大了对生产性服务的需求，形成了需求规模扩大和交易成本降低的良性循环。根据科斯的交易成本理论，企业是否会将生产性服务外包主要取决于本身的生产成本和外购的交易成本，故需求规模的扩大是否能够真正促进生产性服务业发展还取决于内置和外购成本的比较。一般来说，生产性服务内置的企业只为满足自己的需要而生产，而市场中的专业化企业则可以集中许多潜在购买者的需求，因而具有企业内部提供所不具备的专业化经济和规模经济，并且经常性的重复可以提高知识密集型和人力资本密集型服务过程的服务质量；同时，相对于专业的生产性服务供给企业，将生产性服务内置的部门不会面临激烈的市场竞争压力，其降低成本和创新的激励比较弱。在需求规模扩大的情况下，这两方面的原因使得外购生产性服务的交易成本远远低于内置成本，制造业企业对生产性服务的需求进一步扩大，形成了二者的良性循环，并最终促进了生产性服务业的发展。

二、需求结构对生产性服务业发展的影响

作为社会产出的中间投入性服务，生产性服务业的需求来源于国民经济的所有产业，但由于农业对生产性服务的需求较少（3%—5%），一般的研究把需求来源分为制造业和服务业。由于国家间产业

结构的差别，不同的需求结构会对生产性服务业的发展和其内部结构造成影响。这里，我们把对生产性服务业的需求结构定义为产业间结构（制造业和服务业需求的差别）和产业内结构（制造业和服务业内部各行业需求的差别），来探讨其对生产性服务业发展的影响。

首先，产业间需求结构的差异会影响需求规模对生产性服务业的拉动作用。生产性服务业最初的需求来源是制造业，但随着服务经济在世界范围内的进一步发展，服务业本身对生产性服务业的需求越来越显著。同时，研究表明，发达国家 20 世纪 90 年代末服务业自身对生产性服务业的需求已经超过了工农业之和，来自服务业的中间需求已成为生产性服务业发展的主要动力，这来源于服务业和制造业与生产性服务业之间不同的作用机制。制造业需求对生产性服务业的拉动作用主要来源于规模效应（即上节所论述的规模经济和专业化等），而服务业需求与生产性服务业的互动除了规模经济和专业化的作用外，还存在着一种"自我加强机制"（self-enforcing mechanism），这种"自我加强机制"来源于服务业各环节之间较强的关联效应造成的知识流动或"溢出效应"[1]，规模效应和"自我加强机制"的存在使得服务业对生产性服务业的拉动作用强于制造业。因此，产业间结构的差异所造成的对生产性服务业需求结构的差异会影响整体需求规模对生产性服务业的拉动作用。

其次，产业内需求结构的差异会影响生产性服务业发展和其内部

---

[1] Guerrieri 和 Meliciani（2005）的研究发现，知识密集型制造业活动占有率高的国家对知识密集型生产性服务业（金融、通讯和商务服务业）的需求较大，从而更有可能发展该类型服务业的专业化和国际竞争力。参见 Guerrieri, P. and Meliciani, V., "Technology and International Competitiveness: The Independence between Manufacturing and Producer Services", *Structural Change and Economic Dynamics*, Vol. 16, pp. 489 - 502, 2005。

结构的优化。制造业和服务业的内部结构差异都会影响到对生产性服务业的需求，这里以制造业为例进行分析。由于制造业行业众多，不同类型的制造业产业特征不同，因而对不同类型生产性服务业的需求强度也会有所不同。一般来说，劳动密集型的资源性制造业和低技术制造业对批发和零售贸易业、交通运输仓储和邮政业的需求较大，而技术密集型的中技术制造业和高技术制造业对商务服务业、计算机服务与软件业、金融业的需求较多。那么，不同类型的制造业对生产性服务业各行业需求强度的差异直接影响了对生产性服务业各行业的需求规模，并最终影响了生产性服务业的内部结构。

第二节　中国生产性服务业发展中的需求问题分析

理论分析部分表明，影响生产性服务业发展的需求因素主要是需求规模和需求结构，需求规模的扩大和需求结构的升级是生产性服务业逐步专业化、市场化和高级化的前提条件。根据"产业关联理论"，在自由市场中，中间投入增加所导致的对生产性服务需求的增加会自发促进生产性服务业的发展，但由于我国经济发展水平、产业结构和外向型经济有其自身的特点，国民经济各产业发展未能如理论预期一样促进生产性服务业发展，下面我们具体分析我国生产性服务业发展中的需求问题。

一、制造业对中间服务业需求不足

制造业发展落后和制造企业传统的组织结构导致对生产性服务业

的需求规模较小和层次较低。发达国家生产性服务业的发展经验表明，生产性服务业的发展依赖于社会分工的深化和服务外包的发展。我国制造业发展相对落后，劳动密集型和资源密集型的中低技术产品制造业仍占主导地位，很多企业仍采用传统的、落后的生产模式，物质材料消耗成本比重较大，企业对金融服务、设计研发、信息技术、售后服务等的重视度不够，影响了对生产性服务业的需求。同时，由于行政体制和市场机制的影响，我国制造企业组织结构仍然是"大而全、小而全"的模式，从产品设计研发、物资供应到生产加工、产品销售等过程，全部由一个企业内部完成，这不但影响了制造企业的专业化和经营效率，也因外部化需求不足而限制了生产性服务业的规模化发展。

当前，我国制造业企业对生产性服务业需求不足的表现为制造业企业的外包项目以零部件产品为主，即制造业的中间投入需求仍以制造业本身为主，生产服务投入占总投入的比重偏小。从表 5.1 可以看出，2011 年，我国制造业的中间需求中，对农业、矿业资源和制造业本身的需求之和达到了 84.18%，对生产服务业的需求仅为中间总需求的 15.19%，而同一时期的美国制造业对生产性服务业的中间需求比重为 29.23%。

表 5.1　2011 年中、美两国制造业对各产业的中间需求比重

中国		美国	
农业和矿业	15.58%	农业和矿业	18.41%
制造业	68.60%	制造业	50.61%
生产性服务业①	15.19%	生产性服务业	29.23%

---

①　这里的生产性服务业是指中间需求率超过 50% 的服务业。综合中美两国 2011 年投入—产出表的计算，符合这一标准的服务行业包括：批发零售业、修理业、酒店和餐饮业、运输仓储和邮电业、金融中介、房地产业务、机械设备租赁、计算机及相关活动、技术研发。

续表

中国		美国	
其他服务业	0.6%	其他服务业	1.74%

资料来源：OECD 投入—产出数据库①。

另外，根据对 2011 年中、美两国投入—产出表的计算结果知（见表 5.2），我国制造业对批发和零售业、交通运输仓储业和邮政业等传统生产性服务业的中间需求比重过大；而对技术密集型、知识密集型的租赁和商务服务业、计算机和科学技术服务业的中间需求比重偏小，这反映出我国制造部门对生产性服务业的需求层次偏低，影响了生产性服务业的高层次发展，进而对我国国民经济的持续增长和制造业的产业升级产生了制约作用。

表 5.2　2011 年中、美两国制造业对生产性服务各行业的中间需求比重

生产性服务行业	中　国	美　国
批发、零售和修理业	5.77%	14.30%
住宿和餐饮业	0.60%	0.32%
运输和仓储业	2.81%	3.42%
邮政、通信业	0.38%	0.68%
金融服务业	1.88%	1.34%
房地产业	0.54%	0.27%
机器设备租赁业	0.02%	0.38%
计算机及相关产业	0.37%	0.92%
研发和其他商务活动	2.82%	7.29%

资料来源：同表 5.1。

二、加工贸易模式阻碍了产业关联

代工生产和加工贸易模式阻碍了生产性服务业与制造业的产业关

---

① OECD 数据库中各国投入—产出表的最新数据为 2011 年。根据我国统计局发布的投入—产出表在统计时间上的规律，OECD 数据库中的中国投入—产出表数据的年份应为 2012 年。

联，使中国生产性服务业缺乏有效市场需求的支撑。产业关联理论认为，由于收入提高和中间投入增加所导致的对服务业需求的增加会自发地促进现代服务业发展，这一看法在产业链上下游的供需状况不受明显外在因素影响的假设下成立。我国制造业近些年的发展主要依赖于外向型经济，"两头在外"的发展模式曾经促进了中国经济的高速增长，但目前来看，这种模式阻碍了生产性服务业的发展。

一方面，代工生产和加工贸易模式使国内的制造厂商基本不参与研发设计、品牌经营和市场营销等现代产业竞争力的核心环节，这些业务由母国的生产性服务供应商承揽，或者由 FDI 引入的外商投资服务企业承担，这就降低了对中国本土生产性服务的市场需求规模和需求层次，抑制了国内生产性服务业的规模化和向更高层次发展。另一方面，由于国内制造业缺乏本土高水平生产性服务企业的辅助，无法实现产业升级和竞争力提升，也就无法产生对高层次生产性服务的需求，代工生产和加工贸易模式不但抑制了生产性服务业的高端化发展，也阻碍了生产性服务业与制造业的良性互动。

根据中国投入—产出表的计算知，1997—2002 年的五年间，整体制造业中间投入中生产性服务业的比重由 12.26% 提高到了 15.24%（见表5-3），但此后五年间，在我国以制造业为主的工业增加值提高了 133%、加工贸易出口额增加了 215% 的同时，生产性服务业在整体制造业中间投入中的比重却持续下降了近 6 个百分点，到 2007 年时仅为 9.72%，而其中下降最快的是非金属矿物制品业、造纸印刷及文教体育用品制造业、工艺品及其他制造业、木材加工及家具制造业、纺织服装鞋帽皮革羽绒及其制品业等我国加工贸易出口较多的资源性产业和低技术产业。直到 2012 年，生产性服务业在整体制造业中间投入中的比重才上升到 12.79%，与 1997 年相差无几。这表明在我国制造业快速增长的同时，制造业整体对生产性服务业的需求在某一阶段却大幅下降，两者呈现独立发展的态势，这不符合产业关联理论的发展规律。而其中主要的原因是以代工生产和加工贸易为主要特征的中国外向型经济的发展阻碍了制造业企业和生产性服务业的产业关联，最终使生产性服务缺乏有效市场需求而发展滞后。

表 5.3　1997—2012 年中国制造业分行业的生产性服务投入比重

年　份	1997 年	2002 年	2005 年	2007 年	2012 年
整体制造业	12.26%	15.24%	12.14%	9.72%	12.79%
食品制造及烟草加工业	9.69%	16.03%	11.97%	11.10%	14.52%
纺织业	10.75%	12.30%	8.59%	7.01%	9.24%
纺织服装鞋帽皮革羽绒及其制品业	11.79%	17.47%	14.83%	9.50%	15.77%
木材加工及家具制造业	16.35%	18.78%	15.48%	10.70%	11.99%
造纸印刷及文教体育用品制造业	14.07%	18.96%	15.13%	9.63%	14.20%
石油加工、炼焦及核燃料加工业	10.59%	11.43%	12.21%	7.23%	6.06%
化学工业	12.09%	14.63%	11.50%	9.98%	13.20%
非金属矿物制品业	17.66%	24.64%	17.86%	13.80%	14.77%
金属冶炼及压延加工业	11.69%	13.66%	9.38%	8.23%	8.82%
金属制品业	17.06%	15.48%	12.24%	8.38%	12.37%
通用、专用设备制造业	12.37%	15.99%	13.19%	10.25%	14.88%
交通运输设备制造业	9.13%	13.27%	11.55%	9.68%	15.42%
电气机械及器材制造业	11.93%	16.58%	14.09%	10.12%	12.76%
通信设备、计算机及其他电子设备制造业	9.62%	12.27%	10.08%	10.81%	14.77%
仪器仪表及文化办公用机械制造业	13.30%	13.32%	11.85%	9.48%	16.40%
工艺品及其他制造业	14.86%	17.98%	13.88%	9.97%	14.99%

资料来源：1997 年、2002 年、2005 年、2007 年、2012 年中国投入—产出表。其中，由于我国产业分类标准于 2002 年进行了修订，1997 年的行业分类不同于 2002 年以及之后的行业分类，根据计算，其生产服务业为货物运输及仓储业、邮电业、商业、饮食业、旅客运输业、金融保险业、社会服务业和综合技术服务业 8 个服务行业（参考江静、刘志彪（2010））；由于中间需求率的变化，2002 年和 2005 年的生产服务业行业是 2007 年和 2012 年生产服务业的 9 个行业中除研究与试验发展业和综合技术服务业外的 7 个行业。

三、服务业比重较低影响"自我增强"

服务业本身发展不足影响了生产性服务业的"自我增强"。国外学者 Goe（1990）研究发现，西方发达国家的生产性服务业产品主要是供给服务部门而不是制造部门。朱利弗（Juleff，1996）、皮拉特和沃尔夫（Pilat 和 Wolfl，2005）、程大中（2008）的研究也支持这样的结论，认为服务业的增长主要依靠自身的"自我增强"作用。从经济的不同发展阶段看，在工业化的前期、中期阶段，工业在国民经济中占据主导地位，生产性服务业主要为工业提供生产性服务。但是，随着服务业在国民经济中比重的不断增长，服务部门也会衍生出对金融、通信、商务服务等生产性服务的需求，从而增加生产性服务业的中间投入比重，进而形成生产性服务业的"自我增强"机制。

表 5.4　2011 年中、美两国服务业对国民经济其他产业的中间需求比重

中　国		美　国	
农业和矿业资源投入	2.71%	农业及矿产资源投入	0.96%
制造业中间投入	46.33%	制造业中间投入	24.04%
生产性服务投入	48.88%	生产性服务投入	68.28%
其他服务投入	6.07%	其他服务投入	6.72%

资料来源：同表 5.1。

表 5.4 显示的美国服务业对各产业的中间需求比重中，服务业对生产性服务业的需求占总中间需求的 68.28%，远远高于对制造业产品需求比重的 24.04%，这说明服务业特别是生产性服务业本身有很强的自我增强作用，服务业对生产性服务业的需求已经成为发达国家

生产性服务业发展的主要动力。由于经济发展水平和产业发展阶段的差异，同美国相比，我国服务业对生产性服务业的中间需求比重偏低，只有 48.88%，但仍然远远高于我国制造业对生产性服务业的中间需求比重（15.19%），这意味着我国未来生产性服务业的发展在很大程度上将依赖于服务业自身的发展。

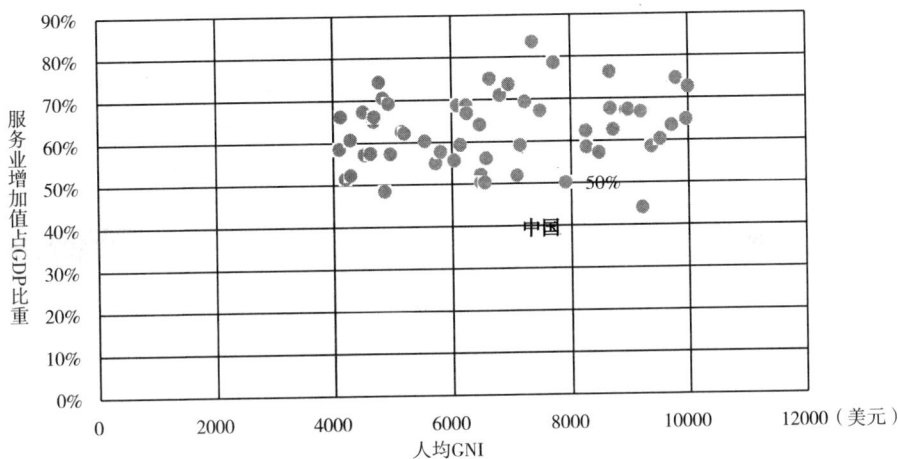

图 5.1　服务业增加值占 GDP 比重与人均 GNI 散点图

注：服务业增加值比重和人均 GNI 数据时间为2015 年。
资料来源：世界银行《世界发展指标 2016》。

近些年来，在国家政策的扶持下，我国服务业发展速度较快。但由于传统观念、体制、开放程度等因素的影响，服务业整体水平仍较低。世界银行 2016 年的统计数据表明（见图 5.1），与同等收入水平国家相比，我国服务业在国民经济中的比重（50%），明显低于相同收入水平的大部分国家，而且低于中低收入国家的平均水平（55%）。较低的服务业发展水平降低了对生产性服务业的需求规模，也限制了生产性服务业的自我增强作用。

第三节　需求因素的实证检验

一、模型与变量选取

理论分析和统计数据表明，需求不足已成为阻碍我国生产性服务业发展的主要因素，结合第四章理论模型的相关结论（见表4.1），这一部分我们将对需求因素与生产性服务业发展的关系进行实证检验。理论模型推导和本章结合中国产业互动现状的分析表明，影响我国生产性服务业发展的需求规模因素主要来自于制造业发展、服务业发展、加工贸易出口三个方面。结合第四章第二节中的结论3和第四章第三节中的结论2、结论4，我们将地区制造业企业规模和经济发展水平加入模型。另外，考虑到各地区在生产性服务业劳动力投入方面的差异，我们将地区的生产性服务业就业人员占比作为模型的控制变量。

基本的计量模型如下：

$$ps_{it} = \alpha_0 + \alpha_1 manu_{it} + \alpha_2 serv_{it} + \alpha_3 pex_{it} + \alpha_4 size_{it} + \alpha_5 pergdp_{it} + \delta X_{it} + \varepsilon_{it} \tag{5.1}$$

模型（5.1）中，各变量的指标选取如下：（1）生产性服务业发展水平（ps），考虑到数据的可得性，我们选取中间需求率较高的交通运输仓储和邮政业、批发和零售业、金融业三个行业[①]的增加值为

[①] 这是2004年及之后的行业分类，2004年之前的行业分类将批发和零售业、餐饮业合为批发零售贸易及餐饮业进行统计，由于没有很好的方法将餐饮业从其中分离出来，基于准确性的需要，我们选择2004年之后的数据进行实证。

生产性服务业增加值，并用该增加值除以地区生产总值来衡量各地区生产性服务业的发展水平；（2）制造业发展水平（ $manu$ ），我们用以制造业为主的第二产业增加值占 GDP 的比重表示；（3）服务业发展水平（ $serv$ ），我们用服务业增加值占 GDP 的比重来表示；（4）加工贸易发展水平（ pex ），我国的加工贸易以来料加工和进料加工为主，这里用来料加工装配贸易和进料加工贸易的出口额占 GDP 的比重来表示；（5）制造业企业规模（ $size$ ），用各地区规模以上工业企业的销售总额除以规模以上工业企业数量来表示；（6）地区经济发展水平（ $pergdp$ ），用地区人均 GDP 来表示；（7）地区生产性服务业就业比重（ $labor_{ps}$ ），用生产性服务业各行业城镇就业人员之和与城镇就业人员之比表示①。

模型（5.1）中的 α_0 为常数项， α_1 、 α_2 、 α_3 、 α_4 、 α_5 为各变量的系数。由于制造业和服务业的发展对生产性服务业的发展有促进作用，但我国制造业特别是东部沿海地区的制造业企业大多从事加工贸易，预期 α_2 的符号为正，但 α_1 不确定；加工贸易出口会增加制造企业对国外生产性服务业的依赖，削弱制造业与生产性服务业之间的产业关联，预期 α_3 的符号为负；按照企业规模与生产性服务外包需求的一般规律，预期以制造业为主的工业企业平均规模与生产性服务业发展正向相关， α_4 为正；收入水平提高通过影响消费者的多样性偏好影响制造业结构，并间接地促进生产性服务业发展， α_5 为正。同时，作为生产性服务业的要素投入，地区生产性服务业的就业人员比重会正向

---

① 基于数据的可得性，地区生产性服务业就业人员用生产性服务业相应行业"城镇单位就业人员"与"城镇私营和个体企业就业人员"之和来表示，用该数据与"城镇就业人员"之比来表示地区生产性服务业就业比重。从我国生产性服务业在农村和城镇的发展状况来讲，这样的替代是可取的，因为我国生产性服务业主要为工业和服务业服务，为农业提供服务的生产性服务业比例只有3%左右。

影响生产性服务业的发展，因此，其系数应该为正。

二、数据来源的说明

我们采用2004—2016年中国省级面板数据进行实证检验，数据来源为2005—2017年的《中国统计年鉴》《中国经济普查年鉴（2004）》《中国国内生产总值核算历史资料（1952—2004）》和国研网数据库。由于西藏和青海的部分数据缺失，这里选取了除这两个地区之外的29个地区作为截面。数据的描述性统计如下：

表5.5　变量的描述性统计特征

变　量	含　　义	均　　值	标准差	最小值	最大值	观察值个　数
ps	生产性服务业增加值比重	0.19073	0.04217	0.11835	0.36301	377
manu	制造业增加值比重	0.46503	0.07892	0.19262	0.59045	377
serv	服务业增加值比重	0.42083	0.08694	0.28303	0.80232	377
pergdp	人均GDP	35414.1	23080.3	4317.0	118198	377
size	制造业企业平均规模（产出）	2.14798	1.16820	0.44235	5.34057	377
size*	制造业企业平均规模（资产）	2.45791	1.87567	0.41594	12.9023	377
pex	加工贸易出额比重	0.06684	0.11743	0.00019	0.64257	377
labor	生产性服务业就业人员比重	0.13086	0.02956	0.08133	0.26275	377

三、回归结果与分析

为了避免多重共线性的影响，首先对解释变量进行相关性检验，结果表明（见表5.6），相关系数的绝对值均小于0.8，各解释变量之间不存在明显的共线性。

表 5.6　解释变量的共线性检验

变　量	*manu*	*serv*	*pex*	*size*	*pergdp*	*labor*$_{ps}$
manu	1					
serv	−0.7433	1				
pex	0.1080	0.2523	1			
size	−0.1697	0.2928	−0.1559	1		
pergdp	−0.1654	0.6294	0.3055	0.6121	1	
labor$_{ps}$	−0.4547	−0.6914	0.2679	0.1867	0.4305	1

表 5.7 为采用 Stata14 软件进行回归分析的结果，Hausman 检验均选择了随机效应模型。

表 5.7　需求因素影响生产性服务业发展的实证结果

解释变量	模型（1）		模型（2）	
	固定效应	随机效用	固定效应	随机效应
manu	0.0838 ***	0.0887 ***	0.0891 ***	0.0980 ***
	（0.000）	（0.000）	（0.000）	（0.000）
serv	0.3653 ***	0.3612 ***	0.3768 ***	0.3823 ***
	（0.000）	（0.000）	（0.000）	（0.000）
pex	0.0072	0.0093	0.0075	0.0101
	（0.423）	（0.291）	（0.418）	（0.261）
size	−0.0020	−0.0026 **	−0.0004	−0.0010 *
	（0.189）	（0.015）	（0.490）	（0.071）
pergdp	4.62E-07 ***	4.29E-07 ***	4.30E-07 ***	3.40E-07 ***
	（0.000）	（0.000）	（0.000）	（0.000）
labor	0.2344 ***	0.2561 ***	0.2217 ***	0.2555 ***
	（0.000）	（0.000）	（0.000）	（0.000）
C	−0.0452 **	−0.0464 **	−0.0529 ***	−0.0593 ***
	（0.019）	（0.014）	（0.005）	（0.001）

续表

解释变量	模型（1）		模型（2）	
	固定效应	随机效用	固定效应	随机效应
Hausman 检验	5.80	7.51		
	(0.327)	(0.185)		
F 值	339.89***	Wald Chi (6) = 2232.43***	338.5***	Wald Chi (6) = 2213.89***
	(0.000)	(0.000)	(0.000)	(0.000)
R^2	0.8507	0.8504	0.8501	0.8492
样本量	377	377	377	377

注：括号内数值为 P 值。*** 表示在 1% 水平下显著，** 和 * 分别表示在 5% 水平和 10% 水平下显著。模型（1）中的企业规模 size 是制造业企业产出的平均规模，模型（2）中用制造业企业资产平均规模代替，两者结果基本一致。Hausman 检验结果表明，两个模型均选择随机效应。

表 5.7 中，模型（1）和模型（2）是对基本计量模型进行回归的固定效应和随机效应结果，各解释变量的符号基本与预期一致，但表示制造业企业规模的变量 size 与生产性服务业发展负相关，表示加工贸易发展水平的变量 pex 与生产性服务业的关系不显著。以模型（1）中随机效应回归结果为基础的具体分析如下：

第一，制造业发展水平和服务业发展水平对生产性服务业发展都有显著的正向影响，且系数都在 1% 水平下显著。制造业和生产性服务业发展水平显著正相关表明：总体上看，制造业发展对生产性服务业发展具有一定的促进作用，但这种促进作用极其有限，制造业占比每提高 1%，对生产性服务业占比的促进程度是 0.0887%，这可能与我国制造业发展落后和制造业企业传统的组织结构无法有效地带动生产性服务业的相应增长有关，也可能跟制造业以加工贸易为主的发展模式有关[1]。服务业发展水平与生产性服务业水平显著正相关，且相

---

[1] 我们会在后续检验中对此进行进一步的证明。

关系数为 0.3612，这表明我国服务业发展对生产性服务业发展的促进作用远远大于制造业，服务业的"自我增强"效应确实存在①。制造业增加值比重和服务业增加值比重的系数差异还意味着，我国仍以制造业为主的产业结构影响着生产性服务业的发展，在提高制造业对生产性服务业需求的同时，要大力发展具有"自我增强"效应的服务业。但就目前阶段来讲，提高制造业对生产性服务的需求仍是提高我国生产性服务业发展水平的主要途径。

第二，加工贸易出口比重与生产性服务业发展水平正相关，但相关关系不显著，这与理论预测不一致。理论分析认为，以代工生产和加工贸易为主要特征的中国外向型经济的发展阻碍了制造业企业和生产性服务业的产业关联，"两头在外"的发展模式降低了制造业对国内生产性服务业的需求，最终使国内生产性服务因缺乏有效市场需求而发展滞后。二者并没有负相关的关系表明，单纯从贸易角度来讲，加工贸易发展程度高并不一定意味着生产性服务业发展程度低。对于这一问题可能的解释是，我国东部地区加工贸易发展程度普遍较高，其生产性服务业发展程度也普遍高于中西部地区，所以，二者的直接关系可能会正相关，但这并不意味着加工贸易能够促进生产性服务业发展，我们会在后续实证中对此进行进一步的检验。

第三，基本模型的回归表明，制造业企业规模与生产性服务业发展水平负相关。根据预测，企业规模较大时分工会更细致，降低成本的需要会促使企业从外部购入非核心的生产性服务业，从而促进生产性服务业的发展，二者的相关系数应该为正。我们的回归结果负相关

---

① 但值得注意的是，服务业包含了生产性服务业，这使得该回归结果可能存在偏差，我们将服务业中的生产性服务业剔除，直接用生产性服务业比重与除生产性服务业外的其他服务业比重进行回归，结果二者仍然显著正相关，因此，这一结果是可靠的。

可能是因为我国经济发达地区民营企业数目庞大，企业平均规模较小，而这些地区的生产性服务业发展水平却很高，由此造成二者的不相关或负相关[①]。而造成这一结果的原因可能有：一是与国有大企业的集权式组织结构相比，民营中小企业的分权式组织结构对外部生产者服务的需求更大；二是国有企业与民营企业的经营目标不同，前者关注企业规模扩张和多元化经营带来的总产值扩大，而后者则更关注企业利润的最大化和核心竞争力的提高，这使得后者更有可能因降低成本的需要而选择将生产性服务外包。

第四，表示地区人均收入水平的人均 GDP 和地区劳动力投入与地区生产性服务业发展水平均显著正相关，这与理论预测一致。虽然消费者收入水平对生产性服务业发展的影响不如其对消费性服务业的影响那样直接，但它可以通过对制造业产品的多样性需求间接地影响生产性服务业发展，也就是说，生产性服务业发展也同样具有明显的"收入效应"。

四、结果的进一步检验

基本模型的实证检验结果表明，加工贸易发展水平与生产性服务业发展没有显著的负相关关系，对此，我们猜测，可能的原因是我国东部地区制造业发展水平普遍高于中西部地区，而东部地区的生产性服务业和加工贸易也大都高于中西部地地区，这导致我们无法直接检验二者的相关关系。为此，我们把制造业增加值比重和加工贸易比重的交叉项（$manu * pex$）引入方程，考察控制了制造业发展水平后加工贸易对生产性服务业发展的影响，结果如表5.8所示。

---

① 我们用 2005—2011 年的数据对生产性服务业发展与制造业企业平均规模的关系进行回归时发现，二者没有显著的相关关系，具体回归结果见樊文静（2013）。

表 5.8　加工贸易与生产性服务业发展关系的进一步检验

解释变量	模型（1）		模型（2）	
	固定效应	随机效用	固定效应	随机效应
manu	0.0968***	0.1006***	0.1015***	0.1095***
	（0.000）	（0.000）	（0.000）	（0.000）
serv	0.3668***	0.3617***	0.3720***	0.3801***
	（0.000）	（0.000）	（0.000）	（0.000）
*manu * pex*	−0.3558**	−0.3661**	−0.3891**	−0.3541**
	（0.031）	（0.020）	（0.022）	（0.030）
pex	0.1850**	0.1927**	0.2031**	0.1889**
	（0.025）	（0.015）	（0.018）	（0.022）
size	−0.013	−0.0023**	0.0001	−0.0007
	（0.411）	（0.029）	（0.936）	（0.255）
pergdp	4.41E−07***	3.99E−07***	4.24E−07***	3.12E−07***
	（0.000）	（0.000）	（0.000）	（0.000）
labor	0.1908***	0.2199***	0.1734***	0.2192***
	（0.000）	（0.000）	（0.000）	（0.000）
C	−0.0475**	−0.0474**	−0.0520***	−0.0594***
	（0.014）	（0.012）	（0.005）	（0.001）
Hausman 检验	5.66	8.84		
	（0.4625）	（0.1828）		
F 值	295.04***	Wald Chi （7） = 2264.27***	294.39***	Wald Chi （7） = 2240.97***
	（0.000）	（0.000）	（0.000）	（0.000）
R^2	0.8526	0.8521	0.8523	0.8509
样本量	377	377	377	377

注：括号内数值为 P 值。***表示在1%水平下显著，** 和 * 分别表示在5%水平和10%水平下显著。模型（1）中的企业规模 size 是制造业企业产出的平均规模，模型（2）中用制造业企业资产平均规模代替，两者结果基本一致。Hausman 检验结果表明，两个模型均选择随机效应。

表 5.8 中模型（1）的结果表明，制造业增加值比重和加工贸易

比重的交叉项（$manu * pex$）的系数为负，系数为-0.3661，该系数在5%水平下显著。这说明加工贸易对生产性服务业发展水平的影响依赖于地区制造业发展水平，制造业发展水平越高的地区，加工贸易对生产性服务业发展的阻碍作用越大。也就是说，当一个地区的制造业发展水平很高，而这些制造业企业又主要从事加工贸易时，加工贸易对生产性服务业发展的阻碍作用将非常显著，这更充分地说明了以代工生产和加工贸易为主要特征的中国外向型经济的发展阻碍了制造业企业和生产性服务业的产业关联，"两头在外"的发展模式降低了制造业对国内生产性服务业的需求，最终使国内生产性服务因缺乏有效市场需求而发展滞后。

五、分地区检验结果

我国东部地区和中西部地区在经济发展水平、发展模式、对外开放程度、生产性服务业发展水平等方面都存在较大差异，因此，我们将样本分为东部地区和中西部地区两部分①分别进行回归和检验，结果如下：

表5.9　东部和中西部分地区检验结果

解释变量	东部地区		中西部地区	
	（1）	（2）	（3）	（4）
$manu$	-0.0029	0.0552*	0.1933***	0.1762***
	(0.930)	(0.087)	(0.000)	(0.000)

---

① 按照惯例，这里的东部地区包括北京、天津、河北、辽宁、上海、江苏、浙江、福建、山东、广东、海南11个省市，中西部地区是除以上省市之外的18个省、直辖市、自治区（由于数据可得性问题，这里不包含西藏和青海）。

续表

解释变量	东部地区		中西部地区	
	（1）	（2）	（3）	（4）
serv	0.1705 ***	0.2010 ***	0.6610 ***	0.6649 ***
	（0.000）	（0.000）	（0.000）	（0.000）
manu * pex		−0.7481 ***		1.5662
		（0.000）		（0.282）
pex	−0.0055	0.3654 ***	−0.0691	−0.7985
	（0.582）	（0.000）	（0.150）	（0.240）
size	−0.0039 **	−0.0015	−0.0006	−0.0002
	（0.025）	（0.381）	（0.739）	（0.916）
pergdp	7.03E−07 ***	5.17E−07 ***	4.02E−07 ***	4.31E−07 ***
	（0.000）	（0.000）	（0.000）	（0.003）
labor	0.3875 ***	0.3040 ***	0.3306 ***	0.3318 ***
	（0.000）	（0.000）	（0.000）	（0.000）
C	0.0611 **	0.0347	−0.2279 ***	−0.2235 ***
	（0.027）	（0.182）	（0.000）	（0.000）
Hausman 检验	4.77	1.69	41.66 ***	43.24 ***
	（0.4452）	（0.9461）	（0.000）	（0.000）
F 值	Wald Chi（6）= 1323.36 ***	Wald Chi（7）= 1587.65 ***	108.86 ***	93.54 ***
	（0.000）	（0.000）	（0.000）	（0.000）
R²	0.8985	0.9132	0.7323	0.7537
样本量	143	143	234	234

注：括号内数值为 P 值。*** 表示在 1% 水平下显著，** 和 * 分别表示在 5% 水平和 10% 水平下显著。因用产出总值和资本总额表示企业规模无差异，这里的企业规模 size 一律用制造业企业产出的平均规模表示。Hausman 检验结果表明，模型（1）和模型（2）选择随机效应模型，模型（3）和模型（4）选择固定效应模型。

　　表 5.9 中分地区回归的结果表明，东部地区制造业（manu）对生产性服务业发展的影响程度远远小于中西部地区，说明虽然东部地

区制造业发展水平较高，但其对生产性服务业发展的促进作用并不强，这印证了我们的理论分析，东部地区以加工贸易为主的发展模式阻碍了制造业与生产性服务业之间的产业关联。同时，东部地区数据的回归结果中，制造业增加值比重和加工贸易比重的交项（$manu * pex$）的为-0.7481，且在1%水平下显著，而中西部地区数据的回归结果中，这一指标系数为正且不显著，这也证明了我们的分析，加工贸易对生产性服务业发展的阻碍作用在东部地区更为明显。

第四节　结论与启示

实证结果表明：第一，在基本模型的检验中，以制造业为主的工业发展规模与生产性服务业发展水平正相关，但其系数明显小于服务业；用东部地区数据进行回归的检验中，这一系数为负。这说明制造业发展落后和制造业企业传统的组织结构确实阻碍了其对生产性服务的需求，这导致我国制造业的蓬勃发展无法有效地带动生产性服务业的相应增长。第二，服务业发展水平与生产性服务业水平显著正相关，这表明我国服务业发展对生产性服务业发展的促进作用远远大于制造业，服务业的"自我增强"效应确实存在。第三，以制造业为主的工业企业平均规模与生产性服务业的发展不相关或负相关，这跟企业的产权结构、经营目标以及是否进行规模扩张的动机有关。第三，以代工生产和加工贸易为主要特征的中国外向型经济的发展确实阻碍了制造业企业和生产性服务业的产业关联，使得国内生产性服务业因缺乏有效市场需求而发展滞后。第四，表示地区人均收入水平的人均GDP与地区生产性服务业发展水平显著正相关，说明生产性服务业发展也同样具有明显的"收入效应"。

在以上分析的基础上，我们认为，作为一个生产性服务业处于初级阶段的发展中国家，我们在从供给侧改革角度提高生产性服务业质量外，更应该基于需求角度来促进生产性服务业的发展。第一，加强产业关联，促进制造业与生产性服务业的良性互动。目前来讲，制造业仍然是我国国民经济中比重最大的产业，也是生产性服务业需求的主要来源，政府应通过一定的财政或税收政策鼓励制造企业的生产性服务外包活动，特别是弱化对国有企业一体化的政策激励，并通过制度安排减少企业服务外包的市场风险，为生产性服务业创造大量的外部需求，推动生产性服务业的规模化和专业化发展。同时，应大力发展资本和技术密集型制造业，进一步增加制造业与生产性服务业的产业关联。第二，应加强外资制造企业与本地生产性服务业的产业关联，充分利用外资制造企业巨大的生产性服务外包市场。具体来说，可以有针对性地引入相关的外资服务企业，并充分利用外资服务企业的"技术溢出效应"，提高本土生产性服务企业为外资制造业企业提供生产性服务的能力，从而扩大市场对本土生产性服务企业的需求范围。第三，充分认识来自服务业本身的生产性服务需求，加快服务业发展，促进服务业与生产性服务业的产业关联和良性互动，通过体制、机制与政策创新，打破垄断，放宽准入领域，建立公开、平等、规范的行业准入制度，促进服务业的繁荣和有序竞争，最终实现生产性服务业的"自我增强"。

第六章 出口导向型经济与中国经济服务化发展悖论

在第五章中，我们实证了加工贸易对生产性服务业发展的影响，结果认为加工贸易模式确实阻碍了生产性服务业发展，但对于具体作用路径和机制的探讨仍不够深入，衡量出口导向型经济特征的指标也过于单一，本章拟从需求角度出发，将出口导向型经济对生产性服务业发展的的影响分解为直接效应和间接效应进行分析，并采用2004—2016年我国地区层面的面板数据进行实证检验，得出出口导向型经济对生产性服务业发展的具体影响路径和机制，并以此为基础提出促进我国生产性服务业发展的政策建议。

第一节 出口导向型经济对生产性服务业发展的影响路径分解

出口导向型经济是指一国采取各种措施促进出口工业的发展，用工业制成品和半制成品替代初级产品出口，促进出口的规模扩张和产品多样化，从而增加外汇收入和促进经济增长。中国出口导向型经济的主要特点是以加工贸易为主的对外贸易模式，即工业企业从国外进口原材料和零部件，利用本地廉价劳动力和土地资源进行加工装配，然后将制成品复出口的贸易模式。虽然这种以加工贸易为主的出口导向型经济确实促进了中国出口贸易的增长和国内经济的快速发展，但随着要素成本的上升和市场环境的变化，这种经济模式的可持续性受到越来越多的质疑，其中，跨国公司通过控制高端生产性服务业将我国制造业锁定在低端加工制造环节这一事实也逐渐引起学界的关注。

一、出口导向型经济对生产性服务业发展的直接效应

出口导向型经济对生产性服务业发展的直接效应主要体现在两个方面，一是制造业产品市场范围扩大所带来的中间服务需求增加，这种影响主要来自于一般贸易；二是产业链条缩短对制造业服务需求扩张的制约，即加工贸易比重的增加会制约产品市场扩大所带来的服务需求增加。

生产性服务是为商品和服务生产提供中间投入的服务行业，与其他物质型中间投入相同，其发展受产品市场范围的影响，当最终制成品的市场范围扩大时，产品生产环节的分工程度会进一步细化，整个生产链或生产迂回程度会延长，这就需要更多的各类中间产品和服务投入。从该角度来讲，一国出口贸易的增长能够促进其生产性服务业的发展，因此，我国出口导向型经济战略所带来的出口贸易规模的扩大可以通过扩大最终产品市场范围促进生产性服务业发展，一般贸易出口对生产性服务业发展的促进作用应该是毋庸置疑的。

作为对外贸易的一种类型，加工贸易的扩张同样可以扩大最终产品的市场范围，但由于该贸易模式的特殊性，其对生产性服务业发展的影响有别于一般贸易。加工贸易的特点是"两头在外"，从价值链角度来讲，"两头在外"是指"微笑曲线"两端的金融服务、设计研发、营销渠道拓展等高附加值的服务环节由发达国家的跨国公司控

制，以加工贸易为主要出口模式的发展中国家只能承担"微笑曲线"底端低附加值的加工装配环节，这降低了制造业企业对中间服务的需求，制约了国内生产性服务业的规模化和市场化发展。另外，"微笑曲线"两端利润率较高的高端生产性服务被国外跨国公司掌控的另一后果是，国内从事加工贸易的生产企业几乎没有长期发展的战略规划，微薄的利润只能维持企业正常的运转，企业缺乏进行自主创新的动力，这阻碍了我国制造业产业结构的优化和升级，也进一步制约了国内生产性服务业的高端化发展。统计数据显示，2011 年年底，全国城镇单位就业人数中，制造业从业人员比重为 28.4%，对应的科学研究和技术服务业从业人员比重为 2.07%；同一年份东莞的城镇集体单位年末职工人数中，以加工贸易为主的制造业企业职工比重高达 60.5%，而科学研究和技术服务企业的职工比重仅为 0.16%，远远低于全国平均水平，这主要因为加工贸易企业的研发设计等高端服务均由母公司掌控，无需本土的服务企业提供。

根据以上分析可以得出：

H1：地区一般贸易出口水平应与其生产性服务业发展程度成正比。

H2：地区加工贸易出口水平与其生产性服务业发展程度成反比。

二、出口导向型经济对生产性服务业发展的间接效应

出口导向型经济对生产性服务业发展的间接效应表现为：一方面，我国加工贸易出口企业大都是外商投资企业[①]，其所需的技术支持、市场营销等生产性服务大多是外商独资服务企业提供，这降低了

---

① 卢进勇（2011）的研究表明，2001—2010 年的十年间，我国外商投资企业加工贸易进出口占全国加工贸易进出口总额的平均比重为 81.57%。

外商直接投资对国内生产性服务产业的"技术溢出"效应；另一方面，加工贸易生产企业所需的机器设备以进口为主，这导致国内机器设备等资本密集型制造产业的萎缩，降低了国内制造业整体的生产迂回程度，从而减少了制造业对国内生产性服务的需求。

芮明杰（2012）在研究上海 FDI 与生产性服务业发展关系时提出，相对于制造业 FDI 而言，服务业 FDI 进入东道国会面临更多政策、文化、信息等方面的障碍，这使得 FDI 服务企业一般选择跟随母国制造企业进入东道国，并逐渐响应当地企业的服务需求。由于技术水平和管理理念的一致性，外商投资的加工贸易出口企业与外资服务供应商之间形成了一个符合彼此标准的封闭供需循环圈，芮明杰等人的问卷调查结果显示，外商独资服务型企业的服务对象中 64%比重的企业是外商独资制造企业。另一方面，由于我国本土制造企业专业化分工水平较低，其所需求的生产性服务也大都是批发零售、运输、广告、信贷等低层次的简单服务，于是形成了本土制造业与生产性服务业供需的另一封闭循环圈。这两个相互独立的生产性服务循环圈的存在阻碍了外商投资企业应有的"技术溢出"效应，大量外商投资制造企业的进入不但无法带动国内生产技术和服务水平的提高，反而割裂了国内产业之间的正常关联和良性循环，阻碍了生产性服务业的健康发展。

另外，如前所述，生产性服务业的发展主要来源于生产迂回程度扩大所导致的中间服务需求增加，而生产迂回程度的扩大直接表现为生产流程的资本化（Rosenberg，1963）[1]，或如哈耶克（Hayek，

---

① Rosenberg, N.,"Technological Change in the Machine Tool Industry, 1840-1910", *The Journal of Economic History*, Vol. 23, No. 4, pp. 414-443, 1963.

1932)① 所说的生产结构的资本化，因此，制造业对生产性服务业的需求比重取决于制造业的资本密集程度，资本密集程度越高的制造业对生产性服务业的需求比重就越大。由于起步晚、自主创新能力薄弱等原因，我国资本密集型制造业特别是设备制造业发展无法满足加工贸易产业对生产技术设备的需求，因此，政府通过政策优惠大力支持技术含量高、资本密集型设备的进口，这使得我国固定资产投资中设备投资的60%以上依赖进口，同时，加工贸易生产企业进口机器设备是免税的，其设备进口率则会更高。大量进口机器设备等资本密集型产品直接影响了国内制造业整体的资本化程度，间接降低了制造业对生产性服务的中间需求，阻碍了生产性服务业特别是知识、技术密集型服务业的发展。

根据以上分析，我们可以得出：

H3：地区的外商直接投资水平与其生产性服务业发展程度成反比。

H4：地区的资本密集型制造业进口水平与其生产性服务业发展程度成反比。

第二节　实证检验和结果分析

一、模型、变量和数据

为了验证本书的理论分析结果，我们提出如下计量模型：

---

① Hayek，FA.，*Prices and Production*，London：George Routledge & Sons，1932.

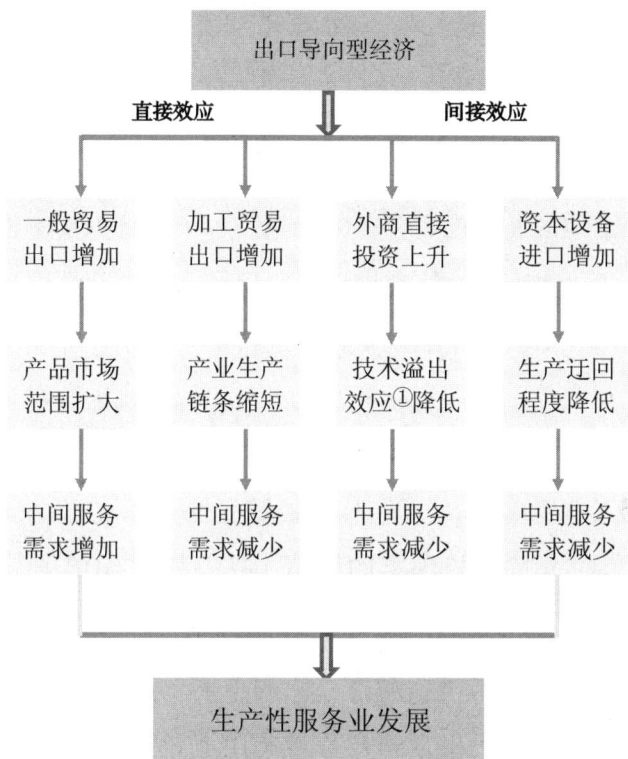

```
出口导向型经济

直接效应                          间接效应

一般贸易      加工贸易      外商直接      资本设备
出口增加      出口增加      投资上升      进口增加

产品市场      产业生产      技术溢出      生产迂回
范围扩大      链条缩短      效应①降低    程度降低

中间服务      中间服务      中间服务      中间服务
需求增加      需求减少      需求减少      需求减少

生产性服务业发展
```

图 6.1　出口导向型经济对生产性服务发展的影响路径

$$PS_{it} = \beta_0 + \beta_1 OEX_{it} + \beta_2 PEX_{it} + \beta_3 FDI_{it} + \beta_4 KIM_{it} + \delta X_{it} + \varepsilon_{it}$$

$$(6.1)$$

计量模型（6.1）具体变量的指标选取如下：（1）PS 为一个地区的生产性服务业发展水平，参考我国 2007 年、2010 年和 2012 年的投入产出表，以中间需求率②超过 60% 为标准，选取批发和零售业、交通运输仓储和邮政业、金融业的增加值之和为生产性服务业增加值，用增加值表示地区生产性服务业产出水平（即 PS）。（2）OEX 和

---

① "技术溢出效应"是指外商直接投资上升对生产性服务业的技术溢出效应。

② 服务业的中间需求率是指服务业产出作为中间投入的比重，参考江静、刘志彪（2010）。

PEX 用来表示地区一般贸易和加工贸易发展水平，分别用一般贸易出口额和加工贸易出口额来表示，其中，加工贸易包括进料加工贸易和来料加工装配贸易。（3）*FDI* 为地区的外商直接投资水平，用外商投资企业登记注册情况统计中的"投资总额"来表示，该数据能够更准确地反映一个地区外商投资企业的总量。（4）*KIM* 为资本密集型产品进口水平，为了更准确地体现出口导向型经济对生产性服务业发展的影响，我们用外商投资企业设备物品进口额来表示。（5）另外，*X* 为模型中的控制变量，考虑到经济发展水平和城市化进程对生产性服务业发展的重要性，我们选取地区人均国内生产总值（*PERGDP*）和城镇人口占总人口比重（*URBAN*）作为控制变量。

此外，为了消除价格因素的影响，我们利用 GDP 平减指数和服务业平减指数对相应变量进行了平减。

结合模型设定和变量的需求，我们选取我国 2004—2016 年地区层面的面板数据进行实证检验。数据来源为 2005—2017 年《中国统计年鉴》《中国贸易外经统计年鉴》以及各省《统计年鉴》和《新中国 60 年统计资料汇编》、国研网数据库等，部分省份的加工贸易和外商投资企业进口设备数据不完整，因此，这里的数据剔除了缺少数据的样本，最终选择的样本量为 365 个。

数据的描述性统计如下：

表 6.1　主要变量的描述性统计特征

变 量	含 义	均 值	标准差	最小值	最大值	样本量
PS	生产性服务业增加值（亿元）	3126.41	3139.12	63.79	17719.25	365
OEX	一般贸易出口额（亿元）	1816.74	3344.71	6.372	21644.72	365

续表

变 量	含 义	均 值	标准差	最小值	最大值	样本量
PEX	加工贸易出口额（亿元）	1640.44	3732.26	0.0007	21115.0	365
FDI	外商直接投资额（亿元）	6683.59	9727.84	38.20	58443.47	365
KIM	FDI 设备物品进口额（亿元）	46.28	104.09	0.0013	672.680	365
PERGDP	人均 GDP（元）	35015.13	23445.6	4317	118198	365
URBAN	城镇化水平（%）	51.92	14.69	21.92	86.61	365

二、回归结果分析

表 6.2 的前两列为根据设定的基本计量模型，利用 stata14 进行多元回归的结果。由于开始于 2008 年的国际金融危机严重冲击了我国出口导向型经济的发展，这可能会导致时间序列数据发生突变。根据全国时间序列数据的走势，金融危机对我国经济和贸易发展走势的影响大概在 2009 年才开始出现，因此，我们在模型中加入虚拟变量 $T1$ 来控制金融危机对数据序列可能造成的影响，回归结果为表 6.2 的后两列。从回归结果可以看出，模型的整体回归结果都是显著的，主要变量的系数基本在 1% 水平下显著，且解释变量的系数和显著性在两个模型中的差别非常小，这一方面说明出口导向型经济确实影响了我国生产性服务业发展，另一方面也证实了我们在变量和指标选择方面的准确性。另外，加入 $T1$ 变量的回归结果与基本模型的回归结果基本一致，且 $T1$ 的系数并不显著，因此，我们采用基本模型的回归结果进行具体分析。

表 6.2　出口导向型经济对生产性服务业发展影响的整体回归结果一

解释变量	基本模型		加入时间变量的模型	
	固定效应	随机效应	固定效应	随机效应
OEX	0.3727 ***	0.3824 ***	0.3694 ***	0.3924 ***
	(0.000)	(0.000)	(0.000)	(0.000)
PEX	0.0157	0.0280	0.0128	0.0336
	(0.787)	(0.557)	(0.826)	(0.469)
FDI	0.1180 ***	0.0948 ***	0.1147 ***	0.1000 ***
	(0.000)	(0.000)	(0.000)	(0.000)
KIM	−4.8875 ***	−5.2726 ***	−5.1050 ***	−4.7723 ***
	(0.000)	(0.000)	(0.000)	(0.000)
PERGDP	0.0349 ***	0.0479 ***	0.0362 ***	0.04607 ***
	(0.000)	(0.000)	(0.000)	(0.000)
URBAN	106.620 ***	53.1613 ***	106.596 ***	33.0407 ***
	(0.000)	(0.000)	(0.000)	(0.007)
T1 = 2004 − 2008			82.249	−252.001 **
			(0.494)	(0.034)
CONS	−4687.30 ***	−2442.00 ***	−4930.48 ***	−1333.88 ***
	(0.000)	(0.000)	(0.000)	(0.017)
Hausman 检验	62.24 ***		72.08 ***	
	(0.000)		(0.000)	
F	593.39 ***	Wald Chi (6) = 3260.61 ***	507.87 ***	Wald Chi (7) = 3136.22 ***
	(0.000)	(0.000)	(0.000)	(0.000)
R^2	0.6963	0.7504	0.6855	0.7927
样本量	365	365	365	365

注：表中 *** 、** 、* 分别表示系数的显著性水平为 1%、5% 和 10%，括号内为 P 值；D1 为时间虚拟变量；Hausman 检验显示，二者均选择固定效应模型。

第一，一般贸易出口规模的扩大能够促进生产性服务业发展水平的提高，无论是固定效应还是随机效应的回归结果，OEX 与 PS 均在1%水平下显著正相关，这符合我们的理论预期，也与大部分关于出口贸易与生产性服务业发展关系的实证研究结论一致。这说明一国出口贸易增长确实会因产品市场范围扩大而促进国内市场的分工深化，近而促进其生产性服务产业的发展。

第二，加工贸易出口水平与生产性服务业发展水平的回归系数为正，但未通过显著性检验，这与理论分析中二者负相关的结果不一致。原因可能是：与其他研究相比，本研究细分了出口导向型经济对生产性服务业发展的影响途径，加工贸易对生产性服务业发展的负向影响可能在其他途径上体现得更为明显，如加工贸易企业进口设备等方面①。

第三，外商投资水平（FDI）与生产性服务业发展在1%水平下显著正相关，这也与理论预测结果不一致。对外商投资企业的区域分布状况的分析发现，我国80%以上的外商投资企业主要集中在经济较发达、开放程度较高的东部沿海地区，这些地区完备的基础设施、良好的政策和市场环境也支撑了当地生产性服务业的快速增长。因此，对于 FDI 与 PS 正相关的可能解释是，外商直接投资与生产性服务业发展之间的关系主要体现为两者在区位选择上的共同性，外商直接投资增加对一个地区生产性服务需求的负向效应是其次的。

第四，地区资本密集型产品进口水平（KIM）与生产性服务业发展在1%水平下显著负相关，且资本密集型产品进口额与 GDP 的比重每增加1%，都会造成生产性服务业增加值比重下降4.88%，这符合我们

---

①　在对数据序列取对数后（表6.3），二者的关系显著负相关，这证明我们的理论预测是正确的。

的理论预测，即加工贸易生产企业机器设备的进口确实阻碍了我国生产性服务业的发展。在模型所有反映出口导向型经济结构的变量中，只有地区资本密集型产品进口水平与生产性服务业发展负相关，这说明我国出口导向型经济对生产性服务业发展的消极影响主要体现在加工贸易出口企业进口资本密集型设备方面，大量机器设备的进口虽然直接提升了我国出口产品的技术水平和国际竞争力，却在更大程度上间接地导致了高端生产性服务需求的萎缩和生产性服务业的健康发展。

最后，控制变量中的地区经济发展水平（$PERGDP$）和城市化水平（$URBAN$）都与生产性服务业发展显著正相关，这与大部分文献的研究结果一致。

三、结果的进一步检验

为了解决数据的平稳性问题和避免可能存在的异方差问题，我们对数据取自然对数进行重新回归，以检验先前回归结果的稳健型，表6.3报告了各变量取自然对数后的回归结果。对比表6.2和表6.3发现，大部分变量的系数和显著性几乎没有明显变化，这说明我们的回归结果基本是稳健的。主要的不同在于加工贸易与生产性服务业的关系变成了负相关，这与我们的理论预期一致，说明加工贸易的增加阻碍了生产性服务业产出水平的增长。

表6.3 出口导向型经济对生产性服务业发展影响的整体回归结果二

解释变量	基本模型（被解释变量：LnPS）		加入时间变量模型（被解释变量：LnPS）	
	固定效应	随机效应	固定效应	随机效应
$LnOEX$	0.0371^*	0.0979^{***}	0.0730^{***}	0.1499^{***}
	(0.067)	(0.000)	(0.001)	(0.000)

续表

解释变量	基本模型（被解释变量：LnPS）		加入时间变量模型（被解释变量：LnPS）	
	固定效应	随机效应	固定效应	随机效应
LnPEX	-0.0160^{**}	-0.0010	-0.0137^{*}	0.0027
	(0.047)	(0.911)	(0.082)	(0.758)
LnFDI	0.0749^{***}	0.1226^{***}	0.0773^{***}	0.1269^{***}
	(0.000)	(0.000)	(0.000)	(0.000)
LnKIM	-0.0496^{***}	-0.0447^{***}	-0.0470^{***}	-0.0408^{***}
	(0.000)	(0.000)	(0.000)	(0.000)
LnPERGDP	0.9709^{***}	0.9354^{***}	0.8581^{***}	0.7771^{***}
	(0.000)	(0.000)	(0.000)	(0.000)
URBAN	0.0029^{***}	-0.0015^{***}	0.0036^{***}	0.0009^{***}
	(0.408)	(0.681)	(0.295)	(0.800)
D1 = 2004 - 2008			-0.0964	-0.1369^{**}
			(0.000)	(0.000)
CONS	-3.1708^{***}	-3.5522^{***}	-2.2772^{***}	-2.2850^{***}
	(0.000)	(0.000)	(0.000)	(0.000)
Hausman 检验	-14.81		-272.41	
	/		/	
F	2054.31^{***}	Wald Chi (6) $= 9564.60^{***}$	1874.84^{***}	Wald Chi (7) $= 10066^{***}$
	(0.000)	(0.000)	(0.000)	(0.000)
R^2	0.5915	0.7224	0.6412	0.7752
样本量	365	365	365	365

注：表中 ***、**、* 分别表示系数的显著性水平为 1%、5% 和 10%，括号内为 P 值；D1 为时间虚拟变量；Hausman 检验结果均为负，拒绝原假设，都选择固定效应模型。

四、分行业和分地区检验结果

我们运用生产性服务产业整体数据检验了我国出口导向型经济对

生产性服务业发展的影响路径，实证结果部分证实了我们的理论分析。由于生产性服务业包含的行业较多，且内部行业之间存在高度的异质性，本部分我们运用生产性服务细分行业数据对模型进行检验，深入探讨出口导向型经济对生产性服务业的影响路径和机制。

表6.4为分别运用交通运输仓储、邮政业（*PSL*）、批发零售贸易业（*PST*）、金融业（*PSF*）与出口导向型经济相关指标进行回归的结果，分行业回归结果表明，出口导向型经济对生产性服务业分行业的影响与其对该产业整体的影响基本是一致的，这也说明了模型总体回归结果的稳健性。

表 6.4　出口导向型经济对生产性服务业发展影响的分行业回归结果

变量	*PSL*		*PST*		*PSF*	
	固定效应	随机效应	固定效应	随机效应	固定效应	随机效应
OEX	0.0651 ***	0.0668 ***	0.2240 ***	0.2316 ***	0.0836 ***	0.0842 ***
	(0.000)	(0.000)	(0.000)	(0.000)	(0.000)	(0.000)
pex	0.0125	0.0106	0.0316	0.0609 **	−0.0284	0.0360 **
	(0.354)	(0.378)	(0.423)	(0.041)	(0.160)	(0.019)
FDI	0.0096 ***	0.0050	0.0210 **	0.0174 **	0.0873 ***	0.0714 ***
	(0.011)	(0.174)	(0.056)	(0.050)	(0.000)	(0.000)
KIM	−0.4526 *	−0.5799 ***	−2.6658 ***	−2.3155 ***	−1.7691 ***	−2.3623 ***
	(0.064)	(0.008)	(0.000)	(0.000)	(0.000)	(0.000)
pergdp	0.0049 ***	0.0072 ***	0.0199 ***	0.0261 ***	0.0100 ***	0.0159 ***
	(0.000)	(0.000)	(0.000)	(0.000)	(0.000)	(0.000)
URBAN	33.545 ***	25.096 ***	37.302 ***	11.960 *	31.773 ***	10.633 ***
	(0.000)	(0.000)	(0.000)	(0.120)	(0.000)	(0.007)
CONS	−1326.6 ***	−927.31 ***	−1640.07 ***	−605.48 *	−1720.53 ***	−679.64 ***
	(0.000)	(0.000)	(0.000)	(0.064)	(0.000)	(0.000)
Hausman	101.85 ***	(0.000)	29.40 ***	(0.000)	72.82 ***	(0.000)

续表

变量	PSL		PST		PSF	
	固定效应	随机效应	固定效应	随机效应	固定效应	随机效应
F	325.87***	Wald Chi (6) = 1743.33***	277.92***	Wald Chi (6) = 1746.42***	687.78***	Wald Chi (6) = 1036.31***
	(0.000)	(0.000)	(0.000)	(0.000)	(0.000)	(0.000)
R^2	0.3427	0.3705	0.6666	0.7435	0.7979	0.8565
样本量	365	365	365	365	365	365

注：（1）表中 PSL、PST、PSF 为被解释变量，其中，PSL 表示交通运输仓储、邮政业，PST 表示批发零售贸易业，PSF 表示金融业；（2）***、**、* 分别表示系数的显著性水平为 1%、5% 和 10%，括号内为 P 值；（3）Hausman 检验显示，均选择固定效应。

　　我国东部和西部地区的经济发展模式存在很大差异，特别是出口导向型经济特征方面。由于区位和政策方面的优越性，加工贸易和外商直接投资主要集中在东部沿海地区，因此，理论上，东部地区出口导向型经济对生产性服务业发展水平的影响应该更加显著。将样本数据分为东部和中西部地区进行分别回归的结果如表 6.5 所示：

表 6.5　出口导向型经济对生产性服务业发展影响的分地区回归结果

变量	东部地区		中西部地区	
	固定效应	随机效应	固定效应	随机效应
OEX	0.3498***	04122***	−0.0230	0.1399
	(0.000)	(0.000)	(0.899)	(0.442)
pex	−0.0604	0.0119	0.4702***	0.4713**
	(0.474)	(0.863)	(0.000)	(0.000)
FDI	0.1026***	0.0922***	0.3325***	0.4105***
	(0.000)	(0.000)	(0.000)	(0.000)
KIM	−4.9550*	−4.4229***	−6.5954	−3.5142
	(0.001)	(0.001)	(0.155)	(0.431)

续表

变量	东部地区		中西部地区	
	固定效应	随机效应	固定效应	随机效应
pergdp	0.0320 ***	0.0511 ***	0.0329 ***	0.0422 ***
	（0.000）	（0.000）	（0.000）	（0.000）
URBAN	176.268 ***	47.684 *	53.204 ** *	12.668
	（0.000）	（0.084）	（0.000）	（0.271）
CONS	−9831.94 ***	−3043.80 ***	−2019.54 ***	−696.25 *
	（0.000）	（0.053）	（0.000）	（0.077）
Hausman	40.14 *** （0.000）		84.65 *** （0.000）	
F	267.49 ***	Wald Chi（6）= 1301.23 ***	318.57 ***	Wald Chi（6）= 1820.71 ***
	（0.000）	（0.000）	（0.000）	（0.000）
R^2	0.4046	0.6858	0.7043	0.8013
样本量	139	139	226	226

注：（1）***、**、*分别表示系数的显著性水平为1%、5%和10%，括号内为 P 值。（2）Hausman 检验显示，均选择固定效应。（3）东部和中西部地区的划分同第五章。

表 6.5 的结果显示，从主要变量的系数来看，出口导向型经济对东部地区生产性服务业的影响更为显著。对分地区回归结果中各模型变量的显著性进行分析发现，资本密集型产品进口对中西部地区生产性服务业发展水平的影响并不显著，而该变量在总体回归模型和东部地区回归模型中均在 1% 水平下显著，同时，中西部地区的一般贸易发展水平与生产性服务业发展水平（*PS*）不相关。

第三节　结论与政策建议

以加工贸易为特色的出口导向型经济是我国改革开放以来经济发

展的主要特征，基于中间需求对生产性服务业发展的重要性，本章从需求角度将出口导向型经济对生产性服务业发展的影响路径分解为直接效应和间接效应进行进行了理论研究和实证检验。理论分析表明：一般贸易通过扩大产品市场范围促进了生产性服务业发展；加工贸易的发展制约了制造业对中间服务需求的扩张，阻碍了生产性服务业发展；外商投资的加工贸易出口企业与外资服务供应商之间形成了封闭的供需循环圈，减弱了外商直接投资对国内生产性服务业的"技术溢出"效应，间接阻碍了生产性服务业发展；资本密集型产品的大量进口影响了国内制造业整体的资本化程度，降低了制造业对生产性服务的中间需求，也间接阻碍了国内生产性服务业发展。实证分析的结果表明：一般贸易出口出口增长正向促进了生产性服务业发展；出口导向型经济对生产性服务业发展的负向影响主要体现在间接效应方面，即加工贸易生产企业通过进口大量资本密集型机器设备间接地阻碍了资本密集型制造业对生产性服务的需求。分行业实证检验结果与总体结果基本一致，分地区检验结果发现，与中西部地区相比，我国出口导向型经济对东部地区的影响更为显著。

因此，在促进我国出口导向型经济进一步发展的同时，要逐步压缩出口贸易中加工贸易出口的比重，并大力扶持企业通过自主创新或技术引进吸收等方式发展以机器设备制造为主的先进制造业和资本密集型制造业，从而在国内形成上下游完整的制造业产品生产价值链，增强本土企业对价值链高端环节的控制能力，并通过高端制造业与生产性服务业的良性互动促进国内产业结构优化，最终完成提升现代服务业发展水平、产业结构升级和经济发展方式转型的目标。

第七章 企业异质性与中国经济
服务化发展悖论

世界银行的统计数据表明，OECD 国家的服务业比重大都超过了 70%，服务业已成为发达经济体产业发展的主体，其中，以金融保险、通讯和商务服务业为代表的生产性服务业增长最为迅速（Wölfl，2005）[1]。布莱森（Bryson，1997）、沃尔夫（Wölfl，2005）等的研究还表明，生产性服务业已取代制造业，成为西方发达国家经济增长的动力和创新源泉。

关于生产性服务业快速增长的影响因素，西方学者大都用分工深化、弹性生产方式兴起和服务外部化等理论进行解释。由于生产性服务业在经济发展方式转变和产业结构转型中的重要性，国内学者吕政等（2006）、程大中（2008）、江静和刘志彪（2010）等也对生产性服务业发展的影响因素进行了探讨，虽然他们都指出了我国制造业对中间服务需求不足、服务外部化程度低等问题，但目前为止，还没有学者从微观视角对该问题进行理论和实证研究。基于所有制、企业规模、组织结构等企业异质性因素对企业中间服务需求和服务外部化的重要性，本章拟从理论和实证两方面对该问题进行深入探讨，以更好地理解中国生产性服务业发展悖论形成的微观机理。

---

① Wölfl, A., "The Service Economy in OECD Countries", OECD Working Paper, 2005.

第一节　企业异质性与其生产性
服务需求的理论分析

一、企业生产性服务需求的影响因素

国民经济对生产性服务需求的增加是促进该产业发展的本质因素，而工业企业对生产性服务需求的增加主要来源于分工的扩大和服务外部化程度的不断提高，这可以分解为两个步骤：首先是分工深化导致产品生产链的延长和生产迂回程度的增加，这使得企业对中间协调和控制环节的需求上升，即对生产服务需求的上升。但这种对生产性服务需求的上升并不能直接体现为生产性服务业的产出增加，因为如果工业企业将所有协调和控制环节内部化，分工深化只能表现为企业内部服务费用的提高。因此，分工能够促进生产性服务业增长的第二个步骤就是企业是否将生产性服务外部化。所以，从微观视角讨论生产性服务业发展影响因素的理论主要从工业（特别是制造业）企业中间服务需求扩大和服务外部化程度提升两个角度展开。

对于企业生产中服务投入比重增加的影响因素，大部分的研究都是基于 Young（1928）等人的分工和专业化理论，从不同角度进行阐述。如：弗朗索瓦（Francois，1990a）在认可了生产性服务业在专业化分工中的连接和协调作用的基础上将其形式化，建立了一个具有递增报酬和垄断竞争特征的单部门模型，其分析结果认为，生产性服务投入比重的增加依赖于制造业企业生产规模的扩大和专业化程度的提高；科菲和贝利（Coffey 和 Bailly，1991、1992）则提出，服务和产品的创新与差异化趋势使得研发、设计、广告、营销渠道等变得越来越重要；Shugan（1994）认为，信息技术的飞速发展引起的劳动在国内、国际两个层面的分工深化是服务业迅速发展的主要原因；乔根森（Jorgenson，2001）也指出，信息技术的发展是美国1995年以后经济复苏的基础，信息技术通过降低协调、通讯和信息处理等环节的成本，极大地促进了这些环节的扩张，也因此提升了工业生产效率。

也有很多学者对企业服务外部化的原因进行了详细的探讨。切特（Tschetter，1987）的研究间接性地提出，日益增多的生产性服务外包以新兴的生产性服务为主，由于这些生产性服务功能上的创新性和供给方面有限性的约束，对其他公司来说，外部化是唯一的选择。科菲和贝利（Coffey 和 Bailly，1991、1992）的研究进一步指出，服务和产品生产方式的变化，新任务、新功能和新技术的出现使得企业不得不寻求外部专业化服务公司的帮助来适应外部环境的变化。同时，他们还认为，对成本的考虑、生产技术的创新和弹性生产方式兴起促进了服务外部化和生产性服务业的快速发展。Goe（1991）概括了20世纪80、90年代研究美国、加拿大和欧洲国家服务业外部化的相关讨论，并将其总结为五个方面，分别是：成本—效率因素、非财务资源因素、内部需求不足、生产性服务的功能特点、规制因素。除了对上述因素的总结，Goe还对交易成本理论和外包理论在解释服务外部化方面的含义进行详细的分析，并将前面提到的因素系统地总结为成本削减战略和资源稀缺战略。科菲和德罗莱（Coffey 和 Drolet，1996）用加拿大蒙特利尔大都市区的数据分析了企业生产性服务"内部化"和"外部化"的影响因素，结果认为：保险、金融和法律咨询等服务外部化程度高，因为这些服务无企业差异，而保密性较强、企业特定的会计、管理、专业计算机服务的生产性服务业内部化程度很高；非成本因素在企业的"生产"和"外购"决策中起到了重要作用，这包括内部生产的技术限制、对特定服务的非常规需求等。同时，科菲和德罗莱（Coffey 和 Drolet）还认为，生产性服务业活动的集聚降低了企业外购生产性服务的交易成本，会鼓励生产性服务的外部化。国内学者程大中（2006）指出，信息技术的发展与推广在很大程度上决定着生产性服务业的外部化，因为信息技术的发展使得很多工作的外部化成本降低，并使某些服务的存储和远距离运输成为可能，这促进了生产性服务业的快速发展。

二、企业异质性与其生产性服务需求

上述研究虽然从不同角度论述了企业生产性服务需求扩大和服务外部化程度提高的影响因素，但这些研究过于强调外部因素的影响，对于工业企业本身特征的关注不够，虽然在分析过程中也强调过企业规模、组织结构的重要性，但都未进行详细的分析。由于经济发展阶段和经济体制的影响，我国企业在成长周期、组织结构、经营目标等方面存在很大差异，这直接影响了企业内部生产性服务的投入比重和服务外部化需求，因此，有必要从企业异性角度讨论生产性服务业发展的需求问题，从而对中国生产性服务业发展悖论提出一些新的见解。

企业异质性主要是指同一产业内的企业，在经营中由于内外部条件的制约，企业选择不同的生产技术、雇佣生产技能和劳动熟练程度不同的员工，进而导致企业生产率存在差异。目前，企业异质性因素在贸易理论中的运用最为广泛，大量的研究发现，选择出口和跨国投资的企业通常是规模较大、技术先进、工资和生产率水平较高的企业（Bernard 和 Jensen，1999；Metliz，2003；Antras 和 Helpman，2004；

Bernard 等，2006；等等）①。那么，企业异质性是否会影响其要素配置和部分服务环节的外部化决策呢？更进一步地，企业的生产服务投入比重和外部化程度是否会受到企业异质性的影响？虽然威廉姆森（Williamson，1975）、钱德勒（Chandler，1977）、巴塞特等（Barcet 等，1983）、佩蒂（Petit，1986）、程大中（2006）等人关于生产性服务理论的研究都涉及过企业自身因素与服务需求、服务外部化的关系，但至今为止，还没有学者明确地将企业异质性与企业服务需求和外部化问题直接联系起来，我们拟以此为出发点，详细讨论企业异质性因素对其服务需求和外部化的影响。结合我国企业组织结构的现状，我们主要讨论企业规模、所有制、生产效率差异对企业服务需求和外部化的影响。

1. 企业规模

制造业企业规模与其对生产性服务需求的关系比较容易理解，一般来说，随着企业规模的扩大，其生产过程会变得越来越复杂，对具有协调和控制等各种功能的生产性服务需求相应增加。更进一步地，在本研究的产业互动模型中，生产性服务的相对重要性主要取决于生产的规模，随着企业生产规模的扩张，以就业份额表示的生产性服务的相对比重也在增加②。

关于制造业企业规模与服务外部化程度关系的研究，我们需要借

---

① Bernard, A. B. and Jensen, J. B., "Exceptional Exporter Performance: Cause, Effect, or Both?", *Journal of International Economics*, Vol. 47, No. 1, 1999; Metliz, M.J., "The Impact Of Trade On Intra-Industry Reallocations and Aggregate Industry Productivity", *Econometrica*, Vol. 71, No. 6, 2003; Antras, P. and Helpman, E., "Global Sourcing", *Journal of Political Economy*, Vol. 112, No. 3, 2004; Bernard, A.B., Jensen, J.B. and Schott, PK., "Survival of the Best Fit: Exposure to Low-wage Countries and the (Uneven) Growth of U. S. Manufacturing Plants", *Journal of International Economics*, Vol. 68, No. 1, 2006.

② 见本书第四章第三节结论 2。

助交易费用理论进行解释。当工业企业规模较小时，其对生产性服务的需求以那些标准化和市场化程度较高的生产性服务为主，其内部提供这些生产性服务的成本远远大于外购成本，因此，虽然此时企业的服务投入较小，但外部化比重却非常高；当企业规模逐渐扩大时，有可能因对某种生产性服务的需求量较大而产生内部规模经济，这会促使企业做出在内部成立该生产性服务部门的决定，企业的服务外部化比重会降低。但值得注意的是，如果用绝对量来衡量，随着企业规模的扩大，其外购生产性服务的数量会逐渐增加，因为除了成本因素外，还有很多生产性服务由于技术限制、行业限制、政府规定等因素而不得不外购，而这些生产性服务的需求是随着企业规模扩大而逐渐增加的。

2. 所有制结构

制造业企业规模与中间服务需求、服务外部化的关系并不是完全确定的，它还会受到制造业企业组织结构的影响。制造业企业组织结构与其中间服务需求并无直接关联，企业组织结构对服务需求的影响主要体现在服务外部化方面。我国企业组织结构最明显的差异在于产权结构差异，即所有制结构。一般来说，国有企业规模较大，且大都以集权式组织结构为主，企业的大部分服务需求从内部（垂直一体化）得以满足，对外部生产性服务的需求非常小。私营企业规模偏小，且以分权式组织结构为主，管理较为灵活，因而很容易将服务外包出去。同时，国有企业与私营企业的经营目标不同，委托—代理条件下，国有企业的制度安排导致了其目标函数的异化，即国有企业更关注规模扩张和多元化经营带来的总产值扩大，而私营企业更关注企业利润的最大化和核心竞争力的提高，这使得私营企业很容易因降低成本和提高核心竞争力需要而将生产性服务外部化。从企业组织结构和经营目标两方面来看，国有企业的生产性服务外部化需求要小于私营企业。外资企业的组织结构和经营目标与私营企业类似，且沿袭了发达国家企业较为成熟的经营模式和组织结构，其研发设计、广告、销售渠道等生产性服务的外部化程度会更高。

3. 生产效率

劳动生产率差异是企业异质性的重要体现，不同劳动生产率的企业对生产性服务的需求有何差异呢？一般来说，我们对二者关系的理解主要从生产性服务对工业企业劳动生产率的促进作用方面出发，认为生产性服务通过将人力资本和知识资本输入生产过程（Grubel and Walker，1989)[1]，促进了工业企业分工的扩大、专业化程度的提高和规模报酬递增等，从而提高工业企业的劳动生产效率。但是，从另一个角度看，劳动生产率高的企业也倾向于投入更大比例的生产性服务，因为劳动生产率的提高使得工业企业的直接劳动投入降低，企业将有多余的资金用于增加间接劳动投入，即生产性服务投入，来进一步提高企业的劳动生产效率，从而形成生产性服务投入增加和劳动生产率提高的良性循环。同时，制造业企业的服务外部化主要基于"内部化"生产成本和"外部化"购买成本的权衡，企业一旦决定将某些生产性服务外部化，就意味着"外部化"购买成本低于"内部化"生产成本，这说明服务外部化可以通过降低制造业企业生产成本来提升其劳动生产效率，因此，理论上，企业劳动生产率与其服务外部化程度应正向相关。

基于以上关于企业异质性因素与其对生产性服务需求关系的分析，我们提出以下假说：制造业企业规模越大，其对生产性服务需求

---

① Grubel, H. G. and Walker, M. A., *Modern Service Sector Growth: Causes and Effects*, Fraser Institute, 1989.

程度越高；与私营企业和外资企业相比，国有制造业企业的服务外部化程度更低；工业企业劳动生产率与其生产性服务投入和服务外部化程度成正比。

第二节 模型构建和数据处理

一、模型和变量说明

根据以上理论分析，我们将企业规模、所有制、劳动生产率作为影响制造业企业生产性服务需求的主要变量放入方程，同时，考虑到行业、企业年龄、地区市场化程度的差异也会影响到企业的服务需求，我们将这些指标作为控制变量。具体的计量模型如下：

$$PS_{it} = C + \beta_1 SIZE_{it} + \beta_2 SIZE_{it}^2 + \beta_3 OWN_{it} + \beta_4 LP_{it} + \gamma X_{it} + \varepsilon_{it}$$

$$(7.1)$$

其中，PS 为工业企业的中间服务投入，我们用企业财务信息中的广告费用、研究开发费用、职工教育费用表示具体的三种生产性服务投入，分别用 ADS、RND、EDU 来表示。需要说明的是，这些服务投入的统计并未区分"内部化"和"外部化"部分，通过对企业财务信息的进一步考察发现，若要获取服务外部化的数据，必须从支出的明细项目中查找，如研究开发，区分是否外部化的依据是每次费用产生时是自主进行还是委托单（即委托其他单位研发），而这种数据企业一般不对外公布，因此，我们无法获取企业服务外部化比例的具体数据。作为一种替代，我们用数据库中"工业中间投入合计"项目下的"制造费用的中间投入""管理费用的中间投入""营业费用的中间投入"① 来表示企业从外部购买的服务投入②,具体表示为 $PS1$、$PS2$、$PS3$。

$size$ 为企业规模,一般用企业员工数量、总产出、销售额、总资产等来表示,为了避免多重共线性,这里用总资产来表示。根据本书第四章第三节的结论 2,企业规模与其对生产性服务需求的关系可能具有"闸门效应"(Threshold effect),即随着企业规模的扩大,其对生产性服务的需求可能先增加后下降,呈倒"U"型关系。因此,我们将企业规模的平方项 $SIZE^2$ 加入方程。OWN 为企业所有制虚拟变量,分为国有、私营和外资三类,这里用企业的注册类型③来表示。LP 为企业的劳动生产效率,用企业工业总产值除以全部职工数来表示。X 为控制变量,包括行业④(IND)、企业年龄(AGE)、地区市场化程度(M)⑤。

二、数据来源和处理

本节的数据来源是《中国工业企业数据库》。目前为止,该数据

① 尽管这些项目包含了一些不属于生产性服务的项目支出,但基本上体现了企业的非直接劳动投入。其中,制造费用是企业各个生产单位(分厂、车间)为组织和管理生产所发生的各项费用,体现了直接嵌入生产过程的服务投入;管理费用是企业的行政管理部门为管理和组织经营而发生的各项费用,为间接嵌入生产过程的服务投入;营业费用企业在销售产品和提供劳务等日常经营过程中发生的各项费用以及专设销售机构的各项经费,体现了产品销售过程中的服务投入。

② "工业中间投入的确定须遵循的原则"规定,工业中间投入必须是从外部购买的,因此,我们用这些来表示企业的服务外部化需求。

③ 根据企业登记注册类型代码,我们将企业划分为国有企业 $OWN1$(110 类和 120 类)、私营企业 $OWN2$(170 类)、外资企业 $OWN3$(包括港澳台投资企业 200 大类和外商投资企业 300 大类)。

④ 根据行业代码将 38 个工业行业分成采矿类 $IND1$(06—11)、制造类 $IND2$(13—43)、能源供应类 $IND3$(44—46)三大类。

⑤ 参考樊纲等(2011)的《中国市场化指数:各地区市场化相对进程 2011 年报告》。

库共有 1998—2013 年共 16 年的企业数据，涵盖全部国有和年主营业务收入 500 万元及以上的非国有法人企业。由于本研究需要用到工业总产值、广告费用、研发费用、职工教育费用等项目，只有 2005—2007 年的数据有具体的统计，因此，我们主要用这三年的数据进行计量分析。

由于《中国工业企业数据库》里面的原始数据有一些错漏或不统一，我们主要做了如下处理：首先，删除了统计年度项早于 2005 年、省份代码有误、成立年份早于 1949 年或晚于 2007 年的企业；其次，基于统计分析的需要，删除了工业总产值、工业销售额、资产总计、营业费用、管理费用、制造业费用等项小于等于 0 的企业；另外，运用 isid 命令对数据进行检查发现，同一个代码（ID）的个体在同一年份的数据有超过两个的现象，这会造成统计结果偏误，因此，删除有重复数据的样本。经过层层筛选以后，我们得到了对应 302034 家企业的 606099 个观察值。

另外，由于企业存在进入和退出的情况，即企业连续存在的情况不一致。其中，37% 的企业连续存在了 3 年，占总样本量的 55%，这说明有很大一部分企业是不连续的，因此，采用非平行面板进行计量分析更为可取。企业连续存在的具体情况如表 7.1，样本企业主要变量的描述性统计如表 7.2。

表 7.1 企业连续存在的类型

企业出现频率	企业数量	百分比	样本量	百分比
3 年	111643	36.96%	334929	55.26%
2 年	80779	26.75%	161558	26.66%
1 年	109612	36.29%	109612	18.08%
总计	302034	100.00%	606099	100.00%

表 7.2 主要变量的描述性统计特征

变　量	均　值	方　差	最小值	最大值	样本数量
ADS	273.5699	11979.04	0	4549405	606099
RND	458.1571	12423.59	0	2238068	606099
EDU	41.60622	655.1941	0	243352	606099
PS1	6830.261	85019.5	1	3.41e+07	606099
PS2	3423.192	42456.96	1	6987085	606099
PS3	4477.739	43610.86	1	8699930	606099
ADS	0.1805794	0.3846696	0	1	606099
$SIZE^2$	1.05E+12	1.13E+14	9	3.76E+16	606098
size	90463.26	1019218	3	1.94E+08	606098
OWN1	0.2652042	4.41E−01	0	1	606099
OWN2	0.5067802	0.4999544	0	1	606099
OWN3	0.2280156	0.419553	0	1	606099
LP	478.1895	1149.21	0.5	287691.7	606096
AGE	8.140368	8.550396	0	58	606099
IND1	0.0435094	0.204001	0	1	606099
IND2	0.9471522	0.2237297	0	1	606099
IND3	0.0093384	0.0961833	0	1	606099
M	8.840709	1.7258	2.64	11.71	606099

注：*OWN1*、*OWN2*、*OWN3* 分别表示国有企业、民营企业和外资企业，从均值来看，该样本中的各
　　类型企业的比重依次为 26.5%、50.7% 和 22.8%；*IND1*、*IND2*、*IND3* 表示企业所属的工业
　　类型，分别为采矿类、制造类、能源供应类，从均值来看，样本中 94.7% 的工业企业为制造
　　业企业。

第三节　实证检验

工业企业的广告投入、研发投入、职工教育投入这三个服务项目
属于知识和技术密集程度较高的生产性服务，属于高端生产性服务
业，样本中 50% 以上企业的高端生产性服务投入为 0，因此，这里将

这三种服务投入数据转换成 0—1 变量，运用 Probit 模型进行回归。

一、Probit 模型回归结果

分别以工业企业的广告投入、研发投入、职工教育投入为被解释变量的 Probit 模型回归结果如表 7.3 所示。

表 7.3　工业企业生产性服务投入的影响因素

	ADS	RND	EDU
C	−1.9560***	−2.1259***	−0.3605***
	(0.000)	(0.000)	(0.000)
SIZE	2.19e−07***	3.41e−07***	4.25E−07***
	(0.000)	(0.000)	(0.000)
$SIZE^2$	−1.56e−15***	−2.05e−15***	−2.62E−15***
	(0.000)	(0.000)	(0.000)
OWN2	−0.1748***	−0.2893***	−0.2447***
	(0.000)	(0.000)	(0.000)
OWN3	−0.0899***	−0.1291***	−0.3044*
	(0.000)	(0.000)	(0.126)
LP	−3.98e−06***	−4.79e−06***	−2.48E−06***
	(0.012)	(0.006)	(0.000)
IND2	0.7395***	0.6946***	−0.1484***
	(0.000)	(0.000)	(0.000)
IND3	0.6598***	−0.2858***	0.3357***
	(0.000)	(0.000)	(0.000)
AGE	0.0108***	0.0135***	0.0135***
	(0.000)	(0.000)	(0.000)
M	0.0360***	0.0274***	0.0391***
	(0.000)	(0.000)	(0.000)
伪 R^2	0.0265	0.0506	0.0280
样本数量	606096	606096	606096

注：括号内为 p 值，***、**、* 分别表示系数在 1%、5% 和 10% 水平下显著。

从表 7.3 的回归结果看：

第一，企业规模与各种类型的生产性服务投入都存在显著的倒"U"型关系。也就是说，随着企业规模的扩大，其广告服务投入、研究与开发投入、职工教育投入都逐渐上升，到达一定程度以后又开始下降，这与第四章第二节理论模型中对企业规模与生产性服务投入关系的发现是一致的。但从我国工业企业规模的数据看，所有企业的企业规模都处于倒"U"型曲线顶点的左侧，即处于生产性服务投入随企业规模扩大不断提升的阶段，这也跟我们前面的理论分析相符。

第二，从所有制虚拟变量的回归结果看，代表私营企业 $OWN2$ 和代表外资企业的 $OWN3$ 系数均在 1% 水平下显著为负，也就是说，与私营和外资企业相比，国有企业的各种生产性服务投入程度更高。但是，国有企业的生产性服务投入程度高并不意味着国有企业比重与生产性服务业发展水平正向相关，因为国有企业的垂直一体化程度较高，"大而全""小而全"的经营模式使得其服务大都由内部完成，这导致企业的服务需求无法在生产性服务的供需市场体现，我们将在服务外化的实证中对此加以证明。

第三，企业劳动生产率的差异与企业的广告投入、研究开发投入、职工教育投入之间显著负相关，这与理论预期不符。通过计算不同所有制企业的平均劳动生产率发现，其劳动生产率高低顺序是外资企业（533.2）>私营企业（455.9）>国有企业（473.5），而外资企业和私营企业的各种服务投入都小于国有企业（$OWN2$ 和 $OWN3$ 的系数都为负），这说明企业劳动生产率和服务投入负相关可能是由国有企业服务投入较高而劳动生产率较低造成的。同时，二者负相关的事实还说明，我国生产性服务特别是研发、广告、教育等高端生产性服务的投入未能有效促进工业企业劳动生产率的提升。

第四，企业成立年限也对其生产性服务投入有显著影响。在其他条件一定的情况下，成立时间越长的企业，其各种生产性服务投入就越高，这说明在企业的生命周期中，初始时期的生产性服务需求较少，以制造环节为主；随着企业的成长和壮大，企业会倾向于投入越来越多的生产性服务以提高员工素质、扩大知名度、提升核心竞争力等。所以，我国大部分工业企业的服务程度偏低可能与企业的成立年限较短有关。同时，地区的市场化程度对各种生产性服务投入都有显著的促进作用，这说明市场化程度越高，企业越有动力通过投入更多间接劳动来提升企业竞争力，而这些地区的产业集聚程度也会较高，这进一步促进了生产性服务业发展和工业企业竞争力提升的良性循环。

二、OLS 多元回归结果

上节 Probit 回归模型基本证实了工业企业服务投入各影响因素的显著性及其影响机制，但并未对影响企业服务外部化的因素进行检验，本节利用"制造费用的中间投入""管理费用的中间投入""营业费用的中间投入"作为被解释变量对此进行检验和分析。

表 7.4　工业企业生产性服务外部化的影响因素

	PS1	PS2	PS3
C	6972.4***	2867.3***	−968.85***
	(0.000)	(0.000)	(0.000)
SIZE	0.0563***	0.0512***	0.0315***
	(0.000)	(0.000)	(0.000)
$SIZE^2$	−1.24E−10***	−2.39e−10***	−1.85e−10***
	(0.000)	(0.000)	(0.000)
OWN2	691.12***	216.52***	316.1***

续表

	PS1	PS2	PS3
	(0.003)	(0.014)	(0.010)
OWN3	1924.8***	444.19***	2419.3***
	(0.000)	(0.000)	(0.000)
LP	0.8592***	1.6325***	0.6789***
	(0.000)	(0.000)	(0.012)
IND2	-6684.0***	-3889.2***	1139.8***
	(0.000)	(0.000)	(0.000)
IND3	-14752***	-16716***	-7417.3***
	(0.000)	(0.000)	(0.000)
AGE	-20.584*	111.74***	9.7321*
	(0.066)	(0.000)	(0.102)
M	33.077	82.790***	-44.134
	(0.549)	(0.000)	(0.132)
F	29756***	—①***	18793***
	(0.000)	(0.000)	(0.000)
R^2	0.3065	0.6160	0.2182
样本数量	606096	606096	606096

注：括号内为 p 值，*** 、** 、* 分别表示系数在 1%、5% 和 10% 水平下显著。

　　由表 7.4 的回归结果可以看出：第一，企业规模与外购服务投入也同样存在显著的倒"U"型关系。也就是说，随着企业规模的扩大，其生产流程需要外购的中间服务（或劳务）投入都逐渐上升，并在到达一定程度后开始下降，而我国工业企业的企业规模都处于倒"U"型曲线顶点的左侧，即处于外购服务投入随企业规模扩大不断提升的阶段。第二，从所有制虚拟变量的回归结果看，代表私营企业 OWN2 和代表外资企业的 OWN3 系数均在 1% 水平下显著为正，且

---

　　① 回归结果中 F 值过大，未显示。

$OWN3$ 的系数均大于 $OWN2$。也就是说，在企业规模得到控制的情况下，外资企业和私营企业外购的生产性服务要高于国有企业，且外资企业的生产性服务投入水平最高，这说明企业组织结构和经营目标的差异确实影响了其对外部生产性服务的需求，不断完善国有企业的经营体制、逐步提高国有企业的服务外部化水平将有利于我国生产性服务业的发展壮大。第三，企业劳动生产率的差异与其外购生产性服务水平显著正相关。也就是说，劳动生产率越高的企业服务外部化水平也越高，当然，也有可能是工业企业通过服务外部化降低成本并提高了劳动生产效率，即劳动生产率提升和生产性服务外部化之间是因果循环关系。第四，企业成立年限也对企业外购生产性服务水平有显著影响。在其他条件一定的情况下，成立时间越长的企业，其制造费用的中间投入越低，而管理费用和营业费用的中间投入越高，这说明工业企业成立前期的重心在制造环节，而随着企业的成长和壮大，其发展重心越来越偏向于管理和营销环节。

第四节　结论与启示

生产性服务业已成为发达经济体经济增长的动力和创新源泉，但目前关于生产性服务业发展的研究大都集中在宏观或产业层面，很少有研究从企业微观行为出发，考察生产性服务业发展的内生机制和影响因素。本书从逻辑上分析了企业规模、所有制、劳动生产率等异质性因素对企业生产性服务投入和生产性服务外部化的影响，结果认为，企业规模越大，其对生产性服务的需求程度越高，但服务外部化比例会降低；而工业企业的服务外部化水平主要受所有制结构的影响，不同所有制企业的组织结构和经营目标存在差异，这直接影响了企业的服务外部化决策；工业企业的劳动生产率应与企业的生产性服务投入、服务外部化水平成正比，二者是相互促进的。

用中国 2005—2007 年 302034 家工业企业对应的 606099 个观察值进行的实证结果表明：中国工业企业规模与其生产性服务投入、服务外部化都呈倒"U"型关系，但目前二者的关系都处于正相关阶段。与私营、外资企业相比，国有企业的生产性服务投入水平更高，但服务外部化水平偏低，这跟国有企业管理层次过多、部门设置宽泛和企业垂直一体化的组织结构有关。工业企业的劳动生产率与其高端生产性服务投入呈反比，这可能主要是由于国有企业生产性服务投入较高而劳动生产率较低造成的。另外，企业成立年限和地区市场化水平也对企业的生产性服务投入和服务外部化有显著的正向影响。

本章研究的政策启示是：现阶段，我国企业规模与其对生产性服务的中间需求和服务外部化水平正相关，应继续推动各种类型企业规模的扩大，提高国民经济对生产性服务的需求程度和服务外部化水平；企业组织结构和经营目标的差异也是影响企业生产性服务投入和服务外部化的重要因素，应进一步推进国有企业经营体制的市场化改革，改变国有企业"大而全""小而全"的组织结构，增强企业独立经营的市场化意识，通过促进国有企业的服务外部化来提升生产性服务业的市场化发展；加大生产性服务与制造业劳动生产率的互动，使生产性服务能够真正促进工业企业劳动生产率的提高，从而诱发工业企业进行更大比例的生产性服务投入，形成生产性服务投入增加和企业效率提升的良性循环。

第八章　中国经济服务化的可行路径探讨

第一节　经济服务化与生产性服务业发展

本书中，我们在不同章节用服务业发展、经济服务化、生产性服务业发展等不同表述来表示我国产业结构的服务化或制造业服务化，这里，我们对于这些概念以及概念之间的关系做进一步澄清，并重点对经济服务化在微观层面的内涵做一解释。

服务业发展主要指服务业增加值比重的上升，而生产性服务业发展则从中间需求角度讨论服务业发展问题，主要指满足企业中间需求的服务业增加值比重的上升。本书的出发点是讨论中国经济服务化发展悖论问题，但我们在研究中发现①，我国服务业发展滞后的主要原因在于中间投入型服务业——生产性服务业发展不足，因此，根据统计数据和计量分析的结果，我们将"中国经济服务化发展悖论"解读为"中国生产性服务业发展悖论"，并在之后第四、五、六、七章的理论②和实证研究中从中间需求视角讨论中国经济服务化发展悖论问题，即从中间需求视角对中国经济服务化发展悖论演化发展的成因进

---

① 参考本书第三章。

② 本书第四章利用产业互动模型分析制造业与生产性服务业互动中影响生产性服务业发展的相关因素，本质上就是从中间需求角度出发进行的分析，因此，在产业互动中，制造业对生产性服务业的影响主要来自于需求方面。

行理论和实证上的解释。

经济服务化（Servitization）一词在不同研究领域有不同的内涵和诠释。宏观层面上，经济服务化也称产业结构服务化，是指产业结构逐渐由工业主导向服务业主导的转变过程及服务业最终成为经济增长引擎的结果。产业结构服务化的研究主要集中在国内，如高传胜和李善同（2007）、李勇坚和夏杰长（2009）、张月友等（2014；2018）、袁富华等（2016）曾用该词来表示以服务业为主导的产业结构。微观层面上，经济服务化也称制造企业服务化，是指制造企业投入、产出或销售收入中服务比重越来越高的过程或结果。微观层面的制造企业服务化概念最早由范德默维和拉达（Vandermerwe 和 Rada，1988）提出，在国际商用机器（IBM）、通用电气（GE）等制造业跨国巨头的利润来源逐渐从提供产品向提供服务转移后，学界对这一问题的研究也逐渐深入，安迪·尼利（Andy Neely，2007）、周大鹏（2013）、黄群慧和霍景东（2015）、刘斌和王乃嘉（2016）等学者都对制造业企业服务化进行了更为深入的实证研究，并对制造企业服务化与企业绩效、价值链升级等问题的关系进行了探讨。除了以上两层含义外，北欧和英国的很多研究者更偏重于从企业战略层面对服务化（Servitization）问题进行研究，贝恩斯（Baines，2007）还提出用"产品服务系统"（Product Service System，PSS）来定义服务化这一概念，具体指制造企业通过开展服务创新活动，在提升顾客价值的同时获得自身的竞争优势。

事实上，这三个层面的经济服务化概念是辩证统一的，产业结构服务化是众多制造企业服务化的整体体现①，而产品服务系统是制造

---

① 严格来说，产业结构服务化除了包括企业中间投入型服务（生产性服务）比重的提高，还包括最终消费型服务（生活性服务）比重的提高。

企业服务化在企业经营管理等执行层面的优化过程。本书的"经济服务化"主要是指产业结构的服务化，但产业结构的服务化主要由制造业企业的服务化组成，所以，在具体企业微观层面的分析中，经济服务化是指制造业企业的服务化。我们的理论和实证分析表明，中国经济服务化发展悖论的主要原因就是中间需求不足，即制造业对生产性服务业需求不足，而中间需求不足的根源在于制造企业服务化程度和服务外部化程度偏低，因此，中国经济服务化的可行路径主要在于如何提高制造企业的服务化程度，这就是我们在第八章、第九章所要重点讨论的内容。

第二节　经济服务化的经验借鉴

发达国家的经济服务化开始于 20 世纪 50 年代，根据格罗宁根经济增长和发展中心（GGDC）的统计数据，1950 年，美国和英国服务业就业比重分别达 53.5% 和 50%，德国、法国、日本等其他发达国家的服务业就业增加值比重也大都在 1980 年左右达到 50% 以上[①]。世界银行的统计数据表明，截至 2016 年，高收入国家服务业增加值比重大都在 70% 以上。虽然学术界对于发达经济体的产业服务化现象有过"产业空心论"等负面评价，美国还试图通过"再工业化"重建制造业优势，不可否认的是，发达经济体通过对技术研发、设计、融资、营销等高端服务的控制占据了产业价值链的核心环节，并不断从其他

---

① Timmer, M. P., de Vries, G. J., and de Vries, K. "Patterns of Structural Change in Developing Countries", In J. Weiss, & M. Tribe (Eds.), *Routledge Handbook of Industry and Development*, pp. 65-83, Routledge, 2015.

价值链增值环节攫取利润。因此，对于处于工业化发展阶段的发展中国家来说，在大力推动制造业发展的同时，也不可忽视以生产性服务业为主的现代服务业发展。我们应该借鉴发达国家经济服务化的经验，并结合我国产业发展的现实情况提出我国经济服务化的可行路径。

一、经济服务化是产业结构自然演化的结果

发达国家产业发展的规律表明，经济服务化是产业结构自然演化的结果，这一点是毋庸置疑的。从配第（1672）在《政治算术》中提出农业、工业、商业附加值依次升高开始，学者们对于产业结构演化规律的探讨便从未停止过[①]。尽管世界各国在人口、自然环境、历史等方面存在差异，其产业结构演进也呈现出不同的特点，但随着科技进步和生产力的提高，各国产业结构都是朝着相似的趋势——服务化演进。产业更迭的过程中，新兴产业依靠自身对新时代的适应性和竞争优势，在与其他产业的生存竞争中获取必要的生产要素、经济资源和市场份额，并逐步形成、生长和壮大，其演化过程具有自发性、内生性和客观性，是经济系统组织自我平衡和客观选择的结果。

从宏观层面看，在产业结构的演化过程中，技术进步、分工深化、产业链延伸、服务外部化等是导致经济服务化的重要原因。技术进步使得服务要素和服务产品的运输、储存、跨国生产和使用成为可能，扩大了服务交易的市场，指数倍地提高了服务产品的规模化收益，这是服务业得以壮大的基本保障。分工深化导致的产业链延长和

---

① 我们在文献综述中对从 Fisher（1935）、Clark（1940）到 Buera 和 Kaboski（2009）、Echengreen 和 Gupta（2013）等对产业结构演化的研究进行了较为详细的述评，这里不再赘述。

生产环节增加引发了对中间服务投入的巨大需求，这种需求的增长是推动服务业增长的直接动力。服务外部化使得服务作为生产的环节转变成独立的部门，并专注于提供某类服务，保证了服务业的专业化、市场化和规模化发展。

从微观层面看，处于国际领先的跨国制造企业之所以选择从以产品为中心向以服务为中心转型，主要源于利润最大化目标的驱使。当微笑曲线两端的研发设计、技术咨询、销售渠道和金融服务成为高额利润来源时，跨国制造业公司从提供服务中获得了新的竞争优势和价值增长，服务化转型是其追求高额利润的必然选择，IBM、波音、通用电气等国际知名企业的服务化转型是制造业企业通过向服务价值链延伸实现价值增值的典型案例。因此，从微观企业视角出发，制造业服务化是市场竞争和资本逐利的必然结果。

二、政府在经济服务化过程中的推动作用

发达国家经济服务化过程中，政府对不同产业的倾斜式政策和支持也起到了推波助澜的作用。具体的政策包括鼓励服务创新、推动服务外包业务扩张、完善行业标准和制度、构建合作交流平台、支持新兴行业发展等。

第一，鼓励企业服务创新，推动制造业向服务价值链延伸。自20世纪六七十年代以来，发达国家就大力推动制造业服务创新，并鼓励制造业企业向服务价值链延伸。美国建立了营运模式共创与知识交流的平台，用以向企业推广服务创新和制造业服务化运作模式。芬兰政府和研究机构将制造业服务化视为一种创新的商业模式，是服务创新的发展方向之一，因此，鼓励制造业企业进行服务创新，并不断延伸服务价值链，发展其竞争优势。芬兰政府还编制了关于制造业服务化

的延伸规划，明确了制造业服务化的发展方向和路径。同时，芬兰国家技术创新局将制造业的服务创新作为重点推动工作之一，提出建立以顾客为中心的服务业是芬兰竞争力的来源，并部署了创新制造（SISU2020）、创新服务（SERVE）、创新运营模式（Concept of Operations）三项工作计划，对制造业服务化发展给予政策和资金支持。其中，"创新服务"计划提出从新的网络和价值链结构、技术和产品创新、组织创新、顾客对接和服务传递系统创新四个方面开展服务模式创新。

第二，推动制造业服务外包业务的发展和扩张。由于劳动力成本比较高，为专注于核心业务的发展，发达国家都将服务外包视为发展实体经济的战略支点，纷纷出台相关政策措施支持制造业服务外包，服务贸易和服务投资成为国际经贸合作新热点。一些国家通过积极发展服务贸易，带动其生产性服务业发展。如美国为了促进和扩大生产性服务贸易出口，专门制定了"服务先行"的出口促进策略，重点促进其具有强大竞争优势的旅游、商务与专业技术服务（包括环保、能源等工业服务）、交通运输、金融保险、教育服务、影视娱乐、电信服务等行业发展。

第三，完善经济服务化的市场制度和标准建设。发达国家一般不通过政策或行政手段直接干预产业发展，而是通过加强标准和规范建设来支持、引导制造服务化发展。美国从20世纪70年代开始制定了一系列法规，规范铁路和汽车运输、航空、金融服务等现代服务业的市场秩序，为经济服务化提供了良好的市场制度保障。欧洲国家除了高度重视基础设施环境建设，政府还积极推动本国的服务贸易自由化、开放化，为本国服务业开拓国际市场创造条件。日本政府制定了25种与企业相关的认证体系，通过组建行业协会来加强和完善制造服务业市场的管理。此外，为促进服务贸易的发展，发达国家在 WTO 谈判和其他区域经济一体化谈判进程中都把服务贸易标准作为重要的谈判条件。

第四，服务行业协会和公共交流平台的建设。美国政府出面建立营运模式共创与知识交流的平台，用以向企业推广其研究的制造业服务化运作模式。由美国环保署委托泰勒斯研究所（Tellus Institute）执行的产品服务化研究分析至今仍持续进行，其主要成果是发展了推进制造业服务化的支持网络，包括与企业共同编撰工具手册及定价法，出版各年份产业报告等。芬兰政府通过举办"BestServ"论坛，建立厂商和客户跨组织的互动平台，促进制造服务化创新，并组织开展企业模型和生命周期运营相关研究以及定期举办制造服务企业等活动。芬兰政府还设立了每年一度的制造服务企业日（Industrial Service Business Day，ISBD），促进服务化转变企业的沟通与交流。

第五，加快以智能制造为代表的新型制造模式的推广。智能制造是制造业服务化的新方向，近年来，发达国家纷纷通过布局智能制造，在制造业产品生产中融入更多智能化服务抢占新一轮技术革命先机。随着新一代信息技术的发展和个性化需求的日益增多，工业云、工业互联网、移动 O2O 等新型生产组织方式极大地提高了生产过程和产品使用数据的感知、传输、交互和智能分析的能力，为制造企业实现产品全生命周期的实时动态控制与管理提供了技术支撑，新技术服务的融入极大地提升了制造效率和服务能力。目前，发达国家纷纷制定融入智能服务的制造业发展战略，如美国的先进制造业伙伴计划（AMP，Advanced Manufacturing Partnership）、德国的工业 4.0 战略以及日本的 I-Japan 战略都凸显了发达国家通过加强制造业的顶层设计来适应制造业服务化的发展趋势。

三、国外制造业企业服务化的主要路径总结

1. 并购和横向一体化：IBM 的服务化转型

国际商用机器有限公司（IBM）的服务化转型是制造企业服务化的典型案例。IBM 成立于 1911 年，是 IT 行业的第一家百年企业，在计算机硬件市场获得了巨大的成功。20 世纪 90 年代初，互联网开始盛行，以计算机硬件业务为主的 IBM 开始面临市场份额下降、业绩严重下滑等各种危机，转型升级迫在眉睫。IBM 高层迅速发现软件和服务才是计算机领域未来的发展方向，于是开始了从硬件到软件和服务、从产品到整体解决方案的服务化转型。

IBM 的服务化转型主要通过并购和横向一体化实现。在转型开始时期，IBM 一直依靠自己强大的技术能力进行每一项技术的构建，但为了得到在大量平台上和 IT 环境中进行整合开发的最广泛支持，1995 年起，IBM 开始了以并购为主题的产业链延伸和扩张步伐。1995 年，IBM 以 35 亿美元并购了 Lotus 公司，弥补了公司在中间件业务领域的空白；2001 年，IBM 以 10 亿美元现金购买了 Informaix 的数据库资产，以提高在软件领域发展最快的数据库市场的份额；2002 年，以 21 亿美元并购了 Rational 公司，提高了在大型软件开发市场中的影响力。此外，IBM 还并购了 Tivoli 等公司，从而顺利进入分散式系统管理软件产品市场。1995 年之后的 10 年间，IBM 通过 40 多次的并购开拓并巩固了其在软件领域的核心地位。独立市场调查公司 Gartner 和 IDC 的数据显示，IBM 在世界数据库和应用服务器软件领域的市场份额居第一位，是公司消息处理软件的最大提供商，并在软件配置管理、分析、建模、设计与制造工具领域收入排名第一，是系统管理和系统运营软件的全球领先者。

近 10 多年来，IBM 又相继并购了咨询、大数据、云计算等新兴服务领域的若干小公司，通过结构调整和业务整合，完成了由硬件供应商向整体解决方案提供商的服务化转型。目前，IBM 的主要业务部门包括认知解决方案部门、全球商业服务部门、科技服务和云平台部门、全球融资部门、系统部门（硬件和操作系统软件业务）。IBM 公司 2016 年第四季度的财报显示，IBM 的营收中有 88% 来自于前四个服务部门，包括硬件和操作系统软件业务的系统部门的营收只占当季总营收的 11.6%，这说明 IBM 已彻底转型为以行业咨询、云计算、认知计算、大数据等为主体业务的一体化服务供应商。

2. 商业模式创新和价值链延伸：罗尔斯—罗伊斯的服务化转型

英国的罗尔斯—罗伊斯（Rolls-Royce）公司成立于 1906 年，公司最早的产品是豪华轿车。第二次世界大战以后，公司开始开发燃气涡轮发动机，并于 1966 年在英国航空发动机市场一统天下。目前，涡轮发动机仍然是罗尔斯—罗伊斯公司的核心业务，其客户分布主要为分布在民用航空、国防航空、船舶动力系统和能源四大领域的各国巨头。

航空发动机是飞机的心脏，发动机的正常运转对于航空公司至关重要，因此，对发动机进行定期维护和实时监测是必不可少的服务。20 世纪 80 年代以来，航空发动机市场的竞争开始从产品竞争向服务竞争转变，能够对发动机运转进行实时监测、诊断、预警和实时处理成为发动机厂商在市场中脱颖而出的竞争优势。20 世纪 90 年代，罗尔斯—罗伊斯公司率先突出了"全面维护"（TotalCare）服务，重新定义了发动机服务市场，并逐步确定了其在世界三大航空公司中的主导地位。

罗尔斯—罗伊斯的服务化转型战略主要通过持续的商业模式创新

实现。航空发动机行业的特点是产品价格昂贵、结构复杂、容易耗损、维修次数多、维修成本高等，因此，客户对于产品质量和售后服务尤为关注。结合发动机行业特点，从1995年开始，罗尔斯—罗伊斯公司便开始采取以服务保障收入的绩效保证合同（PBC）形式供货，在发动机报价上给予折扣或仅以成本价销售，但在报出发动机价格的同时提供发动机保养和在线化维修服务的报价。罗尔斯—罗伊斯公司为客户提供在线监控、故障诊断、维修支持等一体化服务，并按照双方协商认可的发动机飞行小时费用收费，这一商业模式创新给客户带来了巨大的商业利益，航空公司不再为发动机的维修、保养、管理等风险担忧，极大地降低了其财务和运营成本。近几年来，罗尔斯—罗伊斯公司还专门为飞机租赁商客户量身定做了"租用服务时间"（Lessor Care）服务，满足飞机租赁商对客户支持、交接服务、资产管理等服务业务的需求，开拓了新的市场。

罗尔斯—罗伊斯公司的服务化战略还体现在不断向服务价值链高端延伸方面。目前，公司能够为客户提供的服务包括离翼服务支持、信息管理、运行服务支持、库存管理等，其具体的服务方案为：包含发动机在线监控、故障诊断、维修支持和配件管理等服务的全面维护方案（Total Care），从零部件管理到发动机大修等一整套发动机维修服务的公务机维护方案（Corporate Care）、为国防客户提供的7天24小时响应的发动机维修和管理的项目管理解决方案（Mission Ready Management Solutions），完善的服务产业链和不同的解决方案满足了不同类型客户的需求，极大地提高了罗尔斯—罗伊斯的市场占有率。

3. 虚拟化经营：耐克（Nike）公司的运营模式

耐克公司成立于1964年，早在20世纪70年代初，创始人奈特便开始研发设计鞋子，但并没有采取自建工厂的传统生产模式，而是采取虚拟化经营策略，将产品生产环节外包给生产厂家，自己则专注于产品设计、市场营销和品牌维护等价值链核心环节。这说明从成立之初，耐克公司就不是一个传统意义上的制造业企业，而是一个从事研发设计和品牌经营的服务供应商。虽然大家熟知的 Nike 是一个出售运动鞋和运动服装的品牌，但耐克公司并不直接生产这种产品，其生产环节广泛分布在劳动价格和生产成本较低的发展中国家和地区，连产品的终端销售也是由世界各地的加盟经销商完成，耐克公司只承担处于"微笑曲线"两端的产品设计和市场开拓等高附加值环节。

与 IBM 和罗尔斯—罗伊斯的制造企业服务化转型战略不同，耐克公司在一开始便将自己定位为提供服务而非直接生产产品的公司，并一直专注于产品设计和市场开拓这两个核心环节，保证产品质量和创新性，不断扩大品牌知名度和市场占有率。目前，国内众多从事轻工业产品生产的中小企业面临着原材料成本和劳动力成本上升、关税和贸易壁垒增加等各种压力，单纯依靠粗放型投入和产品价格竞争的发展模式已难以为继，耐克公司这种专注于产品价值链核心环节的虚拟化经营模式可以为国内制造业企业服务化转型提供借鉴。对于一些具有核心竞争力的制造业企业来说，在产业转型升级的关键阶段，需要集中力量强化自己的核心竞争优势，这种优势可能是研发设计、品牌影响力或销售网络等，然后以自身的核心竞争优势为依托，通过虚拟化经营的方式整合外部资源，通过制造环节或其他非核心环节外部化的方式完成企业的升级改造或服务化转型。在利用虚拟化经营模式进行服务化转型的过程中，企业要通过持续不断的研发和资金投入保持自身的核心竞争力，掌握核心资源，逐步扩大品牌的市场影响力和在行业市场的竞争优势。

第三节　经济服务化的可行路径

通过理论分析、实证研究以及对发达国家经济服务化经验的借鉴，我们认为，从中间需求角度出发，中国经济服务化的可行路径主要有三个：制造业各行业领军企业的服务化、中小制造业企业的服务外部化和加工贸易企业转型提升价值链地位。通过制造业领军企业的服务化转型向高端服务业延伸，逐渐掌握产业价值链的高端环节；中小制造业企业通过服务外部化降低经营成本，将资源集中于自身产品的核心环节；加工贸易企业转型升级有利于提升我国制造业在全球产业价值链中的地位。通过领军企业的服务化、行业内中小企业的服务外部化以及加工贸易企业转型形成国内相对完整的价值链，减少对国外高端服务业的依赖，降低贸易制裁对国内产业带来的冲击。

一、促进制造业领军企业的服务化

发达国家制造业服务化的路径和经验表明，最先进行制造业服务化的企业大都是某一制造领域的领军企业，如 IBM、通用电气、西门子等，只有这些企业能够承担制造企业服务化早期的成本上升和绩效下降，并有技术和能力为行业提供技术、管理、融资、咨询等服务，所以，我国的制造业服务化也应从制造业分行业领军企业入手，通过行业领军企业持续不断的服务创新形成行业内互惠共生的产业价值链生态系统，并在市场机制作用下不断优化，最终通过领军企业的制造业服务化带动产业整体的服务化和价值链攀升进程。

制造业领军企业的服务化一方面来自于保持竞争优势和拓展利润

空间的自我推进，另一方面需要政府在观念上的引导和相应的政策支持。

第一，制造业领军企业服务化的自我推进。制造企业的服务化首先需要企业转变管理和经营理念，重视知识经济时代服务环节对于价值增值和利润创造的重要作用，认识到未来企业的核心竞争力将由产品转向基于产品的服务系统。服务产品具有无形性、异质性、生产消费不可分割性、不可存储性等特征，这就需要制造企业改变原有管理模式，用新的商业模式支撑服务化之后的企业运营。其次，企业要调整自己的运作模式，更加注重"以客户为中心"的需求管理。制造业服务化过程中，企业除了进行组织结构变革、业务流程再造之外，最重要的是通过需求管理来挖掘客户价值，建立客户信息管理系统，对客户进行细分和识别，并通过设计不同的服务产品来满足不同群体的客户需求，提升客户价值。由于服务产品的复杂性，有时制造业企业难以依靠企业自身的能力全面满足客户需求，这时就需要以领军企业为核心构建该行业的服务网络，以满足行业内各类制造业企业对市场化服务的需求。再者，要选择适合企业的服务化路径。制造业领军企业借助自身在技术、人才方面的优势，向研发设计、技术服务、管理咨询、零部件定制、一体化解决方案等服务环节延伸，但不同制造业的生命周期和行业特点存在很大差异，企业应根据行业特点和发展阶段选择合适的服务化路径。制造业企业服务化的可选路径包括面向产品提供增值服务以实现差异化的产品导向式价值链延伸，面向应用的产品与服务整合式价值链拓展，或针对客户需求提供一体化解决方案的效用导向式价值网络构建等。

第二，政府对制造企业服务化的政策引导和支持。制造业服务化是我国制造业突破低端锁定、向价值链高端攀升、掌握市场话语权的重要途径（刘斌等，2016）。随着各类制造业企业在产业转型过程中对技术咨询、技术开发、系统集成和金融服务等高端服务需求的增加，政府应将制造业服务化与我国制造业 2025 计划、供给侧改革等政策结合起来，促进各制造行业领军企业向服务化转型，从而形成国内相对完整的、以中小企业为主的低端制造业和以大企业为主的服务型制造企业相结合的产业价值链，减少对国外高端生产性服务业的依赖。目前，我国制造业服务化存在的障碍包括缺少政策引导、税收比重高、外部环境不完善等，这首先要求政府对于制造业服务化问题给予足够的重视，认识到制造业服务化对于提升我国制造业整体协作水平和构建现代化产业体系的重要性，并通过制造业服务化对资源进行有效整合，实现价值链攀升和产业转型升级。其次，政府应将制造业服务化作为制造业发展的重要战略，设立关于制造业服务化的专题研究项目，建立相关的推进机构和发展论坛，构建产学研合作交流平台，鼓励企业综合应用计算机、通讯、互联网等相关领域的新技术进行管理模式和商业模式创新，引导制造业各行业龙头企业向高端服务环节攀升和向行业综合服务商转型。最后，政府应逐步破除制造业服务化的体制和政策障碍，如服务业进入壁垒、税率偏高、重复征税、用地成本高、金融支持不足等，为制造业服务化营造良好的外部环境。

二、提高中小制造业企业的服务外部化程度

中小制造业企业已成为我国经济发展的中坚力量，但随着劳动力成本上升、对外贸易环境的恶化和制造业利润空间的下降，低端制造业价格竞争的发展模式已不可持续，中小制造业企业的转型升级也迫在眉睫。由于资金、技术、资源上的劣势，与大企业相比，中小制造

业企业的服务化较为困难。因此，对于数量庞大的中小制造业企业来说，充分利用市场提供的生产性服务降低生产成本和交易成本，专注于自身核心产品的创新是其未来可持续发展的重要路径。促进中小制造业企业服务外部化的主要措施包括：

第一，贯彻供给侧改革理念，保证制造业外部服务供给的质量。对中小制造业企业的调研发现，企业不愿意进行服务外部化的原因之一是外部服务供应商数量有限，服务供给的质量也无法完全满足企业需求。因此，应从供给侧改革出发，提升市场化服务供给的质量，激发中小制造业企业对外部服务的需求。这要求政府进一步放开大部分服务行业的行政垄断，让更多有能力的制造业企业成为服务供应商，通过增加行业竞争提升服务产品供给的质量。其次，应进一步强化服务供应商的服务创新意识和客户导向理念，接受服务营销、个性化服务、客户关系管理、精益管理、知识管理等先进管理理念和方法，满足越来越多样化的制造业企业服务需求。

第二，制定各类服务行业标准，为服务外部化提供良好的契约环境。汪德华等（2007）的研究认为，由于服务产品具有无形性、差异化、多样性等特征，属于"信任品"范畴，所以，服务业特别是生产性服务业是一种"契约密集型产业"，与制造业相比，服务业的生产和交易涉及更为密集和复杂的契约安排。目前，我国关于服务产品交易的法律规范还不够完善，也缺少对各类服务产品的标准化规定，这极大降低了契约密集型产品交易的概率。对于有外部服务需求的中小制造业企业来说，由于服务产品的无形性、多样化、供给和使用同时进行等特征，需求方既无法在交易之前对服务产品进行全面的检验，又很难在事后对其质量进行有效评估，这会降低企业服务外部化的需求动机，进而导致交易不发生。因此，政府或监管部门应针对各类服务产品制定相对客观的行业标准，保障外部服务供给的质量检验有据可依，并营造良好的法律契约环境，降低中小企业采购外部服务的交易风险和交易成本。同时，应积极促进服务业各行业协会的成立，为服务业各行业内部的合作交流和纠纷解决提供协作平台，提高服务效率，促进中小制造业企业的服务外部化。

第三，提供政策或资金支持，引导和激发中小制造企业的服务外部化需求。调研发现，我国很多中小制造业企业主要从事订单式生产，该类企业根本没有意识到外部的技术服务、咨询服务、一体化解决方案等生产性服务可以有效提升其生产效率和利润，也就没有增加中间服务投入的需求或服务外部化需求。目前，我国的产业政策大都是针对高科技企业或研发活动，很少对制造业服务外部化提供政策支持，基于中小制造业企业服务外部化对我国产业结构转型和价值链攀升的重要性，政府应对中小制造业企业的服务外部化加以引导，如通过产学研合作为中小企业提供服务外部化的咨询和指导、对企业外部化采购技术或研发服务提供资金补助、降低企业外部采购服务的税收成本等，提高中小制造业企业的服务外部化需求，进而提升外部服务市场的规模化收益，促进生产性服务业的市场化发展。

三、促进加工贸易企业转型以完善国内产业价值链

改革开放四十年来，我国加工贸易取得了飞速发展，成为我国制造业企业参与全球化的主要方式，为国内技术进步、产业升级和就业扩大作出了突出贡献。但随着我国劳动力和其他生产要素成本的上升以及国际形势的恶化，这种贸易形式的弊端也逐渐显现，加工贸易带来的环境污染和资源消耗极大地削弱了经济的可持续发展能力。本书的理论和实证分析都表明，加工贸易的蓬勃发展通过压缩国内产业环

节和阻碍产业关联影响了我国经济服务化进程特别是生产性服务业的健康发展。因此，促进加工贸易企业转型升级是完善国内产业链、提升我国企业在全球价值链中的地位和提高我国经济服务化程度的主要路径之一。

对于已产生路径依赖的加工贸易企业来说，突破产业价值链的低端锁定地位并不容易。转型意味着加工贸易企业要改变原有的订单生产模式，在投入产出周期延长、经营模式转变、市场需求不稳定等内外部压力下谋求生存和发展。这一方面要求加工贸易企业本身转变原有的经营理念和发展战略，同时也需要政府在在资金和政策等外部环境上给予支持。

加工贸易企业需要转变原有的经营理念和意识形态。加工贸易模式下，加工贸易企业本质上就是一个生产车间，原材料以进口为主，企业只需要按照外商提供的样本或图样进行产品生产，不需要考虑研发设计、市场渠道等问题，固定成本极低，利润微薄，以量取胜。加工贸易企业的转型升级则意味着企业要突破原有的短平快思维，着眼于长远的未来，致力于自主创新和自有品牌的建设，不断向价值链高端延伸。这种转变需要企业投入大量的人力、物力，且投入产出的效果难以在短期内实现，因此，企业领导层要转变经营理念，跳出单纯依赖代工赚取薄利的陈旧思路，在严峻的市场环境下调整好心态，重新定位企业的核心优势和发展方向，找到适合自身的突破路径，依靠创新驱动向价值链高端攀升。

加工贸易企业转型升级需要政府给予足够的政策引导和资金支持。加工贸易企业转型为一般贸易企业等于进入了一个陌生的领域，从生产车间走出来直接面对市场，从只需要进行生产到技术研发、寻找原料供应商、进行市场需求调研、建设销售渠道等全流程统筹，这

中国经济服务化发展悖论的动态测度和演化机理研究——基于中间需求视角

是巨大的挑战，很大比例的加工贸易企业可能最终都无法找到合适的转型升级路径。因此，政府的宏观战略和政策支持成为加工贸易企业转型升级路径上不可或缺的引导力量。具体来说，政府可以通过政策创新为加工贸易产业拓展空间，让大多数企业有能力向"微笑曲线"两端延伸，并在产业价值链某一环节形成自己的核心竞争力。通过优惠政策鼓励加工贸易企业进行技术改造和创新，增加对核心技术和关键技术的研发投入，提升产品技术含量和附加值。鼓励有条件的加工贸易企业向产业价值链服务环节延伸，培育在研发设计、渠道建设、检测维修、物流配送等某一生产性服务环节的核心竞争力，并通过持续的创新和品牌建设形成自身的竞争优势。引导加工贸易企业统筹布局国内国外两个市场，推动沿海地区劳动密集型的加工贸易企业将生产环节向内陆地区梯度有序转移，鼓励加工贸易企业与"一带一路"国家开展国际产能合作，逐步形成相对完整的国内产业价值链，并提高自身在价值链高端服务环节的市场竞争力。

第九章　中国经济服务化的案例分析

改革开放以来，我国制造业取得了飞速发展，但代表产业高级化水平的制造业服务化程度却一直远远低于发达国家甚至低于处于同等收入水平的发展中国家。我国 2015 年的投入产出表数据表明，用服务投入在制造业总中间投入占比衡量的我国制造业整体的服务化水平为 15.86%（见表 9.1），而 2012 年美国的制造业中间服务投入占比为 33.62%，印度该占比为 27.59%[①]。因此，通过提高制造业服务化程度扩大对生产性服务业需求，进而促进生产性服务业发展是提高我国经济服务化水平和实现产业转型升级的主要途径。

表 9.1　中国制造业各行业的服务化水平

制造业行业	中间投入中的服务投入占比	总产出中的服务投入占比
食品和烟草	13.28%	10.26%
纺织品	9.77%	8.02%
纺织服装鞋帽皮革羽绒及其制品	16.84%	12.59%
木材加工品和家具	14.59%	11.41%
造纸印刷和文教体育用品	18.05%	14.31%
石油、炼焦产品和核燃料加工品	12.95%	10.18%
化学产品	16.71%	13.75%
非金属矿物制品	20.46%	16.30%

---

① 数据来源：美国、印度 2012 年投入—产出表。

制造业行业	中间投入中的服务投入占比	总产出中的服务投入占比
金属冶炼和压延加工品	12.05%	10.40%
金属制品	17.63%	14.24%
通用设备	19.02%	15.23%
专用设备	19.08%	14.76%
交通运输设备	18.13%	14.34%
电气机械和器材	15.62%	12.70%
通信设备、计算机和其他电子设备	16.43%	13.43%
仪器仪表	20.70%	15.71%
其他制造产品	18.17%	13.81%
制造业平均	15.86%	12.77%

资料来源：中国 2015 年投入—产出表。

　　发达国家产业结构演进的规律和经验表明，制造业服务化的方式和路径有很多，这里我们主要通过制造业领军企业服务化（海尔集团）、满足中小制造业企业需求的服务外包产业园建设（萧山经济技术开发区服务外包产业园）和加工贸易企业转型升级（东莞龙昌玩具）的相关案例探讨可能的经济服务化实践，为我国经济服务化和制造业企业服务化转型提供借鉴。

第一节　制造业领军企业服务化案例

——海尔集团

一、海尔集团发展简介和服务化现状

　　海尔集团成立于 1984 年，是全球大型家电著名品牌。三十多年

来，海尔坚持以用户需求为中心、以不断创新为主要发展战略，从一家资不抵债、濒临破产的小工厂发展成全球最大的家用电器制造商和制造服务商之一。海尔集团的主营业务是冰箱、冷柜、空调、洗衣机、厨电、热水器、小家电、U-home 智能家居产品等的研发、生产和销售，以及为消费者提供智慧家庭成套解决方案。同时，集团公司还为客户提供物流、家电及其他产品分销、售后、其他增值服务等渠道综合服务业务。

近年来，随着钢材、铜等原材料价格上涨和行业竞争的日益激烈，家电行业的利润空间越来越小，很多公司举步维艰。海尔集团审时度势，适应时代变化，通过在发展战略、管理模式、技术研发、品牌设计、智能制造、国内外市场建设等方面的不断创新，实现了穿越产业周期的可持续发展。2017 年，海尔集团全年实现收入 1592.54 亿元，增长 33.68%；全年归母公司净利润为 69.26 亿元，增长 37.37%。世界权威市场调查机构欧睿国际对全球大型家用电器品牌零售量的调查数据显示，海尔大型家用电器 2017 年品牌零售量占全球市场的 10.6%，连续九年蝉联全球第一；同时，洗衣机、冰箱、冷柜、酒柜继续蝉联全球第一。公司智能空调占全球份额的 30.5%，连续 2 年位居全球互联空调销量第一。同时，海尔集团高端品牌份额也遥遥领先，卡萨帝在中国万元以上家电市场份额达到 35%，GEA 高端家电品牌 MONOGRAM 在美国高端市场份额达到 20%，全球顶级家电品牌 Fisher&Paykel 在新西兰高端市场份额达到 36%。①

海尔集团在行业市场的领军地位主要依赖于持续不断的产品创新、商业模式创新和制造业服务化转型，其中，制造业服务化转型是海尔集团产品差异化和市场竞争力的重要来源。海尔集团的制造业服

---

① 本节的数据主要来自于海尔集团官网和 2017 年年报。

务化主要体现在注重自有品牌建设、参与制定行业标准、打造开放式研发平台、为行业内企业转向智能制造提供整体解决方案、布局渠道和物流网络等。截至 2017 年年底，在海尔的开放式创新平台 HOPE 上聚集了 2483 个创业项目，其中，256 个创业项目漏出到孵化器孵化，不断为行业发展输送新生力量。海尔主导创建的 COSMOPlat 平台主要为企业智能制造转型升级提供软硬一体、虚实融合的整体解决方案和增值服务，2017 年，该平台在 12 个行业、11 个区域、7 大模块进行复制，持续进行交互的用户有 3.1 亿，注册的企业 383 万，通过这个平台驱动实现大规模定制模式转型的企业有 3.1 万家。海尔作为行业领军企业，通过拓展咨询、研发、设计、渠道等产业链核心环节，已牢牢占领了家电行业价值链的高端地位，在获得较高利润的同时，持续扩大其市场影响力，成为主导行业发展和变革的主要力量。

二、海尔集团服务化转型的驱动力量

家电行业是一个高度竞争的行业，目前，我国家电市场的知名品牌有格力、美的、海尔、伊莱克斯、惠而浦、LG、三星、松下、西门子等数十家，这些企业在空调、洗衣机、冰箱、洗碗机、微波炉等家电产品细分领域各有所长，但产品的同质性和替代性仍然很大，企业想在激烈竞争的市场中巩固和扩大市场份额，必须通过持续不断的创新来满足客户差异化、多样化等需要，通过融入更多的增值服务提高客户黏性，通过不断向产业链高端攀升来扩大市场影响力。海尔集团的服务化转型就是在这样的背景下逐步完成的，满足客户需求、应对行业竞争、创造竞争优势、扩大利润来源成为其服务化转型的主要驱动力量。

客户需求的多样化和个性化是新形势下海尔集团服务化转型的首

要驱动力量。一直以来，海尔集团的经营理念就是"以用户为是，以自己为非"，因此，在国内家电市场进入以更新换代需求为主导的发展阶段时，通过服务化塑造产品差异性、融入更多增值服务满足客户需求成为其发展的主导方向。随着国民收入水平的提高，消费者对品牌、品质、设计、技术、售后服务的要求越来越高，并愿意为各自所需要的理想产品支付溢价。同时，伴随着信息和互联网技术的成熟，消费者对家电产品的智能化要求也逐步提高，通过不断的技术创新在产品中融入更多的智能服务成为突出产品价值的主要手段。中国家电协会发布的家用电器工业"十三五"规划也指出，未来推动我国家电行业发展的重点包括发展智能制造、融入互联网+时代、注重有国际影响力的品牌建设、满足国内外市场消费升级需求、进一步提升产品的节能环保及智能化水平等，因此，智能制造、节能环保、转型升级和互联网+是家用电器未来的主要发展方向。海尔集团作为家电行业的领军企业，想要保持可持续发展，必须通过融入互联网、大数据、云计算等新的技术服务满足新形势下消费者对智能家电多样化和个性化需求。截至2017年，海尔已建成9家引领全球的互联工厂样板，且形成全流程互联互通的能力和生态体系，用户全流程参与的大规模定制占比达16%，客户参与的大规模定制占比达52%，满足了用户高端化、个性化的最佳体验，提升了运营效率，大大缩短了产品的研发周期。

创造竞争优势以应对行业竞争是海尔集团服务化的重要驱动力量。1990年以来，我国居民家用电器的消费需求爆发，家电行业进入了高速成长期，进入21世纪以来，我国家电行业进入了稳步增长的成熟阶段，家电产品的技术已非常成熟，企业之间的竞争和博弈也进入白热化阶段。国内厂商在产业链的位置决定了大部分家电企业只能赚取加工组装的微薄利润，即使是国产厂商具有明显优势的白电行业，也大都缺乏核心技术。因此，在品牌影响力有限和产品差异化较小的情况下，家电企业的产品销售主要靠终端拉动，各品牌在销售终端的竞争非常激烈。海尔集团为了提高企业的竞争优势和市场地位，开始通过持续不断的创新和横向协作向行业标准、技术研发、技术服务、渠道网络、物流服务乃至整体解决方案等产业价值链的核心服务环节延伸。如海尔独创的工业互联网平台——COSMOPlat，将海尔互联工厂模式和知识产品化、数字化，同时整合海尔已有的智能装备、智能控制、模具、智研院等能力，与七大行业的相关企业进行合作，为企业智能制造转型升级提供软硬一体、虚实融合的整体解决方案和增值服务，这种制造业服务化的战略举措进一步奠定了海尔集团在家电行业的领军地位。

另外，海尔集团制造业服务化转型的驱动力量还包括提高产品复杂性和个性化水平、创造新的利润来源等。一方面，通过在产品中融入更多的增值服务可以提高产品的复杂性和差异化水平，在满足客户需求的同时提高产品的市场竞争力。另一方面，在家电行业原材料价格上涨、劳动用工成本上升、企业利润微薄的情况下，海尔集团利用自身在技术、平台、网络方面的优势对外提供技术研发、咨询、渠道网络、物流服务和整体解决方案等各类服务，为企业创造了新的利润来源。海尔集团 2017 年的年报数据表明，海尔在服务方面的营收增幅巨大，其中，在线家居板块收入增长超过 40%。

三、海尔集团服务化转型的主要战略

国际上大型制造企业服务化的案例不胜枚举，较为著名的包括国际商用机器（IBM）、通用电气（GE）、罗尔斯—罗伊（Rolls-Royce）

等。不同行业的制造业企业在服务化过程中都根据行业特点采取了不同的转型战略，IBM 从一个单纯的硬件制造商成功转型为"提供硬件、网络和软件服务的整体解决方案供应商"，GE 通过提供金融服务向价值链高端延伸，Rolls-Royce 通过改变运营模式向发动机维护、发动机租赁、发动机数据分析管理等服务扩展。作为家电行业的领军企业，海尔集团审时度势，根据企业自身优势和行业特点，制定并开展了一系列的服务化转型策略，获得了巨大的成功，提高了企业的市场份额和市场影响力，对外提供服务也逐渐成为企业主要的营收来源。

海尔集团的服务化战略真正开始于 2009 年，在海尔集团总结大会上，首席执行官张瑞敏提出了公司要从"制造"向"服务"转型的战略。张瑞敏提出，在研发设计、生产制造、营销服务这样一个完整的家电制造产业链中，海尔将逐渐淡出生产制造业务，将其生产环节外包，交给台商这样的专业代工企业去做，实现从制造型企业向营销服务型企业的转型，专注于研发、品牌、渠道和服务（见表9-2）。

表9-2　海尔集团的主要服务化战略

产业链环节	服务化战略
标准	参与国内外行业标准制定
研发	打造开放式研发创新平台
设计	构建工业互联网平台
物流	打造向全社会开放的物流服务平台

资料来源：作者根据相关材料整理。

海尔集团的服务化策略具体包括：

1. 参与行业标准制定

参与行业标准制定是一个企业市场影响力和话语权的重要标志，也是企业向价值链高端服务攀升的一种体现。海尔集团是中国家电行业标准的引领者，也是参与国际标准工作的领军企业之一。依托全球十大研发中心，海尔集团汇聚了全球优质的研发资源、技术资源、标准资源和用户资源，打造了全球一体化的标准制定体系。截至 2017 年 12 月，海尔在 IEC、ISO 等国际标准组织中共拥有 66 个专家席位，在 UL 标准开发组织中拥有 28 个专家席位，并已经参与编制修订了 56 项国际标准，累计提报了 90 项国际标准制修订提案，是中国提出国际标准制修订提案最多的家电企业。同时，海尔集团也是国内主导国家标准最多的家电企业，累计主导、参与国家或行业标准制、修订 445 项。海尔集团作为我国首个承担国家级技术标准创新基地的企业，致力于打造家电领域创新成果标准孵化器和标准创新服务平台，促进科技成果创新，加快市场需求的标准的制定，积极推动科技创新成果的标准化、产业化、市场化。

为了提高企业的行业影响力和营业利润，海尔集团的标准制定工作始终坚持以用户为中心，通过将技术创新升级为标准，给用户带来更好的安全保障和用户体验，如"防电墙"技术标准、冰箱保鲜性技术标准等，都给用户创造了更好的体验，极大地释放了用户需求，促进了整个行业的快速发展。随着智能制造的推进，海尔集团还积极参与家电智能化方面标准的制定。2018 年 5 月，海尔集团与电气与电子工程师学会（IEEE）正式签署战略合作协议，双方的合作领域主要包括技术资源和标准开放两个领域，并通过国际协作推动智慧家庭技术和产业创新生态体系的构建。2018 年 7 月，由海尔集团主导申报的《智慧家庭体系框架和总体要求》国际标准正式通过电气与电子工程师学会评审并成功获得立项，这标志着海尔在智慧家庭领域的创新实践获得国际权威标准组织的认可，极大地提高了中国家电企业在国际市场的影响力。

2. 打造开放式研发创新平台

技术研发是产业价值链的核心环节，海尔集团服务化的主要战略之一便是打造开放式的研发创新平台（HOPE），该平台在满足海尔公司内部技术需要的同时，也为整个家电产业的发展提供源源不断的技术创新和发展动力。HOPE 的全称是"Haier Open Partnership Eco-system"，海尔开放式合作生态系统，该平台成立于 2009 年 10 月，是海尔基于"世界就是我的研发部"理念成立的开放式创新团队。经过9 年多的发展，HOPE 已成为海尔旗下独立的开放式创新服务平台，该平台将技术、知识、创意的供给方和需求方聚集到一起，提供各方交互的场景和工具，实现创新来源和创新转化过程中的资源匹配，促进新技术和新产品的产生和市场化。HOPE 平台的优势在于打破了传统的单向研发模式，将产品的最终用户和能够提供产品的各方资源汇聚到统一的平台上，真正实现用户和资源共同参与产品研发过程的并联研发模式。

HOPE 不仅为海尔集团提供技术创新服务，还为能源、汽车、烟草、电力、日化等行业的大型公司和机构提供创新服务，海尔的对外创新服务包括技术竞争情报服务、技术专家咨询、消费者洞察、开放创新模式转型、新兴科技资源寻源、创新路演与对接活动等，成为技术创新、服务创新和商业模式创新的输出者，引领产业转型升级和价值链攀升。目前，该平台汇聚了众多科研机构、顶尖高校、全球 500强企业、创新机构、互联网企业和初创型技术企业等创新单元，汇集全球技术资源超过 13 万项，平均每天在线交互资源超过 1000 家，平均每年产生创意超过 6000 个，吸引技术资源提交方案 6000 多项，每年成功孵化 200 个创新项目。2016 年，"海尔 HOPE 开放式创新平台"入选《创新管理——赢得持续竞争优势》一书，成为创新标杆案例，并成为西方学者眼中全球企业创新的典范。

3. 构建工业互联网平台

随着消费形态的变化，传统大规模制造的产品生产模式已无法满足消费者多样化、个性化的需求，海尔 COSMOPlat 平台便是在这种背景下应运而生。

COSMOPlat 平台是海尔集团打造的具有自主知识产权的工业互联网平台，该平台具有用户交互定制、精准营销、开放设计、模块化采购、智能生产、智能物流、智能服务七大模块，借助互联网技术和移动通讯技术，COSMO 平台解决了大规模制造和个性化需求之间的矛盾，实现了传统大规模制造向现代大规模定制的制造业智能化和服务化转型。COSMO 平台改变了终端用户在供应链上游层层反馈信息的参与模式，实现了用户在设计、采购、生产、物流、服务等全价值链流程的参与，最大程度地契合了未来消费形态的需求。

同时，COSMOPlat 是一个开放性平台，提供了外部接口，可以为所有有志于向智能制造业转型的企业服务，通过复制行业最佳实践和减少试错成本，帮助企业更快、更准确地向大规模个性化定制转型，因此，该平台是一个实现行业内外共创共享共赢的生态架构，将有助于中国制造业在未来消费格局下的持续发展。统计数据显示，2017年，COSMOPlat 平台已经吸引了 390 多万家企业资源接入，注册用户资源达 3.2 亿，链接的智能终端超过 2121 万个，实现交易额 3133 亿元人民币，定制订单量达到 4116 万台。目前，COSMOPlat 平台已在家居、农业、服装、建陶等多个行业推广和应用，颠覆了众多传统行业的产销模式，提升了效率和收益。

4. 打造向全社会开放的物流服务平台

渠道和物流网络是产业价值链的重要组成部分，也是企业实现产品价值增值的关键环节。基于物流环节对家电企业的重要性，海尔集团从 1999 年便开始对其物流业务部门进行整合和优化。近 20 年来，秉承海尔集团先进的管理理念，依靠集团强大的渠道网络，海尔物流构建起了能够为全球客户提供综合物流服务的服务体系，成为全球最具竞争力的第三方物流企业。

海尔集团物流业务的发展经历了三个阶段：物流重组、供应链管理和物流产业化。在物流重组阶段，海尔将原来分散在 28 个产品事业部的原料采购、原料仓储配送、成品仓储配送等职能进行统一整合，形成 JIT 采购、JIT 配送、JIT 分拨物流的同步流程，实现了与客户的零距离接触。在供应链管理阶段，海尔物流创造性地提出了"一流三网"的管理模式，以订单信息流为中心，充分利用全球供应链资源网络、全球配送资源网络和计算机信息网络，实现商流、物流、信息流的同步化，充分体现了现代信息技术背景下的物流行业特征。在物流产业化阶段，海尔集团积极拓展社会化分拨物流业务，通过成功应用 SARP/3 和 SAPLES 等先进的物流执行系统，具备了为其他行业和企业提供全程物流服务的经验和能力。

目前，海尔物流的社会化物流服务包括联合采购、第三方物流、第四方物流（咨询业）等。海尔物流拥有庞大的国际化供应商信息库和先进的供应链管理经验，能够快速满足客户对质量、成本、交货期等全方位供应关系的需求，帮助客户优化采购渠道，实现采购决策和采购流程的电子化。同时，海尔物流依靠自身在物流、供应链管理、流程再造方面的宝贵经验，可以为客户提供社会化产业拉动资源，帮助客户规划、实施和执行供应链程序，并已先后为制造业、航空业内的部分企业提供了优质的物流增值服务。2013 年，海尔集团还与阿里巴巴等企业合作，借助电商平台扩大其物流服务的客户资源，随着海尔物流平台和服务客户的增加，物流服务已成为集团利润新的增长点。2014年，海尔集团旗下的日日顺物流营业收入同比增长45%以上，社会化业务收入增长超过150%。2017年，日日顺物流业务继续稳健快速增长，其中电商物流、家居物流均实现高速增长，在线家居板块收入增长超过40%。

四、海尔集团服务化的主要启示

海尔集团是家电行业的领军企业之一，面对行业的激烈竞争和利润下降，在市场占有度较高的情况下便开始了服务化转型，虽然其服务化转型过程中的战略和措施也遭到诸多诟病，在某些阶段，制造业服务化的绩效也不够理想，但海尔集团先进的管理理念、积极应对消费态势变化的创新意识、充分利用现代信息技术的服务化转型举措还是值得学习和借鉴的。对于制造业行业的领军企业来说，首先要有转型升级和创新变革的意识，观念创新是企业战略创新和管理模式创新的基础，这要求企业的领导层要对市场变化有充分的认识，对企业的服务化转型方向有较为科学和理性的判断，并能够制定契合行业特点的服务化策略。其次，把握行业发展趋势和消费者需求变化，理解融入更多增值服务对于扩大市场和满足消费者需求的重要性。这里说的增值服务不仅仅是融入产品中的生产性服务投入，还包括给消费者提供参与产品设计的机会，利用交互、体验、共享提升产品性能等。最后，在制造业服务化过程，要充分利用现代互联网和信息技术。互联网和现代信息技术极大地降低了交易成本，也使得很多原来无法交易的服务交易变成可能，因此，在制造业服务化过程中，企业要充分利用现代信息技术在管理模式创新、服务创新、平台构建、供应链整合等方面的重要性，更好地完成企业的服务化转型和价值链攀升。

第二节　服务外包促进开发区转型案例

——萧山开发区服务外包产业园

我国大量存在的以传统劳动密集型工业为主的经济技术开发区是制造业服务化和服务外部化的重点领域，因此，探讨开发区制造业服务化和服务外部化的案例对于我国经济服务化发展有重要启发。本节以萧山经济技术开发区服务外包产业园为例，分析了通过构建服务生态圈促进传统工业型经济技术开发区转型升级的实践探索，为我国经济服务化和开发区制造业产业转型的路径选择提供参考。

一、我国传统经济开发区制造业可持续发展受限

自 1985 年我国第一个科技园区——深圳科技工业园建立以来，全国各地相继成立了经济技术开发区和各类产业园区，经过 30 多年的发展，这些开发区已经成为当地经济发展的核心或重要支柱，对加速当地工业化和城镇化进程起到了积极作用。但是，随着土地资源的制约和政策红利减弱，经济开发区的可持续发展受限，同时，"工业为主、出口为主、利用外资为主"的政策导向造成的制造业低端化锁定、企业创新能力弱等问题严重阻碍了我国各类经济开发区的可持续发展，经济开发区产业转型升级已迫在眉睫。

通过对萧山经济技术开发区管委会、制造业企业和相关园区的调研发现，目前萧山开发区产业发展面临的问题是：第一，产业结构仍以中低端制造业为主，产品附加值普遍偏低，企业盈利能力弱；区域内企业创新能力总体偏弱，核心竞争优势不强。第二，人才结构不合

理，企业员工以蓝领为主，高端管理和技术人才短缺，这增加了企业转型升级的压力；同时，区域内人力资源公共服务缺乏，中高端人才集聚较为困难。第三，基于产业链的生产性服务业严重匮乏，制造业企业运营成本偏高；区域内企业各自为政，很少进行信息流、物流、资金流等方面的整合，没有形成优势互补、协同发展的良性生态关系。第四，生活性服务业严重短缺，如员工宿舍缺乏、无娱乐休闲场所、交通不便利等，这也成为该地区引进高端人才和发展生产性服务业的主要障碍。

二、生产性服务业将成为推动开发区制造业转型升级的新引擎

第一，生产性服务业发展促进了开发区制造业分工程度的扩大和服务外部化程度的提高。

生产性服务业的发展源于制造业分工程度的扩大，而生产性服务业的发展壮大又促进了制造业分工程度的进一步深化，延长了企业的生产迂回程度，使得其中间投入的产品（或服务）种类增加，从而提高了制造业的专业化程度和生产效率。另一方面，生产性服务业的市场化和规模化发展直接降低了制造业企业外购服务的成本，促进了制造业企业的服务外部化进程。制造业企业服务外部化程度的提高不但降低了制造业的生产成本，也有利于企业将有限的资源投入到更有价值的核心环节，提高核心部门的专业化水平，在激烈的竞争中保持市场地位。

第二，生产性服务业投入的增加将加快开发区内传统制造业向先进制造业的转变。

生产性服务业主要是指知识密集型的服务产业，而知识密集型服

务业是生产过程中的专家组，是把人力资本和知识资本引进商品生产中的传送器，因此，制造业生产过程中的生产性服务投入将增加生产过程中的知识和技术含量，而知识和技术恰恰是制造业产品和生产过程创新的源泉。先进制造业很大程度上是由传统制造业经过技术创新改造而成的，借助于研发、设计、流程管理、咨询服务、信息化服务等现代服务业投入，传统制造业不但提升了自身的知识和技术含量，还可以通过这些知识和技术服务引致的产品和流程创新完成向先进制造业的转变。

第三，价值链各服务环节能够全面提升开发区内制造产业的生产效率。

金融服务业的发展通过提供更完善和透明的资金流通平台，为资源和资本向附加值较高的产业流动提供了便利，这促进了开发区内制造业产业规模的扩大和产业内部竞争程度的提高，间接地促进了其生产效率的提升。同时，发达的投融资服务为更具潜力的朝阳产业提供了资金保证，大量风险投资借助金融机构或咨询公司的评估服务，为高新技术项目融资，促进了开发区高新技术行业的发展。研发设计服务对制造业效率的提升一方面体现为通过提高生产技术提升各种生产要素的使用效率，另一方面体现为通过优化生产流程降低各种要素的中间损耗。因此，我们可以认为，研发设计服务作为先进制造业的一种要素投入，能够内生地促进先进制造业的增长，其功能等同于古典经济增长理论中的技术进步。商务服务和信息服务能够降低先进制造业各环节的沟通和协调成本，并使得其他生产性服务的储存和远距离运输成为可能。

三、基于开发区制造业需求的服务外包产业园建设

基于生产性服务业对传统制造业转型升级的重要性，如何通过构

建适合传统工业型开发区的服务支撑体系成为开发区转型升级过程中面临的主要问题，萧山经济技术开发区（跨境电商）服务外包产业园在开发区管委会、地方科研机构的支持下，以园区为依托，结合服务外包的发展理念和跨境电子商务产业蓬勃发展的趋势，通过构建跨境电商服务生态圈的方式，积极探索促进传统工业型经济开发区转型升级的可行路径。

第一，萧山经济经济技术开发区服务外包需求分析。

通过对萧山开发区特别是桥南区块的制造业企业的服务需求进行调研分析后发现，当地制造业企业的服务需求主要集中在以下几个方面：第一，大量 OEM（加工贸易）企业转型 ODM（原始设计制造业）所产生的产品升级和工业设计需求。第二，供应链整合需求。开发区内企业各自为政，缺少信息流、物流、资金流等方面的整合，因此，开发区内集聚程度较高的服装、机械类企业可以通过集中仓储、集中采购等方式对供应链进行整合，从而提高议价能力，降低成本，提升开发区内制造业企业的整体竞争力。第三，大量传统外贸企业转型跨境零售（B2C）所产生的报关、商检、汇兑、贸易融资等跨境贸易综合服务需求。第四，区块内许多企业的进销存渠道都比较传统，也缺乏新型的销售途径和平台，企业拓展网络销售渠道的服务需求较为强烈。第五，人力资源支撑服务需求。由于开发区桥南区块缺少基本的住宿、餐饮和交通配套，企业招聘高端人才较难，即使以较高成本招到所需人才，其流动性也很高，而区域内学校等教育资源稀缺，培训机构也较少，区域内人力资源提升需求较大。

第二，萧山服务外包园构建跨境电商服务生态圈的产业定位。

基于对开发区产业基础优势和企业转型升级需求的调研，顺应国家推动跨境电子商务、外贸综合服务平台、服务外包发展的总体趋势，园区的产业发展方向定位为：构建融工业设计服务、人力资源服务、供应链整合服务、国际物流服务、融资服务、通关平台服务等为一体的跨境电商服务生态圈，从价值链角度推动地区传统制造业转型升级。

第三，萧山服务外包园构建跨境电商服务生态圈建设的效果分析。

萧山服务外包园自成立之后，首先引入了具有跨境电商行业和园区运营管理方面丰富经验的专业团队，制定构建跨境电商服务生态圈的具体战略和运营方案，然后成立了园区投资管理公司，负责招商和园区具体运营。目前，该园区已经成功引入了跨境电商服务供应链上关键服务机构，并与跨境电商生态圈里的重点企业达成合作协议，已基本完成跨境电子商务服务生态圈构建。

该园区已构建的跨境电商服务生态圈具体包括：第一，跨境电商人力资源服务。秉承"人才先行"的原则，该园区首先引入了能够为开发区输送中高端人才的跨境电商人才培训机构，以满足当地传统外贸企业和国内电商企业转型跨境电商的人才需求。第二，跨境电商供应链融资服务。针对跨境电商供应链上下游企业融资难的问题，有效利用交易数据为跨境电商企业提供融资服务，解决中小企业转型跨境电商过程中的资金难题。第三，跨境物流综合服务。跨境物流一直是制约跨境电商产业发展的关键因素，通过引入为跨境电商平台提供一站式仓储、物流服务的国际物流供应商，为跨境电商企业解决国际物流配送问题。第四，跨境电商外贸综合服务。跨境电商在很长一段时间内处于灰色地带，无法正常通关、结汇、退税等问题制约了跨境电商的规范化和规模化发展，因此，该园区引进了为跨境电商交易主体提供通关通检、退税核销、收汇结汇、金融融资等全流程一站式服务的跨境电商综合服务平台，解决开发区传统外贸企业和国内电商企业转型跨境电商后的规范化操作难题。

目前，该园区已经通过构建跨境电商生态圈为萧山开发区内部分传统外贸企业提供了转型跨境电商的一站式解决方案，同时，海宁、金华、温州等地的跨境电商或服务外包园区也正在借鉴萧山服务外包园的发展模式，未来很长一段时间内，通过构建服务外包生态圈促进开发区传统制造业转型升级将成为我国开发区经济发展方式转变的重要途径之一。

第三节　加工贸易企业转型案例
——东莞龙昌玩具

东莞是我国加工贸易企业最为集中的区域，数据显示，2010年，东莞工业产值的86%来源于加工贸易企业，东莞的外贸依存度高达200%左右。实际上，在国际市场萎缩、贸易环境恶化、国内生产要素价格上涨等多重压力下，东莞的加工贸易企业从2008年便开始探索转型升级和可持续发展的路径。在国家和东莞市的号召和政策支持下，部分加工贸易企业通过扩大研发投入、拓展内销市场、创建自主品牌、向高端服务环节延伸等方式走上了转型升级的道路。2016年的数据显示，东莞市曾开展过加工贸易的外资企业达10572家，但截至2015年年底，有7688家外资企业从加工贸易转向一般贸易或混合贸易形式，加工贸易进出口总额为999.6亿美元，占比59.6%，比2008年下降了28.1%。这说明东莞的加工贸易企业在转型升级方面已经取得了一定的成绩，但向价值链高端攀升、提升全球价值链地位和掌握市场话语权仍任重道远。

本部分将以东莞龙昌玩具为例，分析加工贸易企业转型升级的可行路径，为其他企业的转型升级提供借鉴。东莞龙昌玩具是香港龙昌集团于 20 世纪 80 年代在东莞设立的玩具生产制造厂，是国内最早的一批"三来一补"企业。公司早期的业务较为单一，主要为国际知名品牌做玩具的代工生产。2000 年开始，在具有长远战略眼光的公司高层领导下，东莞龙昌玩具先后通过品牌收购、联合研发、向价值链高端服务环节延伸等方式开始了转型升级之路。经过近 10 多年的探索和创新，公司已成为集团产品研发制造总部和主要品牌拥有者，是全球最大的智慧玩具研发和制造基地之一，世界知名品牌玩具制造一站式服务商。东莞龙昌玩具具体的转型路径包括：

第一，注重研发创新，向智能制造转型。龙昌玩具早期的业务以玩具代工生产为主，研发能力较弱。2000 年，龙昌玩具收购了精于模具设计制造和工程研发的台湾创艺精机公司，提高了公司的自主研发能力。同时，龙昌玩具还与清华大学、武汉理工大学、成都电子科技大学、香港科技大学、新加坡理工学院等国内外科研院校进行产学研合作，研发出了一系列具有自主知识产权的核心技术及产品。2004 年至 2005 年，龙昌集团相继成立了东莞龙昌数码科技有限公司和东莞市博思电子数码科技有限公司，开始拓展在智能产品方面的研发与生产，不断从传统玩具产品的制造向科技智能产品过渡，并逐步向青少年智能机器人科技教育事业拓展。2012 年，龙昌集团又设立了东莞龙昌智慧技术研究院，研究院主要进行智能机器人和智慧玩具的研发设计，产品的技术含量和智能化程度进一步提升。

第二，致力于自主品牌建设，不断扩大市场影响力。20 世纪 80 年代以来，遍布东莞的玩具厂数不胜数，这些玩具厂大都从事国际知名玩具品牌的代工生产，几乎没有自主品牌，企业议价能力很弱，产品附加值极低，利润微薄。在拥有一定自主技术和研发能力的条件下，龙昌玩具于 2002 年收购了北美的 Kid Galaxy、Bendos 等品牌，开始了企业的自主品牌建设之路。实际上，因长期为国际知名品牌代工，龙昌玩具在产品制造、设计、研发水平上已达到国际标准水平，其玩具质量的检测标准甚至高于欧盟标准，因此，在拥有了自主品牌之后，企业拥有了更大的话语权，市场份额和利润收入都大幅上升。企业利润的上升和市场份额的提高又为更大比例的研发投入和品牌建设提供了充足的资本，企业进入了产品质量提升、市场份额扩大的良性发展阶段。2010 年，龙昌玩具还获迪斯尼品牌授权在中国大陆销售，并获得了其颁发的"卓越产品奖"。目前，龙昌玩具坚持走"自有技术、自主品牌"之路，并在东莞松山湖打造了集创意、设计、技术、专利、品牌、营销为一体的高端产业服务平台，市场影响力不断扩大。

第三，转移制造环节，向价值链高端服务环节延伸。随着劳动力成本、原料价格的不断攀升，国内加工贸易企业的生产成本大幅提高，再加上国际贸易环境的恶化，东莞的加工贸易企业开始将工厂向成本更低的东南亚国家转移。2011 年，龙昌玩具在一份公告中声明，公司将变身为品牌运营商，并出售了其在东莞的玩具制造工厂，并将制造环节的业务转向印度尼西亚的工厂，这表明龙昌玩具向价值链高端服务环节延伸的转型升级又向前推进了一步。目前，龙昌玩具主要专注于产品设计、研发、营销、品牌推广等业务，对制造业务的依赖逐渐下降。同时，公司还开始向科技教育、智能服务等服务领域延伸，集团旗下的东莞龙昌数码科技有限公司、东莞市博思电子数码科技有限公司、东莞龙昌智慧技术研究院等公司的业务涵盖了电子数码、教育、智能科技、健康监测等领域，能够为相关制造行业提供研发设计、品牌营销等一站式的高端产业服务以及信息技术整体解决方案等，公司已逐步完成向行业综合服务供应商的转型。

第十章 结论与政策建议

一、主要结论

服务化是当今世界经济发展的主要特征之一，服务业尤其是生产性服务业已成为西方发达国家经济结构中增长最快的部门。与世界经济整体服务化的趋势不同，在国民经济高速增长的中国，出现了服务业低水平稳态发展的"逆服务化"趋势，这被学者称为经济服务化的"中国悖论"。

本研究运用局部加权回归分析法（Lowess）对我国 1952—2015 年地区服务业比重变化的长期规律和阶段性特征进行测度的结果发现：从地区层面上看，经济服务化的"中国悖论"并不存在，各地区服务业比重与收入水平的关系在 1993 年之后与世界整体的趋势保持一致，但在服务业增长的"第二波"略显滞后，即中国服务业发展落后的主要原因在于以生产性服务业为主的"第二波"—现代服务业发展不足。因此，所谓的"中国经济服务化发展悖论"应该解读为"中国生产性服务业发展的悖论"，即：在中国国民经济高速增长、工业化快速发展的同时，其生产性服务业比重不但没有上升，反而停滞甚至呈下降趋势，这与西方发达国家工业化时期中间需求型服务拉动为主的服务业增长规律相悖。因此，应着重分析生产性服务业发展的内生机制和影响因素。

　　基于生产性服务业发展对中国服务业发展和产业转型升级的重要性，理论部分结合弗朗索瓦（Francois，1990a）、马库森（Markusen，1989）和黄（Huang，2012）的模型、从产业互动的中间需求视角对生产性服务业的内生机制和影响因素进行了理论推导，结果表明：产业互动中影响生产性服务业发展的需求因素包括制造业生产中的服务投入份额、制造业企业规模、制造业对生产性服务的多样化需求、国民收入水平、消费者对制造业产品的多样化需求等。其中，制造业生产中生产性服务投入份额与生产性服务业发展（体现为产业种类的扩大或企业数量的增加）正相关，该因素对生产性服务业发展的影响最为直接和关键；制造业企业规模越大，对生产性服务业的需求种类越多，这会导致生产性服务业种类的增加和分工程度的深化，同时，制造业企业对生产性服务的需求比例随着企业生产规模的扩大而增加，但二者之间存在着一种"闸门效应"关系；一国国民收入水平越高，制造业企业的服务化程度就越高，这一方面来源于消费者需求多样化程度提高带来的制造业生产方式变化，另一方面来源于制造业对生产性服务多样性需求程度的提高。

　　对中国来讲，产业互动中影响生产性服务业发展的中间需求因素主要可以分为两个方面：宏观上，以低端制造业为主的产业结构使国民经济对生产性服务的总需求份额偏低，而以加工贸易为主的对外贸易结构进一步恶化了制造业与生产性服务业的产业关联；微观上，以所有制差异为代表的企业规模、组织结构、经营目标等多方面的差异是影响其中间服务投入比重和服务外部化的主要因素。因此，结合理论模型结论和中国经济发展的特征，我们从宏观和微观两个角度，产业结构、贸易结构、企业异质性三个视角对中国生产性服务业发展悖论的成因进行实证检验。

产业整体结构与生产性服务业发展关系的实证结果表明：制造业发展落后和制造业企业传统的组织结构阻碍了其对生产性服务的需求，而服务业发展对生产性服务业发展的促进作用远远大于制造业，服务业的"自我增强"效应确实存在；同时，以代工生产和加工贸易为主要特征的中国外向型经济的发展割裂了制造业企业和生产性服务业的产业关联，使得国内生产性服务业因缺乏有效市场需求而发展滞后；另外，地区人均 GDP 与生产性服务业发展水平显著正相关，这说明生产性服务业发展也同样具有明显的"收入效应"。

贸易结构与生产性服务业发展关系的实证结果表明：以加工贸易为主的对外贸易结构对我国生产性服务业发展的影响主要体现在间接效应方面，即通过进口大量资本密集型设备间接地阻碍了资本密集型制造业对生产性服务业的需求，一般贸易出口和加工贸易出口都因扩大了最终产品市场范围而正向促进了生产性服务业发展；加工贸易出口虽然促进生产性服务业整体的发展水平，却阻碍了流通服务业的发展；同时，与中西部地区相比，我国以加工贸易为主的贸易结构对东部地区的影响较为显著。

企业异质性与生产性服务业发展关系的实证结果表明：中国工业企业规模与其生产性服务投入、服务外部化都呈倒"U"型关系，但目前二者的关系都处于正相关阶段；与私营、外资企业相比，国有企业的生产性服务投入水平更高，但服务外部化水平偏低，这跟国有企业管理层次过多、部门设置宽泛和企业垂直一体化的组织结构有关；国有企业服务投入较高而劳动生产率较低的事实使得工业企业整体的劳动生产率与生产性服务投入呈反比；另外，地区市场化水平也对企业的生产性服务投入和服务外部化有显著的促进作用。

为了提出适应中国经济发展的服务化路径，我们对发达国家经济服务化的演进过程进行了归纳和总结。发达国家产业发展的规律表明，经济服务化是产业结构自然演化的结果。产业更迭的过程中，新兴服务业依靠自身对新时代的适应性和竞争优势，在与其他产业的生存竞争中获取必要的生产要素、经济资源和市场份额，并逐步形成、生长和壮大，其演化过程具有自发性、内生性和客观性，是经济系统组织自我平衡和客观选择的结果。在经济服务化过程中，政府对不同产业的倾斜式政策和支持也起到了推波助澜的作用，具体的政策包括鼓励服务创新、推动服务外包业务扩张、完善行业标准和制度、构建合作交流平台、支持新兴服务行业发展等。

对我国来说，从中间需求角度出发，经济服务化的可行路径主要有三个：制造业行业领军企业的服务化、中小制造业企业的服务外部化和加工贸易企业的转型升级。通过制造业领军企业的服务化转型向高端服务业延伸，逐渐掌握产业价值链的高端环节；中小制造业企业通过服务外部化降低经营成本，将资源集中于自身产品的核心环节；加工贸易企业的转型升级将有助于扩大国内制造业企业对本土生产性服务业的需求，向价值链高端环节延伸。通过领军企业的服务化、行业内中小企业的服务外部化以及加工贸易企业的转型形成国内相对完整的产业价值链，减少对国外高端服务业的依赖，保证产业演进朝着更为健康和良性循环的路径发展。

案例分析表明，制造业领军企业可以通过参与行业标准制定、打造行业研发创新平台、充分利用互联网进行联合设计和创新、向下游渠道和物流环节延伸等方式实现企业的服务化并逐渐掌握产业链的高附加值环节，转型为行业的综合服务和解决方案供应商。规模较小的中小型企业则可以借助外部力量，通过将大部分服务环节外包给行业内知名服务供应商、专注于自身产品的研发和制造等途径逐渐巩固自身在价值链某一环节的突出优势。加工贸易企业则可以通过品牌建设、加强自主创新投入、转移生产环节、向价值链服务环节延伸等方式逐步向一般贸易转型。制造业行业领军企业的服务化转型能够为市场提供高质量的生产性服务，这能够提高众多中小企业服务外包的动机；中小企业的外部化程度提高则能够为市场提供足够的需求，使得生产性服务的市场化得以良性发展；而加工贸易企业向一般贸易企业的转型则意味着生产性服务市场供给和需求规模的进一步扩大，从而有利于形成国内相对完整的产业价值链。

二、政策建议

基于生产性服务业在国民经济发展中的重要性，国家"十三五"规划提出，要"开展加快发展现代服务业行动，放宽市场准入，促进服务业优质高效发展；推动生产性服务业向专业化和价值链高端延伸，推动制造业由生产型向生产服务型转变"。党的十九大报告（2017）也明确指出，要加快经济发展方式的转变，产业发展的重点是"加快发展现代服务业，瞄准国际标准提高水平"、"促进我国产业迈向全球价值链中高端"。结合本研究理论和实证的结论，我们认为，从需求方面加快生产性服务业发展的途径主要有：充分认识生产性服务业在服务经济社会中的重要地位、提高制造业服务化程度、加强服务业的"自我增强"、改善贸易结构并合理引进外资、促进企业服务外部化等。

第一，充分认识生产性服务业在现代服务业发展中的重要地位，以发展生产性服务业为构建服务经济社会的主要途径。发达国家的产业发展经验表明，后工业化时期服务业的发展以满足中间需求的生产性服务业为主，消费型服务和政府服务占服务业的比重都呈下降趋

势。对我国服务业长期规律和内部结构的考察也表明，所谓服务经济
发展的"中国悖论"实际上是生产性服务业发展悖论。因此，作为一
个发展中的大国。我国产业政策的制定要以客观地认识我国服务业发
展所处的阶段及其存在的结构性问题为基础。服务业在世界经济发展
中的重要性已经得到广泛认可，大力发展现代服务业也已成为我国经
济发展的重要方向，但由于服务业构成庞杂，且不同类型服务业的性
质和对经济增长的作用差异性较大，服务经济政策的制定需要与不同
服务业发展规律的特征相适应，才能真正促进服务经济的健康发展。

　　第二，加强产业关联，促进制造业与生产性服务业的良性互动和
服务业的"自我增强机制"，从产业层面扩大生产性服务业的中间需
求。制造业服务化和服务外部化程度低是我国制造业无法有效促进生
产性服务业发展的主要原因。目前来讲，制造业仍然是我国国民经济
中比重最大的产业，也是生产性服务业需求的重要来源，因此，政府
应在提高制造业领军企业服务化和促进中小制造业服务外部化方面做
出合理的制度安排。同时，服务业自身需求在生产性服务业发展中的
作用越来越重要，服务业的"自我增强"机制越来越明显，因此，应
通过体制、机制和政策创新，打破服务业行政垄断，放宽准入领域，
建立公平、平等、规范的行业准入制度，促进服务业的繁荣和有序竞
争，通过促进服务业的"自我增强"实现生产性服务业的快速发展。

　　第三，改善贸易结构和合理引导外商投资，以扩大生产性服务的
市场需求和提升生产性服务业的竞争力。我国以加工贸易为主的贸易
结构降低了制造业企业对生产性服务的需求，割裂了制造业和生产性
服务业的产业关联，虽然实证检验发现一般贸易和加工贸易出口都能
够促进我国生产性服务业的发展，但加工贸易大量进口资本密集型设
备会间接地阻碍制造业对生产性服务的需求，因此，在促进对外贸易

进一步发展的同时，要逐步降低我国对外出口结构中加工贸易的比重，并通过技术合作和自主创新等方式提升我国资本密集型制造业的发展水平，形成上下游完整的制造业产品生产链条，增加国内制造业与生产性服务业的融合互动。另外，可以有针对性地引入与加工贸易制造企业相关的外资服务业企业，并充分利用外资服务企业的"技术溢出效应"，提高本土生产性服务企业为外资制造业企业提供生产性服务的能力，间接地扩大制造业整体对国内生产性服务业的需求范围。

第四，进一步改变企业组织结构，完善生产性服务业发展的市场环境，促进企业特别是国有企业服务外部化。现阶段，我国企业规模与其对生产性服务的中间需求、服务外部化水平正相关，应继续推动各种类型企业规模的扩大，提高国民经济对生产性服务的需求程度和服务外部化水平；企业组织结构和经营目标的差异也是影响企业生产性服务投入和服务外部化的重要因素，应进一步推进国有企业经营体制的市场化改革，改变国有企业"大而全"、"小而全"的组织结构，增强企业独立经营的市场化意识，通过促进国有企业的服务外部化来提升生产性服务业的市场化发展。同时，要与时俱进地更新生产性服务业的行业标准和市场化准入条件，逐步完善生产性服务业发展的市场环境，以保证生产性服务业的外部化和市场化发展。

三、研究方向展望

本书通过对中国服务业发展规律的检验，将"中国经济服务化发展悖论"正式解读为"中国生产性服务业发展悖论"，并从产业互动的中间需求角度推导出影响生产性服务业发展的各种内生因素，以此为基础从宏观（产业结构、贸易结构）和微观（企业异质性）两个层面对中国生产性服务业发展悖论的成因进行了实证检验，并得出了一些较有意义的结论。但是，由于各种主观和客观因素的约束，仍有一问题有待于进一步研究和完善：

第一，本研究在进行产业互动模型分析时，运用了两种模型，一种是外部规模报酬递增模型，即生产性服务业通过自身的规模报酬递增促进制造业发展；另一种是专业化报酬递增模型，即生产性服务业通过其"黏合剂"功能提升制造业的专业化水平。虽然所有生产性服务业都具备这两种功能，但生产前端、后端和生产过程中的生产性服务对制造业的作用途径是有所偏重的，对此进行更为细致的区分将有利于我们更好地理解生产性服务业与制造业的产业互动，从而对不同类型的生产性服务实施更有针对性的产业政策。

第二，国民收入水平对消费性服务业发展作用方面的理论研究已有很长的历史，但截至目前，还没有关于国民收入水平与生产性服务之间作用机制的具体研究，本文的理论模型得出了二者之间的一些作用途径，但由于各指标的量化和数据的获取存在很大难度，文章并没有对具体的作用途径做详细的实证，随着数据资料的完善和研究方法的进一步发展，可以尝试建立收入与生产性服务业发展之间更为完善的分析框架，并通过数据进行验证。

第三，制造业企业服务化是未来我国制造业转型升级的主要途径之一，因此，从不同角度分析制造业服务化的演化路径、我国制造业企业服务化不足的主要障碍、制造业服务化与企业利润增长的关系、促进制造业服务化的机制设计等是我们未来研究中关注的重点方向之一。

参 考 文 献

Acemoglu, D. and Veronica, G., "Capital Deepening and Nonbalanced Economic Growth", *Journal of Poilitical Economy*, Vol. 116, pp. 467-498, 2008.

Ashton, D. J. and B. K., *Sternal Business Services and New England's Export Base*, Boston: Federal Reserve Bank of Boston Research Department Special Study, 1978.

Bagchi-Sen, S. P., "Wage Variations in Advanced Producer Service Work in New York", *The Service Industries Journal*, Vol. 21, No. 4, pp. 64-86, 2001.

Barro, R. J. and Lee, J. W., "A New Data Set of Educational Attainment in the World", NBER Working Paper, No. 15902, 2010.

Baumol, W. J., "Macroeconomics of Unbalanced Growth: The Anatomy of Urban Crisis", *American Economic Review*, Vol. 57, pp. 415-426, 1967.

Baumol, W. J., Blackman, S. B. and Wolff, E. N., "Unbalanced Growth Revisited: Asymptotic Stagnancy and New Evidence", *American Economic Review*, Vol. 75, No. 4, pp. 806-817, 1985.

Baumol, W. J., Blackman, S. B. and Wolff, E. N., *Productivity and American Leadership: The Long View*, MIT Press, Cambridge,

MA, 1991.

Bell, D., *The Coming of Post-industrial Scoiety* , Heinemann Educational Books Ltd., 1974.

Beyers, W. B. and Lindahl, D. P., "Explaining the Demand for Producer Services: Is Cost-driven Externalization the Major Factor", *Regional Science*, Vol. 75, pp. 351−374, 1996.

Birley, S. and Westhead, P., "New Producer Services Businesses: Are They Any Different from New Manufacturing Adventures", *The Service Industries Journal*, Vol. 14, No. 4, pp. 455−481, 1994.

Britton, S., "The Role of Service in Production", *Progress in Human Geography*, No. 4, pp. 529−546, 1990.

Browning, H. and Singleman, J., *The Emergence of a Service Society: Demographic and Sociological Aspects of the Sectoral Transformation of the Labor Force in the U. S. A*, National Technical Information Service, Springfield, 1975.

Buera, F. and Kaboski, J., *Scale and Origins of Structural Change*, Unpublished manuscript, 2008.

Buera, F. and Kaboski, J., "The Rise of the Services Economy", NBER Working Paper, No. 14822, 2009.

Chenery, H., "Patterns of Industrial Growth", *American Economic Review*, Vol. 50, pp. 624−654, 1960.

Chenery, H. and Syrquin, M., *Patterns of Development*, 1957 − 1970, Oxford: Oxford University Press, 1975.

Chien-Yu, H., "Informative Producer Services in a R&D-based Growth Model of Variety Expansion Model", North Carolina State

University Working Paper, 2010.

Chien-Yu, H.,"The Impact of Informative Producer Services on Economic Growth: Theory and Evidence from US Manufacturing Industries", North Carolina State University Working Paper, 2011.

Clark, C., *The Conditions of Economic Progress*, London: MacMillan&Co. Ltd, 1940.

Cohen, S. and Zysman, J., *Manufacturing Matters: The Myth of the Post-industrial Economy*, New York: Basic Books, 1987.

Coe, N.,"The Externalization of Producer Services Debate: The UK Computer Services Sector", *The Service Industries Journal*, Vol. 20, No.2, pp. 64-81, 2000.

Coffey, W. J. and Bailly, A. S., "Producer Services and Flexible Production: An Exploratory Analysis", *Growth and Change*, Vol. 22, No.4, pp. 95-117, 1991.

Coffey, W. J. and Bailly, A. S.,"Producer Services and Systems of Flexible Production", *Urban Studies*, Vol. 29, No.6, pp. 857-868, 1992.

Daniels, P. W., "Economic Development and Producer Services Growth: the APEC Experience", *Asia Pacific Viewpoint*, Vol. 39, No.2, 1998.

Daniels, P.,"Manpower and the Growth of Producer Services", *The Service Industries Journal*, Vol. 21, No.4, pp. 194-196, 2001.

Daniels, P., *Service Industries in the World Economy*, Blackwell Publishers, 1993.

Dilek Cetindament Karaomerioglu and Bo Carlaaon, "Manufacturing in Decline? A Matter of Defination", *Economy*, *Innovation*, *New Technlogy*, No. 8, pp. 175-196, 1999.

Eichenggreen, B. And Gupta, P., "The Two Waves of Service Sector Growth", *Oxford Economic Papers*, Vol. 65, No. 1, pp. 96-123, 2013.

Eschenbach, F. and Hoekman, B., "Services Policy Reform and Economic Growth in Transition Economics, 1990 - 2004", World Bank Policy Research Working Paper, No. 3663, 2005.

Eswaran, M. and Kotwal, A., "The Role of the Service Sector in the Process of Industrialization", *Journal of Development Economics*, Vol. 68, No. 2, pp. 401-420, 2002.

Falvey, R. and Gemmell, N., " Are Services Income elastic? Some New Evidence", *The Review of Income and Wealth*, No. 3, 1996.

Fisher, A. G. B., "Primary, Secondary and Tertiary Production", *Economic Record*, Vol. 15, pp. 24-38, 1939.

Francois, J., "Producer Services, Scale, and the Division of Labor", *Oxford Economic Papers*, Vol. 42, pp. 715-729, 1990.

Francois, J., "Trade in Nontradeables: Proximity Requirements and the Pattern of Trade in Services", *Journal of International Economic Integration*, No. 5, pp. 31-46, 1990.

Francois, J., "Trade in Producer Services and Returns due to Specialization under Monopolistic Competition", *Canadian Journal of Economics*, Vol. 23, No. 1, pp. 109-124, 1990.

Francois, J. and Woerz, J., " Producer Services, Manufacturing Linkages, and Trade", *Journal of Industry*, *Competition and Trade*, No. 8, pp. 199-229, 2008.

Fuchs, V. R., *The Service Economy*, NBER Books, 1968.

Galbraith, J. K., *The New Industrial Stata*, Princeton University Press, 1967.

Gershunny, J., *After Industrial Society? The Emerging Self-service Economy*, London and Basingstoke: Macmillan & Co. Ltd., 1978.

Goodman, B. and Steadman, R., " Services: Business Demand Rivals Consumer Demand in Driving Job Growth", *Monthly Labor Review*, Vol. 125, No. 4, pp. 3-16, 2002.

Godbout, T. M.,"Employment Change and Sectoral Distribution in 10 Countries", *Monthly Labor Review*, Vol. 116, pp. 3-20, 1993.

Greenfield, H., *Manpower and the Growth of Producer Services*, New York: Columbia University Press, 1966.

Grubel, H. G. and Walker, M. A., *Modern Service Sector Growth: Causes and Efffects*, Fraser Institute, 1989.

Guerrieri, P. and Meliciani, V.,"Technology and International Competitiveness: The Independence between Manufacturing and Producer Services", *Structural Change and Economic Dynamics*, No. 16, pp. 489-502, 2005.

Guerrieri, P. and Padoan, P. C.,"Modeling ICT as a General Purpose Technology", *Evaluation Models and Tools for Assessment of Innovation and Sustainable Development at the EU Level*, 2007.

Goe, W. R. and James, J. L.,"A Conceptual Approach For Examining Service Sector Growth in Urban Economies: Issues and Problems in Analyzing the Service Economy", *Economic Development Quarterly*, No. 4, pp. 144-153, 1990.

Goe, W. R., "The Growth of Producer Services Industries: Sorting Through the Externalization Debate", *Growth and Change*, Vol. 22, No. 4, pp. 118-141, 1991.

Goe, W. R., "Factors Associated with the Development of Non-metropolitan Growth Nodes in Producer Services Industries: 1980 – 1990", *Rural Sociology*, Vol. 67, No. 3, pp. 416-441, 2002.

Goodman, B., and Steadman, R., "Services: Business Demand Rivals Consumer Demand in Driving Job Growth", *Monthly Labor Review*, Vol. 125, No. 4, pp. 3-16, 2002.

Grossman, G. and Helpman, E., "Outsourcing versus FDI in Industry Equilibrium", *Journal of theEuropean Economic Association*, Vol. No. 2, pp. 317-327, 2003.

Hansen, N., "Do Producer Services Induce Regional Development", *Journal of Regional Science*, Vol. 30, No. 4, pp. 466-471, 1990.

Harberger, A., "Perspectives on Capital and Technology in Less Developed Countries", In Artis, M. J. and Nobay A. R. (eds.), *Contemporary Economic Analysis*, London: Croom Helm, 1978.

Hauknes, J. and Knell, M., "Embodied Knowledge and Sectoral Linkages: an Input-Output Approach to the Interaction of High-and Low-Tech Industries", *Research Policy*, Vol. 38, No. 3, pp. 459-469, 2009.

Hoekman, B. and Matto, A., "Service Trade and Growth", The World Bank Development Group, Policy Research Working Paper, No. 4461, 2008.

Holmstrom, B., "The Provisions of Services in a Market Economy", in Inman R. P., *Managing the Service Economy: Prospects and Problems*,

Cambridge University Press, 1985.

Howells, J. and Green, A., "Location, Technology and Industrial Organization in UK Services", *Progress in Planning*, Vol. 26, No. 2, pp. 83-184, 1986.

Illeris, S., "Producer Services: The Key Sector for Future Economic Development", *Entrepreneurship and Regional Development*, Vol. 1, No. 3, pp. 267-274, 1989.

Irving, B. And Kravis, A. W., "Heston and Robert Summers: The Share of Services in Economic Growth", at F. Gerard Adams and Bert G. Hickman ed., *Global Econometrics: Essays in Honor of Lawrence R. Klein*, MIT Press, 1983.

John, T. B. and Thomas, R. L., "Air cargo services in Asian Industrial-izing economies: Electronics manufacturers and the strategic use of advanced producer services", *Regional Science*, Vol. 82, pp. 309-332, 2003.

Jones, R. and Kierzkowski, H., "The Role of Services in Production and International Trade: A Theoretical Framework", *Political Economy of International Trade*, Oxford: Basil Blackwell, pp. 31-48, 1990.

Jorgenson, D. W., "Information Technology and the U. S. Economy", *The American Economic Review*, Vol. 91, No. 1, pp. 1-32, 2001.

Juleff-Tranter, L. E., "Advanced Producer Services: Just Service to Manufacturing?", *The Service Industries Journal*, Vol. 16, No. 3, pp. 389-400, 1996.

Klodt, H., "Structural Change Towards Services: the German Experi-ence", University of Birmingham , *IGS Discussion paper* , No. 7, 2000

Kongsamut, P., Rebelo, S. And Xie, D., " Beyond Balanced

Growth", *Review of Economic Studies*, Vol. 68, No. 4, pp. 869 – 882, 2001.

Kuznets, S., "Modern Economic Growth: Findings and Reflections", *American Economic Review*, Vol. 63, pp. 24–258, 1973.

Lee, C. H., "The Service Sector, Regional Specialization, and Economic Growth in the Victorian Economy", *Journal of Historical Geography*, Vol. 10, No. 2, pp. 139–155, 1982.

Lee, J. W. and Hong, K., "Economic Growth in Asia: Determinants and Prospect", *Asian Development Bank Economics Working Paper Series*, No. 220, 2010.

Leontief, W., "Quantitative Input and Output Relations in Economics of United States", *Review of Economic Statistics*, Vol. 8, No. 3, pp. 105–125, 1936.

Lindahl, D. P. and Beyers, W. B., "The Creation of Competitive Advantage by Producer Service Establishments", *Economic Geography*, Vol. 75, No. 1, pp. 1–20, 1999.

Machlup, F., *The Production and Distribution of Knowledge in the United States*, New Jersey: Princeton University Press, 1962.

Macpherson, A., "Producer Service Linkages and Industrial Innovation: Results of a Twelve-Year Tracking Study of New York State Manufacturers", *Growth and Change*, Vol. 39, No. 1, pp. 1 – 23, 2008.

Marshall, J. N., Damesick, P. and Wood, P., "Understanding the Location and Role of Producer Services in the United Kingdom", *Environment and Planning*, Vol. 19, No. 5, pp. 575–595, 1987.

Martinelli, F., "A Demand-Oriented Approach to Understanding Producer Services", In Daniels, PW. And Moulaert, F. (eds.), *The Changing Geography of Advanced Producer Services*, London: Belhaven Press, 1991.

Markusen, J. R., " Trade in Producer Services and in Other Specialized Intermediate Inputs", *American Economic Review*, Vol. 79, pp. 85−95, 1989.

Marrewijk, C. van, J. Stibora, A. de Vaal, and J. -M. Viaene, "Producer Services, Comparative Advantage, and International Trade Patterns", *Journal of International Economics*, Vol. 42, pp. 195 − 220, 1997.

Matthew, P. D., "Gateway Cities: The Metropolitan Sources of US Producer Service Exports ", *Urban Studies*, Vol. 29, No. 2, pp. 217−235, 1992.

Mattoo, A., Rathindran, R. and Subramanian, A., " Measuring Services Trade Liberalization and its Impact on Economic Growth: An Illustration", World Bank Working Paper, No. 2655, 2001.

Mattsson, J., "Quality blueprints of internal producer services", *International Journal of Service Industry Management*, Vol. 4, No. 1, pp. 66−80, 1993.

Morihiro Yomogida, "Communication Costs, Producer Services, and International Trade", ESTG Working Paper, 2004.

Mulder, N., Montout, S. and Lopes, L. P., "Brazil and Mexico's Manufacturing Performance in International Perspective, 1970 − 1999 ", CEPII Research Center Working Papers, 2002.

Muller, E. and Zenker, A., "Business Services as Actors of Knowledge Transformation: the Role of KIBS in Regional and National Innovation Systems", *Research Policy*, Vol. 30, No. 9, pp. 1501-1516, 2001.

OECD, "The Service Economy", *STI Business and Industry Policy Forum Series*, 2000.

Ó huallacháin, B. and Reid, N., "The Location and Growth of Business and Professional Services in American Metropolitan Areas 1976 – 1986", *Annals of the Association of American Geographers*, Vol. 81, No. 2, pp. 254-270, 1991.

Park, S. and Chan, K., "A Cross-country Input-Output Analysis of Inter-sectoral Relationships between Manufacturing and Services", *World Development*, Vol. 17, pp. 199-212, 1989.

Pilat, D. and Wolfl, A., "Measuring the Interaction between Manufacturing and Services", STI working paper, No. 5, 2005.

Pugno, M., "The Service Paradox and Endogenous Economic Growth", *Structural Change and Economic Dynamics*, Vol. 17, No. 1, pp. 99-115, 2006.

Raff, H. and Ruhr, M., "Foreign Direct Investment in Producer Service: Theory and Empirical Evidence", *Applied Economics Quarterly*, Vol. 53, No. 3, pp. 299-321, 2007.

Reiskin, E. D., White, A. L., Kauffman Johnson, J. and Votta, T. J., "Servicizing the Chemical Supply Chain", *Journal of Industrial Ecology*, Vol. 3, pp. 19-31, 2000.

Riddle, D., *Service-Led Growth: The Role of the Service Sector in World Development*, New York: Preager Publishers, 1986.

Sassen, S., *The Global City*: *New York, London, Tokyo*, Princeton: Princeton University Press, 1991.

Shugan, Steven, M., "Explanations for the Growth of Services", In *Service Quality*: *New Directions in Theory and Practice*, Roland T. Rust and Richard L. Oliver, eds. Newbury Park, CA: Sage Publications, pp. 223-240, 1994.

Singh, A., "Take-overs, economic natural selection and the theory of the firm", *Economic Journal*, No. 12, 1975.

Singelmann, J., *From Agriculture to Services*: *The Transformation of Industrial Employment*, Beverly Hills: Sage Publications, 1978.

Sirat, M., "Globalizing Kuala Lumpur and the Strategic Role of the Producer Services Sector", *Urban Studies*, Vol. 37, No. 12, pp. 2217-2240, 2000.

Summers, R., "Services in the International Economy", In Inman (ed.), *Managing the Service Economy*: *Prospects and Problems*, Cambridge University Press, 1985.

Stabler, J. C. and Howe, E. C., "Service Exports and Regional Growth in the Postindustrial Era", *Journal of Regional Science*, Vol. 28, No. 3, pp. 303-315, 1988.

Stare, M., "Advancing the Development of Producer Services in Slovenia with Foreign Direct Investment", *The Service Industries Journal*, Vol. 21, No. 1, pp. 19-34, 2001.

Stanback, T., Bearse, P., Noyelle, T., and Karasek, R., *Services*: *The New Economy*, New York: Totowa, 1981.

Noyelle, T. J. and Stanback, T. M., *The Economic Transformation of American Cities*，Rowman & Littlefield Pub Inc.，1984.

Tschetter，J.，"Producer Services Industries：Why are They Growing so Rapidly"，*Monthly Labor Review*，Vol. 110，No. 2，pp. 31－40，1987.

Vandermerwe，S. and Rada，J.，"Servitization of Business：Adding Value by Adding Services"，*European Management Journal*，Vol. 6，No. 4，pp. 314－324，1988.

Walker，R. A.，*Is There a Service Economy? The Changing Capitalist Division of Labor*，in Bryson and Daniels，1998.

White，A. L.，Stoughton，M. and Feng，L.，*The Quiet Transition to Extended Product Responsibility*，Boston：Tellus Institute，1999.

Wölfl，A.，"The Service Economy in OECD Countries"，OECD Working Paper，2005.

Wu，Y. R.，"China's Capital Stock Series by Region and Sector"，Business School，University of Western Australia，Discussion Paper，No. 09，2009.

［美］贝尔：《后工业社会的来临——对社会预测的一项探索》，高銛译，商务印书馆 1984 年版。

曹慧平、于津平：《贸易结构、中间需求与生产性服务业发展》，《世界经济研究》2011 年第 3 期。

陈宪、黄建峰：《分工、互动与融合：制造业与服务业关系演进的实证研究》，《中国软科学》2004 年第 10 期。

陈宪、殷凤、程大中：《中国服务经济报告 2009》，上海大学出版社 2010 年版。

陈国亮：《新经济地理学视角下的生产性服务业集聚研究》，浙江大学博士学位论文，2010 年。

陈凯：《服务业内部结构高级化研究》，经济科学出版社 2008 年版。

陈凯：《中美制造业服务投入率的比较分析——基于投入产出表的实证研究》，《商业经济与管理》2012 年第 11 期。

陈志武：《为什么中国人出卖的是"硬苦力"》，《新财富》2004 年第 9 期。

程大中：《中国生产性服务业的水平、结构及影响——基于投入产出法的国家比较研究》，《经济研究》2008 年第 1 期。

程大中：《中国经济正在趋向服务化吗？——基于服务业产出、就业、消费和贸易的统计分析》，《统计研究》2008 年第 9 期。

程大中、汪蕊：《服务消费偏好、人力资本积累与"服务业之谜"破解：Pugno 模型拓展及基于中国的数值模拟》，《世界经济》2006 年第 10 期。

程大中：《生产者服务业发展与开放》，文汇出版社 2006 年版。

程大中：《中国服务需求弹性的估计：基于 Baumol 模型的分析》，《南开商学评论》2004 年第 2 期。

程大中：《服务经济的兴起与中国的战略选择》，经济管理出版社 2010 年版。

戴天婧、汤谷良、彭家钧：《企业动态能力提升、组织结构倒置与新型管理控制系统嵌入——基于海尔集团自主经营体探索型案例研究》，《中国工业经济》2012 年第 2 期。

代中强：《制造业与生产者服务业的互动关系—来自长三角的证据》，《产业经济研究》，2008 年第 4 期。

但斌、刘利华：《面向产品制造企业的生产性服务及其运营模式研究》,《软科学》2007 年第 3 期。

但斌、张乐乐、钱文华:《知识密集型生产性服务业区域性集聚分布模式及其动力机制研究》,《软科学》2008 年第 3 期。

樊纲、王小鲁、朱恒鹏等:《中国市场化指数:各地区市场化相对进程 2011 年报告》,经济科学出版社 2011 年版。

冯德海:《基于系统思想的生产性服务业发展机制研究》,《商业经济》2008 年第 8 期。

丰志培、刘志迎:《产业关联理论的历史演变及评述》,《温州大学学报》2005 年第 2 期。

高觉民、李晓慧:《生产性服务业与制造业的互动机理:理论与实证》,《中国工业经济》2011 年第 6 期。

高传胜、李善同:《中国服务业发展不足的结构性动因与突破方略》,《改革》2007 年第 12 期。

高传胜、李善同:《中国生产者服务:内容、发展与结构——基于中国 1987—2002 年投入产出表的分析》,《现代经济探讨》2007 年第 8 期。

高传胜、李善同:《经济服务化的中国悖论与中国推进经济服务化的战略选择》,《经济经纬》2007 年第 4 期。

高运胜:《上海生产性服务业集聚区发展模式研究》,对外经济贸易大学出版社 2009 年版。

顾乃华:《生产服务业、内生比较优势与经济增长:理论与实证分析》,《商业经济与管理》2005 年第 4 期。

顾乃华、毕斗斗、任旺兵:《生产性服务业与制造业互动发展:文献综述》,《经济学家》2006 年第 6 期。

顾乃华、毕斗斗、任旺兵:《中国转型期生产性服务业发展与制造业竞争力关系研究：基于面板数据的实证分析》，《中国工业经济》2006年第9期。

顾乃华：《生产性服务业对工业获利能力的影响和渠道——基于城市面板数据和SFA模型的实证研究》，《中国工业经济》2010年第5期。

国家统计局国民经济核算司：《中国地区投入产出表—2002》，中国统计出版社2008年版。

韩德超、张建华：《中国生产性服务业发展的影响因素研究》，《管理科学》2008年第12期。

韩德超：《生产性服务业与制造业关系实证研究》，《统计与决策》2009年第18期。

韩德超：《生产性服务业FDI对工业企业效率影响研究》，《统计研究》2011年第2期。

韩坚、于国俊：《农业生产性服务业：提高农业生产效率的新途径》，《学术交流》2006年第11期。

华而诚：《论服务业在国民经济中的战略性地位》，《经济研究》2001年第12期。

洪茳、孙泽露、廖联凯：《制造业企业转型升级与成本战略的协同演化——基于海尔集团的案例分析》，《财会月刊》2014年第24期。

黄群慧、霍景东：《全球制造业服务化水平及其影响因素——基于国际投入产出数据的实证分析》，《经济管理》2014年第1期。

黄群慧、霍景东：《产业融合与制造业服务化：基于一体化解决方案的多案例研究》，《财贸经济》2015年第2期。

黄少军：《服务业与经济增长》，经济科学出版社2000年版。

〔美〕库兹涅茨编著:《现代经济增长——速度、结构与扩展》,戴睿等译,北京经济学院出版社 1989 年版。

江小涓:《服务业增长:真实含义、多重影响和发展趋势》,《经济研究》2011 年第 4 期。

江小涓、李辉:《服务业与中国经济:相关性和加快增长的潜力》,《经济研究》2004 年第 10 期。

江静、刘志彪、于明超:《生产者服务业与制造业效率提升:基于地区和行业面板数据的经验分析》,《世界经济》2007 年第 8 期。

江静、刘志彪:《世界工厂的定位能促进中国生产性服务业发展吗》,《经济理论与经济管理》,2010 年第 3 期。

荆林波、史丹、夏杰长:《中国服务业发展报告 No.9——面向"十二五"的中国服务业》,社会科学文献出版社 2011 年版。

孔德洋、徐希燕:《生产性服务业与制造业互动关系研究》,《经济管理》2008 年第 12 期。

〔美〕里昂惕夫:《"投入产出法"——投入产出经济学》,崔书香译,中国统计出版社 1990 年版。

李冠霖:《第三产业投入产出分析——从投入产出的角度看第三产业的产业关联与产业波及特性》,中国物价出版社 2002 年版。

刘洋:《传统制造业从生产型制造向服务型制造转型路径研究》,山东财经大学硕士学位论文,2016 年。

刘建基:《"互联网+"时代制造企业组织敏捷性提升机理及对策》,《党政干部学刊》2017 年第 1 期。

来有为:《生产性服务业的发展趋势和中国的战略抉择》,中国发展出版社 2010 年版。

李善同、高传胜等:《中国生产者服务业发展与制造业升级》,三联书店 2008 年版。

李勇、王满仓、高煜：《生产性服务业与制造业互动发展机制——基于超边际模型分析和计量实证的研究》，《中大管理研究》2010 年第 4 期。

李勇坚、夏杰长：《我国经济服务化的演变与判断——基于相关国际经验的分析》，《财贸经济》2009 年第 11 期。

李江帆、曾国军：《中国第三产业内部结构升级趋势分析》，《中国工业经济》2003 年第 3 期。

李江帆、毕斗斗：《国外生产服务业研究述评》，《外国经济与管理》2004 年第 11 期。

李江帆、朱胜勇：《"金砖四国"生产性服务业的水平、结构与影响——基于投入产出法的国际比较研究》，《上海经济研究》2008 年第 9 期。

李江帆、毕斗斗：《国外生产服务业研究述评》，《经济与管理》2004 年第 1 期。

李真：《海尔集团的平台化战略转型研究》，山东大学硕士学位论文，2017 年。

李勇辉、袁旭宏：《企业非技术创新的价值实现机理与驱动机制——基于价值链的视角》，《财经研究》2014 年第 9 期。

刘斌、魏倩、吕越：《制造业服务化与价值链升级》，《经济研究》2016 年第 3 期。

刘斌、王乃嘉：《制造业投入服务化与企业出口的二元边际——基于中国微观企业数据的经验研究》，《中国工业经济》2016 年第 9 期。

刘继国、李江帆：《国外制造业服务化问题研究综述》，《经济学家》，2007 年第 3 期。

刘志彪：《发展现代生产者服务业与调整优化制造业结构》，《南京大学学报》2006 年第 5 期。

刘志彪：《发展现代生产者服务业与调整优化制造业结构》，《南京大学学报》2006 年第 5 期。

刘浩、原毅军：《中国生产性服务业与制造业的共生行为模式检验》，《财贸研究》2010 年第 3 期。

刘曙华、沈玉芳：《生产性服务业的区位驱动力与区域经济发展研究》，《人文地理》2007 年第 1 期。

陆小成：《生产性服务业与制造业融合的知识链模型研究》，《情报杂志》2009 年第 2 期。

卢峰：《当代服务外包的经济学观察》，《世界经济》2007 年第 8 期。

吕政、刘勇、王钦：《中国生产性服务业发展的战略选择——基于产业互动的研究视角》，《中国工业经济》2006 年第 8 期。

［美］迈克尔·波特：《竞争优势》，陈丽芳译，华夏出版社 1996 年版。

马强、董乡萍：《金融服务业支持制造业发展的评价模型研究》，东南大学学报（哲学社会科学版）2010 年第 3 期。

聂清：《生产者服务业与制造业的关联效应研究》，《国际商务研究》2006 年第 1 期。

裴长洪、彭磊：《中国流通领域改革开放回顾》，《中国社会科学》2008 年第 6 期。

彭志龙：《从国际比较看我国第三产业比重》，《统计研究》2001 年第 3 期。

彭水军、袁凯华、韦韬:《贸易增加值视角下中国制造业服务化转型的事实与解释》,《数量经济技术经济研究》2017 年第 9 期。

任旺兵:《我国制造业发展转型期生产性服务业发展问题》,中国计划出版社 2008 年版。

芮明杰:《破除上海生产性服务业两个独立循环圈》,《东方早报》2012 年 4 月 24 日 D09 版。

尚涛、陶蕴芳:《中国生产性服务贸易开放与制造业国际竞争力关系研究——基于脉冲响应函数方法的分析》,《世界经济研究》2009 年第 5 期。

申玉铭、邱灵、王茂军:《中国生产性服务业产业关联效应分析》,《地理学报》2007 年第 8 期。

施振荣:《再造宏基:开创成长与挑战》,中信出版社 2005 年版。

宋建、郑江淮:《产业结构、经济增长与服务业成本病——来自中国的经验证据》,《产业经济研究》,2017 年第 2 期。

苏敬勤、张琳琳:《动态能力维度在企业创新国际化各阶段中的作用变化分析——基于海尔的案例研究》,《管理学报》2013 年第 6 期。

孙晓峰:《现代服务业发展的动力机制及制度环境》,《兰州学刊》2004 年第 6 期。

唐晓华、张欣钰、李阳:《中国制造业与生产性服务业动态协调发展实证研究》,《经济研究》2018 年第 3 期。

唐强荣、徐学军:《基于共生理论的生产性服务企业与制造企业合作关系的实证研究》,《工业技术经济》2008 年第 12 期。

唐强荣、徐学军、何自力:《生产性服务业与制造业共生发展模型及实证研究》,《南开经济评论》2009 年第 12 期。

唐宜红、王明荣：《生产者服务、出口品技术结构和制造业出口商品结构优化》，《产业经济研究》2010年第3期。

王岚、莫凡：《制造业服务化转型模式研究——以海尔集团为例》，《现代管理科学》2017年第4期。

王水莲、刘莎莎：《海尔集团商业模式演进案例研究："因时而变"的企业》，《科学学与科学技术管理》2016年第4期。

王念新、贾昱、葛世伦、苏翔：《企业多层次信息技术与业务匹配的动态性——基于海尔的案例研究》，《管理评论》2016年第7期。

王钦、赵剑波：《价值观引领与资源再组合：以海尔网络化战略变革为例》，《中国工业经济》2014年第11期。

王恕立、胡宗彪：《中国服务业分行业生产率变迁及异质性考察》，《经济研究》2012年第4期。

汪素芹、孙燕：《中国生产性服务贸易发展及其结构分析》，《商业经济与管理》2008年第11期。

王凤彬、陈公海、李东红：《模块化组织模式的构建与运作——基于海尔"市场链"再造案例的研究》，《管理世界》2008年第4期。

汪德华、张再金、白重恩：《政府规模、法治水平和服务业发展》，《经济研究》2007年第6期。

魏江、周丹：《我国生产性服务业与制造业互动需求结构及发展态势研究》，《经济管理》2010年第8期。

魏作磊、胡霞：《发达国家服务业需求结构的变动对中国的变动对中国的启示——一项基于投入产出表的比较分析》，《统计研究》2005年第5期。

肖挺、聂群华、刘华：《制造业服务化对企业绩效的影响研究——基于我国制造企业的经验证据》，《科学学与科学技术管理》

2014 年第 4 期。

席强敏、陈曦、李国平：《中国城市生产性服务业模式选择研究——以工业效率提升为导向》,《中国工业经济》2015 年第 2 期。

肖文、樊文静：《产业关联下的生产性服务业发展——基于需求规模和需求结构的研究》,《经济学家》2011 年第 6 期。

肖文、樊文静：《中国服务业发展悖论——基于"两波"发展模式的研究》,《经济学家》2012 年第 7 期。

肖文、樊文静：《中国服务业发展悖论辨析》,《中国社会科学文摘》2013 年第 1 期。

许庆瑞、郑刚、喻子达、沈威：《全面创新管理（TIM）：企业创新管理的新趋势——基于海尔集团的案例研究》,《科研管理》2003 年第 5 期。

谢宝瑜：《生物群落的结构、演变及其多样性分析》,《农业新技术》1983 年第 6 期。

许庆瑞、吴志岩、陈力田：《转型经济中企业自主创新能力演化路径及驱动因素分析——海尔集团 1984—2013 年的纵向案例研究》,《管理世界》2013 年第 4 期。

徐国祥、常宁：《现代服务业统计标准的设计》,《统计研究》2004 年第 12 期。

徐振鑫、莫长炜、陈其林：《制造业服务化：我国制造业升级的一个现实性选择》,《经济学家》2016 年第 9 期。

许宪春：《90 年代我国服务业发展相对滞后的原因分析》,《管理世界》2000 年第 6 期。

许宪春：《中国服务业核算及其存在的问题研究》,《经济研究》2004 年第 3 期。

许立帆：《中国制造业服务化发展思考》，《经济问题》2014 年第12 期。

岳希明、张曙光：《我国服务业增加值的核算问题》，《经济研究》2002 年第 12 期。

薛立敏、杜英仪、王素弯：《台湾生产性服务业之发展与展望：国际比较研究》，中华经济研究院 1995 年版。

阎小培、姚一民：《广州第三产业发展变化及空间分布特征分析》，《经济地理》1997 年第 17 期。

闫星宇、张月友：《我国现代服务业主导产业选择研究》，《中国工业经济》2010 年第 6 期。

杨锐、张洁、芮明杰：《基于主体属性差异的生产性服务网络形成及双重结构》，《中国工业经济》2011 年第 3 期。

杨玉英：《我国生产性服务业影响因素与效应研究》，吉林大学博士学位论文，2010 年。

原毅军、刘浩：《中国制造业服务外包与服务业劳动生产率的提升》，《中国工业经济》2009 年第 5 期。

曾世宏：《基于产业关联视角的中国服务业结构变迁》，南京大学博士学位论文，2011 年版。

章凯、李朋波、罗文豪、张庆红、曹仰锋：《组织—员工目标融合的策略——基于海尔自主经营体管理的案例研究》，《管理世界》2014 年第 4 期。

张世贤：《工业投资效率与产业结构变动的实证研究——兼与郭克莎博士商榷》，《管理世界》2000 年第 5 期。

张小宁、赵剑波：《新工业革命背景下的平台战略与创新——海尔平台战略案例研究》，《科学学与科学技术管理》2015 年第 3 期。

张月友:《中国的"产业互促悖论"——基于国内关联与总关联分离视角》,《中国工业经济》2014 年第 10 期。

郑刚、朱凌、金珺:《全面协同创新:一个五阶段全面协同过程模型——基于海尔集团的案例研究》,《管理工程学报》2008 年第2 期。

郑吉昌:《服务经济论》,中国商务出版社 2005 年版。

郑吉昌、夏晴:《现代服务业与制造业竞争力关系研究:以浙江先进制造业基地建设为例》,《财贸经济》2004 年第 9 期。

郑吉昌、夏晴;《论生产性服务业的发展与分工的深化》,《科技进步与对策》2005 年第 2 期。

钟韵、阎小培:《我国生产性服务业与经济发展关系研究》,《人文地理》2003 年第 5 期。

周丹、应瑛:《生产性服务业与制造业互动综述与展望》,《情报杂志》2009 年第 8 期。

周亚庆、郑刚、沈威:《我国企业技术创新体系建设的最佳实践——海尔集团国际化的技术创新体系》,《科研管理》2004 年第5 期。

朱海燕、魏江、周泯非:《知识密集型服务业与制造业交互创新机理研究》,《西安电子科技大学学报》2008 年第 2 期。

杨勇:《中国服务业全要素生产率再测算》,《世界经济》2008 年第 10 期。

原毅军、刘浩、白楠:《中国生产性服务业全要素生产率测度——基于非参数 Malmquist 指数方法的研究》,《中国软科学》2009年第 1 期。

图 索 引

表 索 引

附　表

附表1　国际机构和各国（或地区）的生产性服务业范围

机　构	生产性服务业的范围（分类）
联合国国际标准产业分类（ISIC，2002）	批发贸易、汽车修理、运输仓储与通讯、金融中介、不动产租赁和企业活动
联合国国际标准产业分类（ISIC，2004）	批发与零售业、运输与仓储、信息与通讯、金融和保险、房地产出租和租赁活动、专业和科技活动、行政和支助服务、教育
联合国国际标准产业分类（ISIC，2008）	批发与零售业、运输与仓储、信息与通讯、金融与保险、专业科学和技术、行政和辅助、教育
美国商务部（BEA）	商业及专业服务业、教育、金融、保险、电子通讯、外国政府
美国统计局（BOC）	金融、保险、不动产、商业服务、法律服务、会员组织、其他专业服务
英国标准产业分类（SIC）	批发分配业、废弃物处理业、货运业、金融保险业、广告、研发、贸易协会
日本EMI	管理服务、医疗、休闲、家政相关服务
经济合作与发展组织（OECD）	KIBS、会计、管理顾问、建筑工程服务、设备管理服务、研发服务、环境服务、ICT、法律、财务咨询、广告、人员培训
香港贸易发展局	专业服务、金融服务、信息和中介服务、与贸易相关的服务
北京市统计局（2009）	流通服务、信息服务、金融服务、商务服务、科技服务
中国"十二五"规划（2011）	现代物流业、金融服务业、信息服务业、商务服务业
中国"十三五"规划（2016）	金融服务业、商务服务业、物流服务业、信息服务业、电子商务等

资料来源：作者根据相关资料整理。

附表 2　国内外学者关于生产性服务业的分类

分类依据	学　者	生产性服务业的分类（范围）
产业分类标准的服务类型	Browning 和 Singelman（1975）	金融、保险和房地产、法律及商业服务、企业管理服务
	Joachim Singelman（1978）	银行、信托和金融业、保险、不动产、工程和建筑服务业、会计和出版业、法律服务、其他商务服务
	Ashton 和 Sternal（1978）	广告、企业咨询及法律、会计、研发、会计审计、工程测量与建筑服务
	Grubel 和 Walker（1989）	批发贸易、交通仓储、通信、会计、金融、广告
	Hanson（1990）	金融、保险、运输、大众传媒、会计、研发、资产服务
	Goe 和 Shanahan（1990）	广告、商业银行、会计、不动产、法律服务、研发、技术咨询
	O'huallachain 和 Reid（1991）	工程测量及建筑服务、会计审计、金融、保险、不动产
	Coffey 和 Bailly（1992）	工程服务、企业管理咨询、会计、设计、广告
	Drennan（1992）	商业服务、法律与专业服务、金融、大众传媒
	Guerrieri 和 Meliciani（2005）	FCB（金融、通讯、商务服务）
	薛立敏（1995）	国际贸易、运输、通讯、金融、保险、经济、法律工商服务、设备租赁
	阎小培、姚一民（1997）	房地产管理、咨询服务、综合技术服务、金融、保险、企业管理机关
	李冠霖（2002）	运输及仓储业、通信业、金融保险业、房地产、商务服务
	徐国祥、常宁（2004）	物流及速递业、信息传输、计算机服务和软件业、电子商务、金融保险业、房地产业、租赁和商务服务业、科学研究技术服务业
	钟韵（2004）	金融保险业、房地产业、信息咨询服务业、计算机应用服务业、科研活动、综合技术服务业
	程大中（2006）	金融服务、专业服务、信息服务、其他
	席强敏、陈曦、李国平（2015）	交通运输仓储和邮政业、信息传输计算机服务与软件业、金融业、房地产业、租赁和商务服务业、科学研究与技术服务业
	唐晓华、张欣钰、李阳（2018）	交通运输仓储和邮政业、信息传输计算机服务与软件业、金融业、批发零售业、租赁和商务服务业、科学研究与技术服务业

续表

分类依据	学 者	生产性服务业的分类（范围）
服务内容的相似性	Marshall（1987）	与信息处理相关的服务业（如流程处理、研发、广告、市场研究、摄影、传媒）、与实物商品相关的服务业（如商品的销售和储存、废物处理、设备的安装维护与修理）、与个人支持相关的服务业（如福利服务、清洁）
	Martinelli（1991）	资源分配和流通相关的活动、工程和流程的设计以及与创新相关的活动、与生产组织和管理本身相关的活动、与生产本身相关的活动、与产品的推广和销售相关的活动
	杨锐、张洁、芮明杰（2011）	结构嵌入型生产性服务（如信息服务、科研技术服务、物流服务、非银行金融服务、制造维修服务、总集成、融资租赁服务）、关系嵌入型生产性服务（如教育服务、商务服务、节能与环保服务、电子商务、生产资料市场）
价值链角度	Hansen（1990）	生产前端（上游）的服务活动和后端（下游）的服务活动
	郑吉昌、夏晴（2005）	上游活动（产品开发和采购管理）、下游活动（产品发运、市场营销和售后服务）
	聂清（2006）	上游生产者服务、中游生产者服务、下游生产者服务、全程生产者服务
中间需求率	Goodman 和 Steadman（2002）	农业服务业、商务服务业、建筑服务业、计算机服务业、管理服务业、公共服务业等
	江静、刘志彪（2010）	交通运输及仓储业、邮政业、信息传输计算机服务和软件业、批发和零售贸易业、住宿餐饮业、金融保险业、租赁业和商务服务业
	肖文、樊文静（2011）	交通运输及仓储业、邮政业、信息传输计算机服务和软件业、批发和零售业、住宿和餐饮业、金融业、租赁和商务服务业、研究与试验发展业、综合技术服务业
中间投入	程大中（2008）、李江帆、朱胜勇（2008）、樊文静（2015）等	投入产出表中，所有服务用于中间使用的部分（用服务业总产出中作为中间投入的部分除以服务业总产出）

资料来源：作者根据相关文献整理。

附表 3　国内外学者关于制造业服务化的界定

作 者	具体界定
Vandermenve 和 Rada（1988）	制造业由提供物品向提供物品加服务构成的"产品—服务包"的转变过程，且服务在"包"中居于主导地位，是增加值的主要来源

续表

作　者	具体界定
White 和 Reskin（1999）	制造商的决策由提供物品向提供给服务的转变，是一种动态的变化过程
郭跃进（1999）	制造业服务化是对原来制造业功能的发展，是企业产品价值和使用价值的延伸和拓展
Toffel（2002）	一种新的业务模式，制造商出售有形产品的功能并保留一定的所有权
Desmet 等（2003）	制造业企业向市场的提供物中，服务成分所占比重具有越来越高的趋势
蔺雷、吴贵生（2005）	制造业企业对原本基础上的服务提供进行了进一步的强化和增强，包括服务对产品竞争力的增强和服务价值创造的提升
刘继国、赵一婷（2006）	制造业企业为了获取竞争优势，将价值链由生产制造为中心向以服务为中心的转变
Ren and Gregory（2007）	以服务为导向，开发更多、更好的服务，以满足顾客需求、获取竞争优势和提升企业绩效的变革过程
孙林岩、李刚、江志斌（2007）	制造与服务相融合的新产业形态，是新的先进制造模式。通过产品和服务的融合、客户全程参与、企业相互提供生产性服务，实现分散化制造资源的整合和各核心竞争力的高度协同，达到高效创新的一种制造模式
Neely（2008），Chesbrough（2011）	一种开放式的服务创新，是通过将产品转变为"产品—服务系统"来更好地满足客户需求的过程
Baines 等（2009），Baines 和 Lightfoot（2013）	从出售产品向出售产品—服务组合来实现价值增值的转变过程，包括服务导向的竞争策略、通过服务增加收入和利润、实现产品差异化等含义
Sousa 和 Da Silveria（2017）	制造业企业的服务化策略是通过提供"产品—服务系统"而非产品获取竞争力，这里的服务可以分为保持产品功能的安装、维修等基础服务（BAS）和面向客户、创造更多价值的高级服务（ADS）

资料来源：作者根据相关文献整理。

后　记

本书是国家社科基金后期资助项目"中国经济服务化发展悖论的动态测度和演化机理研究——基于中间需求视角（项目批准号：17FJY005）"的最终研究成果。该课题于 2017 年立项，经过近两年的努力修改和完善，于 2018 年年底完成并通过国家社科基金委相关专家的审核，最终于 2019 年 3 月形成了可以出版的书稿。

本书主要研究了中国经济服务化发展悖论的实质及其演化机理，并提出了我国经济服务化发展的可行路径。服务化是当今世界经济发展的主要特征之一，服务业尤其是满足中间需求的生产性服务业已成为西方发达国家经济结构中增长最快的部门，也是发达国家经济增长的主要动力和创新源泉。与世界经济整体服务化的趋势不同，在国民经济高速增长的中国，出现了服务业低水平稳态发展的"逆服务化"趋势，这被学者称为经济服务化的"中国悖论"。基于服务业发展对于经济新常态下供给侧结构性改革的重要性和目前学界对中国经济服务化发展悖论认识上的不足，本研究利用更为客观和科学的方法测度了这一悖论的实质，并从中间需求这一内生视角对中国经济服务化悖论演化发展的成因进行了系统的解释。本书的主要观点是：我国经济服务化有悖于世界经济整体服务化趋势的主要原因在于以生产性服务业为主的"第二波"服务业发展滞后；产业互动中影响生产性服务业发展的中间需求因素主要在于以低端制造业为主的产业结构、以加工贸易为主的贸易结构和以所有制差异为代表的企业异质性三个方面；

因此，借鉴发达国家经济服务化的发展经验，我国经济服务化的可行路径主要有三个：制造业各行业领军企业的服务化、中小制造业企业的服务外部化和加工贸易企业的转型升级。

书稿中部分研究成果的完成还得到了浙江省自然科学基金青年项目（LQ16G030014）和杭州市社科优秀青年人才培育计划（2016RCZX38）的资助，在此特别表示感谢。同时，感谢课题组肖文教授、潘奇副教授、仰小凤博士的共同努力和辛苦付出；感谢杭州师范大学经济与管理学院王明琳院长、黄燕书记、张学东教授、方湖柳教授的大力支持；感谢阿里巴巴商学院陈永强教授、宁波诺丁汉大学周明海副教授、浙江省委党校潘家栋博士的热情帮助，本课题的研究成果离不开大家的共同努力。感谢我的家人，你们的支持、理解和包容是我前进的动力。在书稿撰写过程中，课题组成员还参加了由哥本哈根商学院主办的 2018 年经济服务化国际会议，英国阿斯顿大学的 Tim Baines 教授和哥本哈根商学院的 Juliana Hsuan 教授对我们的研究提出了宝贵的建议，拓展了研究视野，使得本书的研究成果更加丰富和完善。

本书主要基于中间需求视角探索了中国经济服务化悖论的实质和形成机理，充实了经济服务化理论的研究成果，对于转型期发展中国家的产业结构研究具有较强的借鉴意义。但实际上，中国服务业发展滞后来源于诸多内生和外生因素，学界的其他同仁也从不同视角对这一问题进行了多层面的探索，期待大家对于我们的研究提出宝贵的意见和建议，以共同推进中国服务经济理论的研究。

樊文静

2019 年 3 月

于杭州师范大学仓前校区